本书获得教育部人文社会科学研究青年基金项目（24YJC790114）、山西省高质量发展研究课题（SXGZL2025091）和山西师范大学"深入学习贯彻党的二十届三中全会精神"研究专项课题（SZQH2405）的资助

经济管理学术文库·经济类

技术结构变迁对绿洲农业 生态—经济系统的影响研究

Research on the Influence of Technological Structure Change on the Oasis Agricultural Ecological-economic System

杜美玲／著

经济管理出版社

ECONOMY & MANAGEMENT PUBLISHING HOUSE

图书在版编目（CIP）数据

技术结构变迁对绿洲农业生态—经济系统的影响研究 /
杜美玲著. -- 北京：经济管理出版社，2025.7.
ISBN 978-7-5243-0385-5

Ⅰ．F323.22

中国国家版本馆 CIP 数据核字第 2025CC3733 号

组稿编辑：王　蕾
责任编辑：杨　雪
助理编辑：王　蕾
责任印制：许　艳
责任校对：王淑卿

出版发行：经济管理出版社
　　　　　（北京市海淀区北蜂窝 8 号中雅大厦 A 座 11 层　100038）
网　　　址：www.E-mp.com.cn
电　　　话：（010）51915602
印　　　刷：唐山昊达印刷有限公司
经　　　销：新华书店
开　　　本：720mm×1000mm/16
印　　　张：12.75
字　　　数：251 千字
版　　　次：2025 年 9 月第 1 版　　2025 年 9 月第 1 次印刷
书　　　号：ISBN 978-7-5243-0385-5
定　　　价：88.00 元

·版权所有　翻印必究·
凡购本社图书，如有印装错误，由本社发行部负责调换。
联系地址：北京市海淀区北蜂窝 8 号中雅大厦 11 层
电话：（010）68022974　　邮编：100038

前　言

改革开放以来，我国农业发展不断迈上新台阶，农业综合生产能力和农民收入水平稳步提升，国家粮食安全得到有效保障，但传统粗放型农业生产经营方式也引发了农业资源过度开发、化肥农药过量施（使）用、农业生态系统退化等一系列生态环境问题。纾解资源困境、保护生态环境、倡导绿色发展变得尤为迫切。2023 年 7 月，习近平总书记在全国生态环境保护大会上指出，正确处理几个重大关系。一是高质量发展和高水平保护的关系。要站在人与自然和谐共生的高度谋划发展。要通过高水平保护，不断塑造发展的新动能、新优势。技术结构变迁作为推进农业生态—经济系统协同发展、创造经济价值与生态价值的核心动力源泉，受到理论与实践层面的高度重视，为解释农业生态—经济系统发展变化、协调系统生态—经济功能提供了有效途径。基于此，本书将技术结构变迁引入农业生态—经济系统分析框架，考察农业生态—经济系统的发展困境、运行机制，为提高农业生态—经济系统发展水平提供了理论依据和政策支持。

绿洲农业在其社会经济结构中占据着重要地位，但由于其唯水性、生态脆弱性等特点，使农业经济发展和生态环境保护之间的矛盾更为典型。本书从技术结构变迁视角出发，以绿洲农业生态—经济系统为研究对象，重点考察技术结构变迁对绿洲农业生态—经济系统的影响效应和作用机制。具体而言，本书以可持续发展理论、生态经济理论、新结构经济学理论以及技术进步理论为指导，构建"特征事实—效应评估—机制识别—空间溢出—对策建议"的研究框架，在调查分析农业技术结构变迁和绿洲农业生态—经济系统演变的阶段特征的基础上，采用综合指数测度法和熵值法测度了技术结构变迁水平与绿洲农业生态—经济系统发展水平，运用面板固定效应模型、分位数回归模型、门槛回归模型、中介效应模型等多种识别策略探究了技术结构变迁对绿洲农业生态—经济系统的影响效应及作用机制，以期提出推动绿洲农业生态—经济系统协调发展的技术结构调优对策，为提高绿洲农业生态—经济系统在干旱区的实施效果提供经验借鉴。本书得出的主要结论如下：

第一，技术结构变迁水平与绿洲农业生态—经济系统发展水平在不同区域间呈现明显的异质性。①在整体层面，技术结构变迁水平与绿洲农业生态—经济系统发展水平呈递增趋势。②技术结构变迁与绿洲农业生态—经济系统发展协调性逐步提升，不同地（州、市）技术结构变迁与绿洲农业生态—经济系统发展的耦合协调度差异显著。

第二，技术结构变迁对绿洲农业生态—经济系统发展存在显著的推动作用。①在总体效应层面，技术结构变迁对绿洲农业生态—经济系统的促进作用在1%的水平上通过显著性检验，说明技术结构变迁能为绿洲农业生态—经济系统发展提供新动能。②在结构效应层面，劳动生产率结构变迁水平对绿洲农业生态—经济系统具有显著的促进作用，而土地生产率结构变迁水平对绿洲农业生态—经济系统的影响在1%的水平上显著为负，说明技术结构的组成部分对绿洲农业生态—经济系统的影响具有结构性差异。③在时序效应层面，技术结构变迁对未来一期至三期绿洲农业生态—经济系统的回归系数大小依次递增且均在1%的水平上显著为正，说明技术结构变迁能为绿洲农业生态—经济系统发展提供持续动力。④在要素禀赋效应层面，技术结构变迁对绿洲农业生态—经济系统的影响存在要素禀赋的门槛效应，当农业要素禀赋结构处于相对合理的区间时，技术结构变迁能够有效提升绿洲农业生态—经济系统发展水平。

第三，技术结构变迁通过推动农业适度规模经营、农业资源合理配置和农业产业结构升级，进而推动绿洲农业生态—经济系统协调发展。①在规模扩张机制层面，技术结构变迁不仅能够推动农业规模经营总量的扩张，还促进了农业规模效率的提升，进而推动绿洲农业生态—经济系统发展。②在资源配置机制层面，技术结构变迁能够显著降低农业资本和劳动力错配程度，提高农业资源配置效率，进而推动绿洲农业生态—经济系统发展。③在结构转型机制层面，技术结构变迁有助于提升农业产业结构的合理化水平和高级化水平，进而有利于促进绿洲农业生态—经济系统实现良性发展。④通过比较规模扩张机制、资源配置机制和结构转型机制三条作用路径系数的结果发现，三条作用路径中占主导效应的是农业资源配置，约占总中介效应的39.23%；然后是农业规模经营，约占总中介效应的36.15%；最后是农业产业结构，约占总中介效应的24.62%。

第四，技术结构变迁对绿洲农业生态—经济系统的促进作用存在空间溢出效应。技术结构变迁的直接效应和间接效应均通过了至少5%水平上的显著性检验，说明技术结构变迁不仅能促进本地绿洲农业生态—经济系统发展，还能较好地推动邻地绿洲农业生态—经济系统发展。此外，在时期异质性层面，在2013~2022年的子样本中，技术结构变迁对绿洲农业生态—经济系统发展具有显著的空间溢出效应，而在 2000~2012 年，子样本的空间溢出效应不显著。

结合以上研究结论，本书提出如下政策建议：①发挥技术结构支撑引领作用，带动绿洲农业生态经济协调发展。②强化技术实施作用路径依赖，促进绿洲农业生产绿色转型。③打破技术要素空间流动限制，推动构建绿洲农业现代化新格局。

目　录

第1章 绪论

随着农业现代化进程的不断推进，技术结构变迁与农业发展的关系日益密切。技术结构变迁对农业扩绿增量、提质增效的作用，引发了笔者对技术结构变迁影响农业生态—经济系统发展的进一步思考。本书是技术结构变迁对绿洲农业生态—经济系统的影响研究，本章作为绪论部分，重点阐述研究背景与意义、梳理相关研究成果并进行述评、阐明研究目标与内容、说明研究方法与技术路线、描述本书创新之处。

1.1 研究背景与意义

1.1.1 研究背景

1.1.1.1 农业经济发展与生态环境保护的矛盾突出

从宏观背景来看，新发展理念明确了经济与生态双赢的突出地位，肯定了农业绿色发展、高质量发展和乡村振兴理念的实践价值，彰显了协同推进农业经济发展与生态环境保护的必要性和紧迫性（刘伟等，2021）。改革开放以来，我国农业发展不断迈上新台阶，农业综合生产能力和农民收入水平稳步提升，国家粮食安全得到有效保障，但传统粗放型农业生产经营方式也引发了农业资源过度开发、化肥农药过量使用、农业生态系统退化等一系列生态环境问题。在此背景下，农业经济与环境保护的协调发展已迫在眉睫。2023年7月，习近平总书记在全国生态环境保护大会上指出，正确处理几个重大关系。一是高质量发展和高水平保护的关系。要站在人与自然和谐共生的高度谋划发展。要通过高水平保护，不断塑造发展的新动能、新优势。目前，我国农业正处于转变发展方式、优化经济结构、转化增长动力的关键时期，统筹推进环境保护与经济发展已然成为农业经济在长期高速增长后突破结构性矛盾和资源环境"瓶颈"，实现更高质量、更可持续发展的必然选择。事实上，农业经济与环境保护协调发展作为新时代推进生态文明建设的基石，既要遵循普适性的理念指引，又要尊重异质性的发展路径。鉴于农业生产地域特色鲜明，不同地区资源禀赋差异大，各地区农业经济发展与生态环境保护的驱动机制及实现路径也不尽相同。因此，在新发展理念指引下，如何制定符合各地区实际情况的农业经济与生态保护协调发展路径，保持农业生态—经济系统可持续运行是亟待解决的重大课题。

从区域背景来看，绿洲作为干旱区特有的非地带性景观，是干旱区生态与经济系统中关系最密切、最复杂的地带，也是生态稳定性保持与经济高效发展矛盾最突出的地带，同时，绿洲作为干旱区农业发展的主体空间，为农业的持续发展提供了可依托的资源禀赋。近年来，随着机械化、土地流转、规模化、节水技术等农业生产模式的不断改变，干旱区绿洲农业在总量增长、结构优化、效率提升的同时，也面临着农地网格化、细碎化程度不断消失，农田防护林网被逐渐废弃，大面积条田趋势增加等现象，导致了抵御局部灾害气候的能力不断下降，高强度、大范围的沙尘天气频现，水资源短缺、土地盐碱化等一系列生态环境问题，进一步增加了农业生产的风险（黄晶等，2022；Huang et al.，2022）。亟须处理好环境保护与经济发展两者对立统一的关系，提高农业生产的效率和效益，加强生态环境保护修复，对于干旱区绿洲农业生态—经济系统可持续发展有着重要意义。

1.1.1.2 协同推进农业经济发展与生态环境保护是国家重大战略规划

从政策背景来看，协同推进农业经济发展与生态环境保护作为农业生态—经济系统可持续发展的关键，成为国家重大战略规划的重点，成为生态文明建设的首要任务，成为解决"三农"问题的重要途径（于法稳，2016）。2023年7月习近平总书记在全国生态环境保护大会上强调："要站在人与自然和谐共生的高度谋划发展……要通过高水平保护，不断塑造发展的新动能、新优势。"2004～2023年，中央一号文件连续二十年将"三农"工作重点聚焦于保障粮食安全、促进农民增收、推动农业绿色发展与生态环境保护等方面。干旱区是我国国土安全的重要生态屏障，妥善处理好干旱区绿洲化过程中农业生产和生态风险管理之间的关系是一项重要而复杂的任务。"十四五"时期，我国将荒漠化防治作为生态文明建设的重要任务之一；党的十九大报告指出，统筹山水林田湖草沙系统治理，实行最严格的生态环境保护制度。一系列政策核心旨意在于要求尊重农业发展规律，节约利用资源，转变农业发展方式，提升生态服务功能，平衡好农业经济发展与生态环境保护两者之间的关系，实现人与自然和谐共生的农业可持续发展路径。

1.1.1.3 技术结构优化是推进农业生态—经济系统发展的关键

从理论背景来看，协同推进农业经济发展与生态环境保护已成为社会的关注焦点和研究热点，绿色发展理论强调，技术创新是纾解资源困境、推动经济发展、保护生态环境的关键途径。农业农村部印发的《农业绿色发展技术导则（2018—2030 年）》提出"构建农业绿色发展技术体系是实施可持续发展战略，破解我国农业农村资源环境突出问题的根本途径……构建农业绿色发展技术体系是实施创新驱动发展战略，培育壮大农业绿色发展新动能的迫切需要"。2023 年中央一号文件也提出"强化农业科技和装备支撑，推动农业关键核心技术攻关……推进农业绿色发展"。在经济社会发展全面绿色转型的背景下，技术结构调整升级作为推进农业生态—经济系统协同发展、创造经济价值与生态价值的核心动力源泉，受到理论与实践层面的高度重视（朱俊峰和邓远远，2022）。技术结构调优是推动农业生态—经济系统发展变化、协调系统生态—经济功能的有效途径，对实现农业高质量发展、生态环境高水平保护以及推进乡村振兴建设具有重要作用（郑军和赵维娜，2023）。由此可见，技术结构变迁与农业生态—经济系统发展密切相关。那么，从系统整体角度来看，技术结构变迁与农业生态—经济系统发展的现状如何，发展水平又如何？深入系统内部看，技术结构变迁作为系统运行的关键动力，它对农业生态—经济系统的影响效应及作用机制是怎样的？是否存在空间溢出效应？无疑是当前农业生态—经济系统可持续发展亟待解决的关键科学问题。

绿洲农业在其社会经济结构中占据着重要地位，但其唯水性、生态脆弱性等特点使农业经济发展和生态环境保护之间的矛盾更为突出，从而制约绿洲农业生态—经济系统可持续发展。为促进绿洲农业经济发展与生态环境保护协调统一，有必要加强绿洲农业生态—经济系统的演变特征及形成机制研究。因此，本书以绿洲农业生态—经济系统发展问题为研究逻辑起点，以技术结构变迁为切入点，构建"特征事实—效应评估—机制识别—空间溢出—对策建议"的研究框架，重点考察技术结构变迁对绿洲农业生态—经济系统的影响效应和作用机制，以期提出技术结构调优推动绿洲农业生态—经济系统协调发展的对策措施，为提高绿洲农业生态—经济系统在干旱区的实施效果提供经验借鉴。

1.1.2 研究意义

农业生态—经济系统可持续发展面临着一系列重大理论和技术创新问题，本书从技术结构变迁的角度，全面分析了其与绿洲农业生态—经济系统的关系，并深入探析了技术结构变迁对绿洲农业生态—经济系统的作用机理与空间效应，研究结果具有重要的理论意义与实践意义。

1.1.2.1 理论意义

本书的理论意义主要包含以下三个方面：

第一，有助于拓展新结构经济学研究范式的应用领域。传统的农业生态—经济系统研究多是依据系统论、生态经济理论等开展的，普遍关注各子系统的结构、功能、绩效等，忽略了将系统作为整体进一步考察其运行绩效背后的关键因素与内在机理。本书将新结构经济学研究范式引入农业生态—经济系统研究中，将技术结构（体系）融入农业生态—经济系统的因果关系分析框架中，从"结构"和"时序"的分析维度出发，探讨技术结构变迁对农业生态—经济系统的影响机理。这一思路转换超越了以往将系统整体剥离成几个子系统的研究模式，丰富和发展了农业生态—经济系统研究视域，拓展了农业生态—经济系统影响因素研究，拓宽了新结构经济学相关理论在农业领域的研究。

第二，有助于把握绿洲农业技术结构变迁与农业生态—经济系统的演变规律。由于绿洲农业资源禀赋的限制、产业技术水平的创新、社会内在需求的迁移、相关法律政策的变更，绿洲农业技术结构与农业生态—经济系统历经了多个显著的演化阶段，并在各阶段展现出典型的特征差异。本书对绿洲农业技术结构变迁与农业生态—经济系统演变进行阶段划分，有利于总结归纳不同历史阶段绿洲农业生态—经济系统发展特征与农业技术结构变迁特征，有利于准确把握绿洲农业生态—经济系统演变与技术结构变迁的一般规律，有利于正确认识各阶段技术结构变迁与绿洲农业生态—经济系统发展的协调性，确定不同资源禀赋结构下绿洲农业生态—经济系统发展的适应性战略与技术结构优化路径。

第三，有助于揭示技术结构变迁在农业生态—经济系统发展过程中的作用路径。当前关于技术进步对经济增长的研究较多，但是全面系统分析技术结构变迁对农业生态—经济系统发展的理论探索并不多。本书在分析了技术结构变迁对农业生态—经济系统的影响效应基础上，详细归纳并证实了农业规模经营、农业资源配置和农业产业结构在技术结构变迁影响农业生态—经济系统中的作用机制。影响效应评估向机制识别的层层推进，有利于打开技术结构变迁影响农业生态—经济系统的"黑匣子"，为更好理解技术结构变迁背景下农业生态—经济系统协同发展形成机制的分析提供一定的理论借鉴。

1.1.2.2 实践意义

本书的实践意义主要包含以下三个方面：

第一，有助于提升农业技术结构与农业生态—经济系统综合效率。农业生态—经济系统协调是实现农业综合效益提高和区域农业可持续发展的关键。随着经济的发展，农业技术结构（体系）发生了较大改变。一方面，新型农业技术创新体系在农业生产中极大地提高了农业生产效率；另一方面，农机投入不断增加、农药化肥施用过量等农业技术结构的不合理使用也会造成资源的浪费和环境的污染，影响农业生态—经济系统综合效率的提升。因此，研究技术结构变迁与农业生态—经济系统，既有助于农业技术创新和结构优化，又有助于提升系统的生态效益和经济效益。

第二，有助于农业技术结构与绿洲农业生态—经济系统协调发展。本书在绿洲可耕地面积减少、农业资源环境约束趋紧和农村劳动力短缺的现实约束下，从整个农业生态—经济系统出发，总结不同历史阶段绿洲农业生态—经济系统与农业技术结构变迁特征，综合考虑技术结构变迁对绿洲农业生态—经济系统的影响，剖析其具体作用机制，这不仅响应了当下协同推进农业经济高质量发展与农业生态环境高水平保护的政策背景，还顺应了中国式现代化发展的要求，有助于破解农业生态环境与经济发展不平衡不充分的现状、缩小矛盾差距，为未来绿洲农业经济与生态系统耦合协调发展提供指引。

第三，有助于促进绿洲农业提质增效、农户增产增收。在干旱区，绿洲农业的发展依赖于特定的优势农产品，通过发展耐旱农业和推广适应性强的经济作物，干旱区的农业生产力得到了提升，同时也促进了当地经济的发展，棉花、小麦、玉米、大豆等农产品单产破全国纪录，对中国农业经济的作用不可小觑。在认识到绿洲农业产业地位的基础上，通过发挥与内地不同的资源禀赋优势，分析推动绿洲农业生态—经济系统发展的技术结构优化路径，有助于推动农业经营规模扩张、农业资源有效配置和农业产业结构升级，提高农业综合生产能力，带动农户增产增收。

1.2　研究综述

1.2.1　农业生态—经济系统的相关研究

1.2.1.1　农业生态—经济系统的内涵

英国生态学家亚瑟·乔治·坦斯利（Arthur George Tansley）于 1935 年首次提出"生态系统"的概念，他采用物理学中"系统"的思想指出生态系统是由各种生物群落组合而成的一个有机整体。随着资源耗竭、环境污染、全球变暖等生态环境问题的日趋严重，学者们开始考虑生态环境对传统经济增长的影响，由此产生了"产业生态经济系统"的概念，它是由美国学者 Frosch 和 Gallopoulos（1989）在《科学美国人》杂志上发表的"针对制造业的发展策略"一文中提出，他们指出产业生态经济系统旨在促进产业实现可持续发展。农业作为第一生态产业，是国民经济和自然生态的双重基础，随着农业的快速发展，资源浪费、环境污染等生态问题开始凸显，农业生态经济这一思想引发了大批学者对该问题的关注和研究。农业生态系统作为最重要的生态系统之一，不同学科背景的研究者对这一概念的见解不同，但共同点都是指农业生态和农业经济两个子系统中生物与非生物之间、生物群落之间在人为干预下相互耦合而成的复杂系统（陈欣章等，1997；叶得明和杨婕妤，2013）。王静等（2015）和田江（2017）通过梳理农业生态—经济系统相关研究，提出农业生态—经济系统的有序运行需建立在生态环境可持续发展的基础上，这将有助于农业经济系统与生态系统实现良性循环。学者们的研究表明，对于农业生态—经济系统而言，应当以资源节约和环境友好为原则，以生态价值和经济价值协同创造为目标，进而推动整个系统实现可持续发展。

根据系统结构—功能原理，有系统必有结构，不同结构就会有不一样的功能，环境是影响结构变化和功能发挥的外在条件，当功能随着环境的变化而发生改变时，需要及时调整结构以适应环境的变化（严以缓和肖焰恒，1999）。农业生态—经济系统是由农业生态和农业经济两个子系统耦合而成的复合系统，两者看似可分开，实则不可分割（任志远等，2011）。一个区域农业生态—经济系统的结构由四元（生产者、消费者、调控者和分解者）七要素（资源、环境、物资、技术、资金、调控和人口）构成，并通过科学技术链和投入产出网将各种要素链接起来（李谷成等，2011）。结构和功能是紧密联系的一对范畴，农业生态结构和农业经济结构直接决定了农业生态—经济系统中物质流、能量流、信息流和价值流的形成和传递，在农业生态—经济系统中分别发挥着不同的功能（沈满洪等，2022）。概括之，农业生态系统和农业经济系统中的要素通过物质流、能量流、信息流和价值流相互交换和融合，当农业经济发展对资源和环境的需求低于生态系统的供给时，两子系统内各要素相互协调使结构有序运行、功能得到体现，农业生态—经济系统实现良性循环，农业生态环境与经济发展之间的矛盾减缓，进而有助于实现人与自然和谐发展，反之则反。

1.2.1.2 农业生态—经济系统发展的评价

农业生态—经济系统发展的相关研究经历了从只侧重经济发展水平，到同时考虑生态与经济综合发展水平的过程，以下主要围绕发展评价的目标、评价指标选取及评价方法、影响因素等方面展开。早期学者对农业生态—经济系统发展的研究大多以农业生产总值、产业增加值等经济产出为考察目标，这种发展水平未考虑投入和环境方面的约束，通常用农业生产效率来度量系统发展水平（Kawagoe and Hayami，1985；李周和于法稳，2005）；在进一步研究中，有学者注意到投入产出配比关系，在考虑农业经济产出的同时也考虑到了资源的投入使用情况，从而能更好地衡量系统的发展水平（马凤才等，2008；钱龙和洪名勇，2016）；随着环境问题日益凸显，越来越多的学者认为，资源和环境是农业生态—经济系统发展的刚性约束，考虑将农业经济增长指标与资源消耗、污染排放等生态环境相关的指标均纳入系统发展的评价体系中，来衡量农业生态—经济系统综合发展水平（王宝义和张卫国，2018；张杨和陈娟娟，2019；祝宏辉和杜美玲，2022）。

新时代高质量发展要求下，以效率为核心的三大改革成为实现这一目标的重要战略，而全要素生产率则是影响改革成败的关键因素（Ogundari，2014）。在农业全要素生产率测度中纳入生态或环境相关指标，得到农业绿色全要素生产率，通常也称为农业生态效率，该指标是基于经济指标与资源环境指标的投入产出比，能够较为客观准确地反映经济增长、资源节约与环境保护三者协同关系的综合发展水平（聂弯和于法稳，2017）。有学者在农业生产过程中，不仅考虑创造的经济价值，还关注对环境造成的影响。有关农业生态效率的研究经历了三个阶段：前期研究集中在对效率的单一测度与评价（李谷成等，2013），中期研究围绕"效率评价—影响因素综合分析"思路展开（洪开荣等，2016），后期研究开始深入到一个或两个核心影响因素的探究上（姚增福等，2017；侯孟阳和姚顺波，2019）。有关评价指标体系的构建，即投入产出指标的选取方面，土地、劳动和资本是农业生产的三个基础性投入指标（Roy and Chan，2012），可进一步拓展为农药、化肥、灌溉、农机动力、地膜等投入要素（刘应元等，2014；王圣云和林玉娟，2021），农业总产值是衡量期望产出的主要指标，随着研究的深入，有学者将农业固碳量包含在期望产出指标中，同时通常选取面源污染和碳排放两类指标来表征非期望产出（解春艳等，2021；祝宏辉等，2022）。

就评价方法而言，学者们主要采用指标体系法和效率评价法对农业生态—经济系统发展水平进行研究，包括比值法、生命周期法、生态足迹法、能值分析法、随机前沿（SFA）法和数据包络分析（DEA）法等，这些方法各有优缺点。其中，在采用指标体系测算农业生态—经济系统发展水平时，多数研究通过构建农业生态系统和农业经济系统的指标体系，并利用耦合协调度模型进行计算，以评估农业生态—经济系统耦合发展状况和综合发展水平（高静等，2020；樊祖洪等，2022），部分研究采用 Logistic 共生演化模型（王嵩等，2018）和 TOPSIS 模型（余永琦等，2022）对构建的指标体系进行评估，进而分析农业生态—经济系统的协调性。在投入产出角度的效率评价下，基于前沿效率理论的 SFA 和 DEA 方法成为主流，多采用含非期望产出的 DEA 模型（郭军华等，2010；潘丹和应瑞瑶，2013）、基于松弛测度的 SBM 模型（田伟等，2014）、效率区分度更高的超效率模型（邓敏慧和杨传喜，2017）、超效率与 Malmquist 指数结合的模型（王海飞，2020）对农业生态—经济系统发展水平进行测度。

在影响因素考察方面，一类研究主要从生产特征、技术条件、能源结构、社会结构等维度选取影响因素综合评价农业生态—经济系统发展水平（伍国勇等，2020），另一类研究针对单一核心影响因素进行深入探究，通常在 DEA 方法测度效率基础上，引入空间计量模型（张樨樨等，2020）、Tobit 模型（张展等，2022）、地理探测器（杨骞等，2019）与核密度等估计方法（尹朝静等，2019）对农业生态—经济系统展开剖析。曹俊文和曾康（2019）通过对长江经济带农业生态效率的影响因素分析发现，农业技术进步推动了区域农作物产量增加和污染物排放减少，使农业生态效率提高；同时，杜江等（2016）考察了农业经济发展与生态效率之间的"U"形曲线关系，验证了 EKC 假说。在单一核心影响因素探究上，田晓晖等（2021）选取 2001～2009 年县级层面平衡面板数据，利用双重差分模型检验农机购置补贴政策带来的环境效应，实证表明农机购置补贴政策提升了农业机械化水平，但对地膜、化肥、农药使用量以及秸秆焚烧火点数目四种污染性生产行为的影响存在差异。农业生态—经济系统可持续发展虽然得到学者们的广泛关注，也取得了一系列的研究成果，但仍缺乏系统性、规律性的深层次研究。

1.2.1.3 干旱区绿洲农业生态—经济系统的研究现状

干旱区绿洲生态—经济系统以人造景观为主体，自 1999 年开始实施退耕还林政策以来，人工绿洲面积逐渐扩大，绿洲生态—经济系统的研究才正式开始。早期学者关于绿洲化生态效应的研究较常见，对经济效应或生态—经济综合效应的研究较少，主要从土壤质量演变过程（桂东伟等，2010）、水文气象过程（Xue et al.，2019b）、景观格局变化（Liu et al.，2018）、适宜的绿洲规模及其不确定性（Guo et al.，2016）等角度对绿洲生态—经济系统展开研究。近年来，在荒漠绿洲化进程中，针对绿洲生态—经济系统的健康发展，已经开展了大量理论研究并得到了科学家的重视。多数学者认为，绿洲化可以提高土壤生产力、丰富植被覆盖、改善人类的生存空间、恢复和复原退化土地以及防治荒漠化（李芳和李元恒，2019）；但也有一些学者认为，绿洲化本身也可能是干旱区生态平衡的一个障碍，不适当的绿洲扩张和水资源利用将会降低绿洲的稳定性，甚至导致一系列生态环境问题的发生，并最终导致荒漠化（Zhang et al.，2015；Zastrow，2019）。在关注绿洲化对环境与生态带来的有利与不利影响之外，一些学者致力挖掘生态效应背后的运转机理，重视过度绿洲化对绿洲生态—经济系统带来的社会经济问题。李万明（2003）指出，过度绿洲化容易走"环境恶化—生活贫困—掠夺环境—经济拮据"这样的恶性循环，提出绿洲生态—经济系统可持续发展要以生态环境恢复与改善为前提，以经济持续高效为目的。李万伟（2021）提出，绿洲化快速发展会带来怎样的影响关键在于人类追求经济利益的同时是否破坏了荒漠—绿洲的水生态平衡。就农业绿洲而言，良好的生态系统是促使农民增收、经济增长的根本所在（Song and Zhang, 2015），如果破坏农业生态系统，不仅会带来水系变迁、湖泊萎缩干涸、土地旱化、沙漠化和盐渍化等生态问题，还会因大面积弃耕撂荒而引致农业生产衰退、农民收入下降等社会经济问题（王涛和刘树林, 2013）。

就干旱区绿洲生态—经济系统的驱动机制而言，自然因素和人类活动共同决定了绿洲生态—经济系统演进的方向和强度（周立华等, 2019）。绿洲生态—经济系统演进过程是大气特征、水文循环、土壤质量、生物有机体及其相互作用下的综合表现，Xue 等（2019a）指出，气候变化和人类活动通过改变"大气—水—土壤—植被"过程及其相互作用来改变绿洲生态—经济系统的景观格局和生态环境，进而对生态—经济系统产生影响。人类活动在绿洲生态—经济系统演进过程中至关重要，对生态—经济系统有着双重影响，一方面，人类活动对绿洲演变贡献很大，如绿洲面积（尤其是人工绿洲面积）在人类活动的干预下不断扩大（Bie and Xie, 2020；Zhang et al., 2021）；另一方面，人类活动对绿洲景观的干扰程度很大，如人口的持续增长和社会经济发展等人类活动导致的耕地迅速扩张、水资源的不合理利用以及过度放牧，都会使原生植被减少，绿洲化过程萎缩并逐渐转向荒漠化（Zhou et al., 2016），以破坏生态系统为代价实现的短期经济增长不利于其长期发展。虽然国内外学者对绿洲生态—经济系统的驱动机制进行了一定的探讨，但对进一步细化因素的研究不足。

1.2.2 技术结构变迁的相关研究

1.2.2.1 技术结构的定义与测度

仲长荣（1993）将技术结构定义为，在一定时期内，国民经济总体结构中的技术因素构成、层次结构、时空结构、投入结构等及其相互联系的总和。随后，有学者也指出技术结构就是指一个经济系统所采用的技术的构成（王建安, 1997）。颜亮和何晓岚（2004）以技术的二元论为基础，提出不同发展历程的硬技术和软技术相互拟合会导致技术曲线呈现螺旋的"S"形结构模型。随着研究的深入，技术结构有了较为统一的定义，即由不同等级、不同类型技术有机结合所构成的集合体，反映各种类型和水平的技术手段之间的相互联系和数量比例（魏巍和王林辉, 2017）。

在技术结构测度方面，有学者以技术等级分类来衡量技术结构，认为一个经济体的技术结构，归根结底取决于高等技术与低等技术的不同组合形式，高等技术和低等技术分别代表着较高的资本密集度和劳动密集度。国内学者参照中国经济研究中心发展战略组提出的"技术选择指数"来表示技术结构，并假定仅在资本与劳动力两种要素禀赋间做出技术选择，用某一产业或地区实际资本劳动比在全国资本劳动比中的比值来表示，反映产业或地区资本劳动比相对于自身比较优势的偏离程度。陈菲琼和王寅（2010）在采用技术选择指数对技术结构进行初步测定的基础上，以效率为视角将技术结构作为投入要素进行投入冗余分析，进而确定使经济发展更有效率的技术结构改进值。还有学者以技术类型分类来衡量技术结构，魏巍（2020）将工业行业按照是否使用清洁技术划分为清洁行业与非清洁行业，并用两类行业产品技术效率的比值来度量清洁型技术结构。此外，还有学者采用单一产业计算出的全要素生产率在所有产业中的占比衡量产业技术结构（董直庆和焦翠红，2017），通过构造区域技术互补和竞争指数测度区域技术结构变迁（郑江淮等，2022）。

在农业领域，朱方长（2003）从系统论的角度将农业技术结构定义为农业技术系统中不同技术要素的组合，按照农业技术要素的形态，将技术结构分为经验型、实体型和知识型三种技术结构，根据农业技术要素的属性，将其分为等级和类型两种农业技术结构。大部分学者采用林毅夫和张鹏飞提出的技术选择指数测算技术结构，一类基于等级角度采用地区资本劳动比与全国资本劳动比相比来判断是否违背比较优势（李明文等，2020）；另一类基于类型角度将农业技术分类为农业机械技术和生物化学技术，通过将地区农业机械总动力在全国的占比与地区化肥使用量在全国的占比相比较，识别该地区在农业技术结构中更偏向采用哪一类型的农业技术（林善浪和胡小丽，2018；闫周府等，2021）。此外，还有部分学者利用最优分割法把生态循环型农业经济分为五大技术门类，分别为低、中低、中等、中高和高技术产业部分，采用技术复杂度指数为每一产业部门赋值，进而实证检验不同技术等级的产业部门对农业经济的贡献度（刘爱军和王楚婷，2016）。

1.2.2.2 要素禀赋与技术结构的关系

一个经济体的要素禀赋结构决定着技术结构和产业结构，同时技术结构的状况和水平也在很大程度上决定了产业结构乃至整个社会经济结构的状况和水平。林毅夫和张鹏飞（2006）指出，一个经济体的技术结构内生于要素禀赋结构，区域间要素禀赋存在的异质性内生决定了技术选择的合理性，当技术结构和要素禀赋结构保持一致性时，此时的技术结构才是最适宜的，才能实现技术进步，进而影响地区的经济效率。在研究中，技术是否独立于要素禀赋主要取决于所依据的理论和研究的目的。例如，罗浩轩（2017，2021）运用诱致性农业技术变迁理论指出农业要素禀赋结构（劳动—土地—资本—技术）将从劳动要素丰裕逐渐向技术要素丰裕升级；宋慧琳和彭迪云（2019）运用新结构经济学理论指出，技术独立于要素禀赋（劳动—土地—资本），但又与其具有"相依性"，偏向性技术进步是影响要素禀赋结构及要素生产率的重要因素。

在农业领域，技术结构也与要素禀赋密不可分，当农业要素禀赋结构由以劳动要素丰裕为主的结构向以资本要素丰裕为主的结构升级，农业技术结构相应从以土地节约型技术为主的结构向以劳动节约型技术为主的结构变迁。现有文献对于技术结构的研究还相对较少，有学者通过测算农业要素禀赋与技术进步两者的耦合协调度以判断其对农业经济产生何种影响。魏金义和祁春节（2015）基于改革开放以来中国各省的面板数据，对农业要素禀赋结构与农业技术进步的演变过程进行了分析，同时利用耦合协调度模型考察了两者的协调度，研究发现各地区要素禀赋结构与农业技术进步的耦合协调度存在异质性。尹朝静等（2018）通过分析中国各省份的农业技术进步，揭示了农业技术进步存在要素配置偏向，这种偏向性对农业全要素生产率的提升具有积极作用。姚增福和刘欣（2021）揭示了技术结构变迁与要素禀赋结构升级之间的关系对农业环境效率的影响，表明当两者变迁方向不一致时，可能会对农业环境效率产生不利影响，而当两者变迁方向一致时，可以提高农业环境效率。

1.2.3 技术结构变迁影响农业生态—经济系统的相关研究

1.2.3.1 技术结构变迁与农业生态—经济系统的关系研究

农业生产技术作为衡量农业发展的标准和动力，决定着农业生产方式和效率，因而其对于农业生态—经济系统的重要性不言而喻。综观已有研究，鲜有学者站在结构的视角分析技术结构变迁对农业生态—经济系统的影响，大部分基于与技术结构变迁相关联的"技术创新""技术进步""技术变迁"等展开研究。技术进步作为实现农业经济增长的关键路径，一直以来，学者们都较为关注技术进步对农民收入、产业发展等农业经济的影响效果与作用机理。一方面，主要从农业技术进步对地区经济展开研究，吉小燕和周曙东（2016）、李翔和杨柳（2018）分别针对江苏省与华东地区分析了农业全要素生产率提升的影响因素，他们得出相似的结论：技术进步是效率提升的关键驱动力，而技术效率成为阻碍效率提升的因素。黄大湖和丁士军（2022）通过构建空间计量模型实证检验得出，农业技术进步可通过本地效应和溢出效应缩小本省份和邻近省份的城乡收入差距。另一方面，主要从单一农业技术研究其对地区经济的影响，郑晶和高孟菲（2021）利用全国 31 个省份的面板数据研究指出，农业机械化可以弥补农村劳动力供给缺口，缓解农业生产压力，促进农业生产方式的转型升级，进而对农业全要素生产率的提升起到积极作用；陈林生等（2021）基于系统 GMM 模型与中介效应模型检验了农业机械化对农民收入的影响，发现农业机械化通过提高劳动力生产效率，使农民外出务工赚取农业以外的收入，来提升农民福利效应。

随着资源约束、环境保护问题受到广泛关注，有关技术变迁与农业绿色发展之间关系的研究开始增多。现有研究主要从碳排放、农业面源污染和环境全要素生产率角度展开分析，其中有学者指出，技术变迁能有效减缓对环境的危害。何艳秋等（2021）指出，技术创新是撬动农业绿色发展的第一杠杆，农业碳减排与技术创新在时间趋势上呈"倒挂"，表现为农业技术创新速度远高于农业碳减排速度，且在空间上的正向集聚效应显著。胡中应（2018）利用广义矩估计法检验发现，农业技术进步与农业碳排放具有显著的负向关系，且农业结构中种植业比重上升有助于实现碳减排。田红宇和祝志勇（2018）指出农村劳动力转移和经营规模的扩大对农户产生一定的"激励效应"，更易于农户采用先进的农业机械和环保种植技术，不仅可提高农业产出率，还可降低环境污染。解春艳等（2021）将农业碳排放与农业面源污染纳入同一框架分析，结果表明以农业机械技术为代表的农业技术在地区层面对农业环境效率存在异质性效应。也有学者指出，技术变迁会对生态环境带来一定的负面影响，如化肥、农药、农机等农资要素在对农业劳动力产生"替代效应"的同时，还会在一定程度上挤占农地排碱区，对农业生态产生负面影响（龙云和任力，2016；Ju et al.，2016）。张露和罗必良（2020）指出，机械化的普及以消耗能源为前提，伴随其投入强度的加大，机械化农作会消耗大量化石燃料，增加农作物生产过程中的碳排放，长期应用不仅会破坏土壤质地、对农业生产造成威胁，还会产生大量温室气体，对农业环境带来影响。田云和尹忞昊（2021）对以上两派观点给出了更为全面的解释，农业技术进步在整体上对农业碳减排具有显著的正向溢出效应，但随着农业生产规模化和集约化程度加强，加大了耗能型农业技术的使用，使农业碳排放强度呈现"回弹"效应，从而对环境产生负面影响。

1.2.3.2 技术结构变迁对农业生态—经济系统的影响机理研究

技术结构变迁与农业生态—经济系统之间的关系是农业生产领域和农业环保领域的重点议题，为了更好地理解这种关系，需要深入探讨技术结构变迁如何影响农业生态—经济系统发展，并识别其中的关键作用路径。目前，较多学者围绕技术变迁、农业规模经营、农业产业结构等对农业经济发展的影响展开研究。有研究表明，农业规模经营可以降低机械替代劳动的难度，为农业技术的应用提供有利条件（徐志刚等，2018；杜美玲等，2024），而农地规模经营有助于降低要素单位成本、提高农业生产效率，还对降低农业碳排放和面源污染、推动农业绿色发展具有积极作用（李文华和熊兴，2018；陆杉和熊娇，2023）。还有研究表明，农业规模经营效率的提升，虽然在一定时期内能够降低农业劳动力强度，但农业劳动力的快速转移又会对农产品总量造成负面影响，进而抑制农业绿色全要素生产率的提升（蒋团标等，2024）。此外，还有部分学者从非线性角度出发，考察发现农地规模经营与农业绿色全要素生产率呈倒"U"形关系（马贤磊等，2019）。

随着资源环境约束与需求结构升级，农业发展面临的问题已从"总量不足"转变为"结构性矛盾"，要想从根本上破解农业结构性矛盾、增强农业可持续发展能力，除了依靠技术进步外，产业结构调整和优化也是关键（魏后凯，2017）。曹博和赵芝俊（2017）对技术在农业发展中的基础性作用给予了高度认可，强调了技术创新在推动农业现代化进程中对农业产业结构升级和农业经济发展的积极影响。黄宗晔和游宇（2018）将技术结构变迁作为推动产业结构变迁的关键机制引入模型进行检验，证实了农业技术的不断发展推动着经济结构的持续变迁。江艳军和黄英（2019）指出，农业新技术从引进到推广、应用的过程，不仅有助于促进农业产业结构的合理化与高级化，还有助于促进更先进技术的研发、推广与应用。孙学涛和王振华（2021）在研究中除了指出不同类型技术进步偏向会对农业产业结构产生异质性影响，还明确提出技术进步偏向对产业结构升级的影响并不是绝对的，要充分利用技术进步推动农业产业结构升级和农业经济发展。

成德宁和李燕（2016）、高云虹等（2022）均以大农业作为研究对象，前者实证检验发现，林业、牧业和渔业比重的上升有助于提升劳动生产率，种植业比重的增加反而会降低劳动生产率；后者实证检验发现，种植业和畜牧业结构调整受农业技术进步影响较大，而林业、渔业及农林牧渔服务业受技术进步的影响不显著。近年来，随着生态文明建设、绿色发展等理念的倡导与践行，学者们也开始转向研究农业技术进步、农业产业结构对农业绿色发展、农业低碳发展等的影响。高鸣和张哲晰（2022）基于"双碳"目标下，我国农业绿色发展目前面临的问题，并提出推动农业技术进步、优化产业结构等对策建议。现有研究普遍认为，农业技术进步驱动着农业绿色低碳发展，是提高农业绿色发展水平的核心动力（杨莉莎等，2019；Zhang and Chen，2021）。此外，金芳和金荣学（2020）、范东寿（2022）研究均表明产业结构对碳排放有着重要影响，随着产业结构合理化、高级化水平的增加，能源消费结构将得到优化，化肥、农药等能源利用效率将得以提升，进而对碳减排起到积极影响。

1.2.3.3 技术结构变迁对农业生态—经济系统的空间溢出效应研究

随着空间经济学的不断发展，空间溢出效应对现实经济活动的影响越来越受到关注，学者们开始更加深入地研究和理解经济活动在空间上的分布和互动。空间溢出效应是普遍存在的现象，如果忽略了这些空间溢出效应，可能会对经济活动和经济现象的理解出现偏差，从而影响研究结论的准确性和可靠性（李兰冰和刘秉镰，2020）。农业技术传播、生产要素流动等农业经济活动中也存在空间溢出效应，因而为更准确地理解和把握农业经济活动在空间上的分布和互动规律，需要充分考虑空间溢出效应的影响。姚增福（2020）和崔许锋等（2022）研究指出，中国农业生态效率呈现显著的空间聚集模式和空间差异性；郑云和黄杰（2021）研究表明，地理相邻可以促进农业生产要素、技术、信息等的流动和传播，进而对农业生态效率产生显著的促进作用；Xu 等（2022）研究发现，农业面源污染会抑制农业绿色发展，且这种抑制作用存在空间溢出效应。

聚焦研究主题，部分学者关于技术变迁对农业发展的空间溢出效应这一相关议题进行了探讨。有研究表明，农业技术投入规模（王辰璇和姚佐文，2021）、农业技术进步（吴梵等，2020）不仅对本地农业生态效率产生积极影响，还表现出显著的空间溢出效应。此外，在农业机械技术与农业发展层面，伍骏骞等（2017）研究表明，农业机械化发展对中国粮食产量的促进作用具有显著的空间溢出效应，且在不同纬度地区间存在明显的区域差异性。进一步地，徐清华和张广胜（2022）实证检验得出，农业机械化对农业碳排放的影响存在显著的负向空间溢出效应，并且在粮食主产区的影响更加显著，在减少碳排放方面发挥了重要作用。在生物化学技术与农业发展层面，侯孟阳等（2021）指出，空间计量模型的运用不仅能有效解决变量间可能存在的内生性问题，还能考虑到内生变量的潜在空间关联性，通过对化肥施用强度与农业生态效率之间的关系检验发现，化肥施用强度的增加会导致农业生态效率的下降，同时存在显著的空间溢出效应。

1.2.4　研究述评

总体来看，现有研究从不同角度研究了技术结构、农业生态—经济系统的内涵与测度，以及技术结构变迁对农业生态—经济系统发展的推动作用，极大地丰富了相关理论，同时也存在可进一步拓展研究的空间。具体地，从研究内容来看，首先，在对农业生态—经济系统的研究上，多数研究集中于评价系统间的耦合协调性、分析系统的时空动态演变，而从系统整体出发对驱动系统演变的内在机理、机制方面的研究还不够深入；其次，在对技术结构的研究上，学者们侧重于研究工业、制造业的技术结构，而对农业技术结构的研究更多落脚于理论探讨上，进行实证研究的较少；最后，在技术结构变迁对农业生态—经济系统的影响研究上，学者们主要关注单一技术或技术进步对生态保护与经济发展的影响，却鲜有从结构视角探究技术结构变迁对经济和生态的影响及其作用机制。此外，从研究尺度来看，在空间上，学者们多从全国、省域以及农业发达区域入手研究农业，较少关注人少地多、生态环境脆弱的连片干旱区；在时间上，现有研究多采用一年的微观截面数据或短面板数据，而采用长时序面板数据研究的较少。

因此，本书以新疆 14 地（州、市）面板数据为研究样本，沿着"影响效应—影响机制—空间效应"的逻辑框架，系统、深入地探索了技术结构变迁对绿洲农业生态—经济系统的影响机理。在理论分析上，首先从总体效应、结构效应、时序效应和要素禀赋效应多维度剖析了技术结构变迁对农业生态—经济系统的影响效应；其次从规模扩张机制、资源配置机制和结构转型机制多角度阐述了技术结构变迁对农业生态—经济系统的影响机制；最后引入空间因素，分析了技术结构变迁对农业生态—经济系统的空间溢出效应。在实证检验上，综合运用面板固定效应模型、分位数回归模型、门槛回归模型、中介效应模型及空间溢出效应模型等探讨技术结构变迁对绿洲农业生态—经济系统的影响效应、影响机制及空间效应，并基于研究结论提出技术结构调优促进绿洲农业生态—经济系统发展的对策措施。

1.3　研究目标与内容

1.3.1　研究目标

本书的总目标是通过构建技术结构变迁对农业生态—经济系统影响的理论模型，结合实证数据探索技术结构变迁在绿洲农业生态—经济系统发展过程中起到的作用，据此提出协同推进绿洲农业经济发展与生态环境保护的对策建议，以期为干旱区同类问题研究提供参考借鉴，为相关职能部门建言献策。具体目标为：

第一，构建技术结构变迁对绿洲农业生态—经济系统影响的理论框架。利用理论分析和理论模型阐释技术结构变迁对农业生态—经济系统的影响机理，由此搭建本书的理论分析框架，为后续的实证研究奠定理论基础。

第二，利用实证方法分析技术结构变迁对绿洲农业生态—经济系统的影响。从总体效应、结构效应、时序效应与要素禀赋效应四个角度，探索技术结构变迁对绿洲农业生态—经济系统的影响效应，从农业规模经营、农业资源配置与农业产业结构三个维度，探讨技术结构变迁影响绿洲农业生态—经济系统的作用路径，并从空间异质性视角分析技术结构变迁影响绿洲农业生态—经济系统可能的空间溢出效应。

第三，提出技术结构调优促进绿洲农业生态—经济系统发展的对策建议。通过理论分析与实证检验，以期丰富和完善技术结构变迁与绿洲农业生态—经济系统之间关系的系统研究，为优化农业技术结构、推进绿洲农业生态—经济系统发展提供有针对性的对策建议。

1.3.2 研究内容

围绕以上研究目标，本书共分为八章来完成论证过程，各章节主要内容安排如下：

第1章：绪论。首先，阐述研究背景及意义；其次，梳理分析国内外关于技术结构变迁与农业生态—经济系统相关的研究动态，对已有文献进行述评；再次，确定研究目标与内容、研究方法与技术路线，主要从农业生态环境与经济发展不平衡等现实问题出发，结合国内外研究进展与局限，引出技术结构变迁在绿洲农业生态—经济系统运行中的主要作用这一研究主题；最后，分析本书主要的创新之处。

第2章：概念界定与理论框架。首先，对研究涉及的相关概念进行界定，包括绿洲农业生态—经济系统的内涵及特征、农业技术结构的内涵和范围界定、农业技术结构与技术进步和技术创新的辨析；其次，梳理研究所用到的理论基础，主要包括可持续发展理论、生态经济理论、新结构经济学理论、技术进步理论，界定了研究问题与相关理论的交集；最后，结合模型对技术结构变迁影响农业生态—经济系统进行理论分析，并构建理论框架，为后文实证研究提供一定的理论支撑和依据。

第3章：技术结构变迁与绿洲农业生态—经济系统演变。首先，对技术结构变迁与绿洲农业生态—经济系统演变进行阶段划分，归纳其变迁的一般规律，同时对技术结构变迁与绿洲农业生态—经济系统演变的特征表现进行整体把握；其次，根据上述分析对绿洲农业生态—经济系统演变的趋势进行初步诊断。

第4章：技术结构变迁水平与绿洲农业生态—经济系统发展水平的测评。首先，对绿洲农业技术结构变迁水平进行测度评价，从等级和类型两个视角构建指标体系，运用林毅夫的技术选择指数作为技术结构变迁的代理变量进行测度分析；其次，对绿洲农业生态—经济系统发展水平进行测度评价，从绿色发展、经济增长2个目标层，资源节约、环境友好、生态治理、创新驱动、结构优化和经济效益6个准则层构建指标体系，运用熵值法对绿洲农业生态—经济系统发展指数和子系统发展指数进行测度分析；最后，对技术结构变迁与绿洲农业生态—经济系统发展进行协调度分析。

第5章：技术结构变迁对绿洲农业生态—经济系统影响效应的实证分析。首先，结合前文测度的技术结构变迁指数和绿洲农业生态—经济系统发展指数，选取2000~2022年新疆14地（州、市）的面板数据，分别运用固定效应模型、分位数回归模型和门槛回归模型实证分析技术结构变迁对绿洲农业生态—经济系统的总体效应、结构效应、时序效应和要素禀赋效应；其次，采用替换解释变量、更换估计模型等一系列稳健性检验测试结果的可靠性；最后，从技术结构水平异质性以及农村经济发展水平异质性等具体层面探究技术结构变迁对绿洲农业生态—经济系统影响效应的差异性。

第 6 章：技术结构变迁对绿洲农业生态—经济系统影响机制的实证分析。首先，结合前文测度的技术结构变迁指数和绿洲农业生态—经济系统发展指数，选取 2000~2022 年新疆 14 地（州、市）的面板数据，从农业规模经营、农业资源配置和农业产业结构三条作用路径出发，运用中介效应模型实证检验技术结构变迁影响绿洲农业生态—经济系统的内部传导机制，并进一步对三条作用路径进行了主次比较；其次，通过改变模型设定、考虑内生性来检验研究结论的稳健性。

第 7 章：技术结构变迁对绿洲农业生态—经济系统空间溢出效应的实证分析。首先，对技术结构变迁和绿洲农业生态—经济系统进行空间相关性检验，并进行空间计量模型的选择检验；其次，结合前文测度的技术结构变迁指数和绿洲农业生态—经济系统发展指数，选取 2000~2022 年新疆 14 地（州、市）的面板数据，运用空间计量模型实证检验技术结构变迁对绿洲农业生态—经济系统的空间溢出效应；再次，选取更换空间权重矩阵、更换空间计量模型和考虑空间计量模型的动态性来检验研究结论的稳健性；最后，从时期异质性层面探究技术结构变迁对绿洲农业生态—经济系统空间溢出效应的差异性。

第 8 章：研究结论与政策建议。首先，依据前文的实证检验结果归纳总结本书的主要结论；其次，针对研究结论，提出推进绿洲农业生态—经济系统可持续发展的相应建议；最后，指出本书存在的不足和对未来的展望。

1.4　研究方法与技术路线

1.4.1　研究方法

以便全面、整体地分析本书的研究主题，本书综合运用了理论探讨与实证分析相结合、定性分析与定量计算相结合、动态考察与静态分析相结合的研究方法，旨在厘清技术结构变迁与绿洲农业生态—经济系统的内在关系，层层递进剖析技术结构变迁如何影响绿洲农业生态—经济系统。具体研究方法如下：

1.4.1.1　文献研究法

通过对现有文献的收集和梳理，归纳总结国内外学者在技术结构变迁与农业生态—经济系统方面的相关研究，阅研关于农业发展、生态环境与技术创新的一系列重要文献，对获得的资料进行整理、分类以及进一步的加工和比较，最终确定本书的切入点。首先，对技术结构变迁、农业生态—经济系统以及技术结构变迁影响农业生态—经济系统的文献进行系统梳理，识别现有研究存在的不足，提出本书的创新之处。其次，对技术结构变迁和农业生态—经济系统这两个核心概念进行明确界定，对技术结构变迁相关理论和农业生态—经济系统相关理论进行归纳整理，奠定本书的理论基础。最后，在全面回顾和评述有关技术结构变迁和农业生态—经济系统等变量研究成果的基础上，阐述变量之间的关系，重点揭示技术结构变迁影响农业生态—经济系统的作用机理，据此构建技术结构变迁对农业生态—经济系统影响的理论框架。

1.4.1.2 实证研究法

实证研究法是将定性问题定量化、隐性问题显性化、复杂问题明晰化的重要手段，主要体现在以下三个方面：第一，结合历年的《新疆统计年鉴》及各地（州、市）统计年鉴，对技术结构变迁与绿洲农业生态—经济系统的发展概况进行描述性统计分析；第二，采用综合指数测度法和熵值法对技术结构变迁与绿洲农业生态—经济系统构建指标体系并进行测度，同时采用耦合协调度模型分析技术结构变迁与绿洲农业生态—经济系统发展的协调程度；第三，采用统计计量模型验证理论分析中提出的相关研究假说，具体采用面板固定效应模型、分位数回归模型和门槛回归模型实证分析技术结构变迁对绿洲农业生态—经济系统的总体效应、结构效应、时序效应和要素禀赋效应，运用中介效应模型实证检验技术结构变迁对绿洲农业生态—经济系统的影响机制，采用空间计量模型考察技术结构变迁对绿洲农业生态—经济系统的空间溢出效应。

1.4.1.3 比较研究法

在分析技术结构变迁对绿洲农业生态—经济系统影响的过程中，本书首先在技术结构变迁与绿洲农业生态—经济系统演变的阶段划分中采用了纵向比较分析；其次在技术结构变迁与绿洲农业生态—经济系统发展的特征分析中分别运用了纵向比较分析和横向比较分析；最后在技术结构变迁对绿洲农业生态—经济系统的影响效应分析和空间溢出效应分析中，其中涉及的异质性检验属于横向比较分析的范畴，分别从时期异质性以及农村经济发展水平异质性等层面探究技术结构变迁对绿洲农业生态—经济系统影响效应的差异性。

1.4.2 技术路线

本书的技术路线如图 1-1 所示。

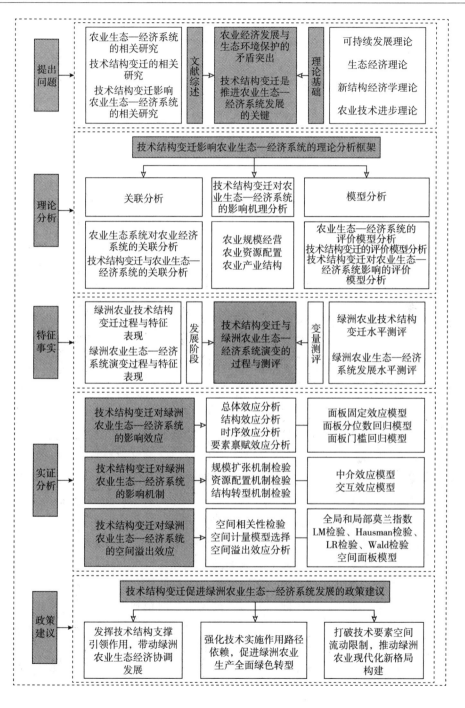

图 1-1 本书的技术路线

1.5 主要创新之处

本书的创新之处主要体现在以下三个方面：

第一，研究视角的创新。本书丰富了对农业生态—经济系统前因变量的探索。虽然以往学者们针对农业技术与农业生态—经济系统的相关关系进行了部分研究，但以往的学术研究多以具体某一技术为切入点，研究某一技术引进或变迁带来的经济和生态影响，而从技术结构角度探索其对农业生态—经济系统具体影响的研究还不多见。本书从技术要素的"结构"维度出发，将技术结构（体系）融入农业生态—经济系统的理论分析框架中，考察农业技术结构变迁对绿洲农业生态—经济系统的影响，并从结构效应角度分析不同类型农业技术结构变迁指数对绿洲农业生态—经济系统的"贡献度"，为农业生态—经济系统提供新的研究视角。

第二，研究内容的创新。本书拓展了对农业生态—经济系统提升路径的研究。关于农业生态—经济系统的研究多运用耦合协调度模型进行协调度分析，缺少挖掘技术结构变迁影响农业生态—经济系统发展背后的内在机理。因此，本书厘清并验证了技术结构变迁影响绿洲农业生态—经济系统的关键路径，发现农业适度规模经营、农业资源合理配置和农业产业结构升级，是技术结构变迁推动绿洲农业生态—经济系统协调发展的三条作用路径，这不仅为进一步理解技术结构变迁影响绿洲农业生态—经济系统的内在机理提供了理论视角与经验证据，还为提出促进绿洲农业生态—经济系统发展的意见提供了参考借鉴。

第三，研究方法的创新。本书深化了技术结构变迁和农业生态—经济系统的时空关联研究。以往关于农业技术与农业发展的研究多采用截面数据或短面板数据，而时间趋势和空间因素考虑的欠缺均易导致理论模型与实际应用存在一定程度的偏差。因此，本书将时间和空间维度纳入考量范围，以绿洲农业生态—经济系统为研究对象，采用长时序数据的历史描述与长面板数据的统计检验相结合的方法，分析了技术结构变迁与绿洲农业生态—经济系统的时空演变趋势，检验了技术结构变迁对绿洲农业生态—经济系统的时序效应和空间溢出效应，这种时空多维度的分析不仅可以全面评估技术结构变迁在绿洲农业生态—经济系统发展中的作用，还扩展了研究的领域和边界。

第 2 章 概念界定与理论框架

概念界定将研究问题具体化，有助于研究过程可操作；理论基础是科学研究的出发点，为研究问题的解答提供支撑和指引。本章将明确界定核心概念的边界，包括绿洲农业生态—经济系统和农业技术结构，明确其具体研究范围，详细阐述相关理论基础的内容，包括可持续发展理论、生态经济理论，新结构经济学理论、农业技术进步理论，并构建技术结构变迁影响农业生态—经济系统的理论框架。

2.1 概念界定

2.1.1 绿洲农业生态—经济系统

2.1.1.1 生态—经济系统的内涵与外延

生态—经济系统，作为生态经济学的一个核心概念，涵盖了生态系统和经济系统之间的互动关系。这一复合系统是通过将技术作为桥梁以及人类劳动过程来构建的，涉及物质循环、能量转化、价值增值以及信息传递等多个方面。简言之，它体现了生态与经济两大系统间的和谐统一与内在矛盾，是两者有机融合的产物（张洁瑕等，2021）。一个运行良好的生态—经济系统，其内部的生态与经济两大系统必然是相互依存、互为因果的，即生态系统与经济系统中的反馈机制能够形成一个统一、协调的运作机制，共同推动整个系统的良性循环（Mao et al.，2024）。从产业类型划分，农业生态—经济系统作为生态经济系统的重要子系统，主要由农业生态和农业经济两个系统构成，农业生态系统侧重于农业资源自然属性（生态价值）的研究，农业经济系统则注重农业系统经济属性（生产价值）的研究。从区域类型划分，绿洲生态—经济系统作为西北干旱区生态—经济系统中最核心的子系统，以荒漠背景为基质，其存在和可持续发展必须以山地生态保育和水源涵养功能为前提，同时，绿洲外围荒漠生态系统的恢复与重建也是不可或缺的前提条件，具备地缘性、唯水性、封闭性与开放性等特征（李万明和强始学，2012）。

2.1.1.2 绿洲农业生态—经济系统的含义

绿洲，作为干旱区特有的非地带性景观，既是干旱区生态与经济系统中关系最密切、最复杂的地带，也是生态稳定性保持与经济高效发展矛盾最突出的地带。同时，绿洲，作为干旱区农业发展的主体空间，为农业的持续发展提供了可依托的资源禀赋。绿洲农业生态—经济系统，是具备农业产业和绿洲区域双特性的生态—经济系统，是农业生态—经济系统和绿洲生态—经济系统的融合。绿洲农业生态—经济系统，又称绿洲农业、绿洲农业生态系统或绿洲农业生态—经济复合系统，是自然、社会、历史因素相互作用形成的景观类型（张维祥等，1992）。赖先齐等（2002）指出，绿洲农业是人类在荒漠、半荒漠地区的自然绿洲或非绿洲基础上，进行灌溉从事农业生产活动的生态—经济系统，是一种人工绿洲或驯化绿洲。广义的绿洲农业包括种植业、养殖业、农副产品加工储藏运销等大农业生产，而狭义的农业指的是绿洲种植业，包括大田作物生产和林、园生产（李万明和汤莉，2012）。

2.1.1.3 绿洲农业生态—经济系统的特征

绿洲农业生态—经济系统主要是以种植业为主要经营方向（张凤华和赖先齐，2003），其典型特征具体包括：第一，绿洲农业生态—经济系统具有高山与盆地相间的地貌，是物质、能量、信息集中与交换的节点；第二，灌溉农业是绿洲农业生态—经济系统的典型特点，水是干旱区绿洲在进行农业生产中的主要限制因子，故必须重视保护和涵养水源与完善水利工程建设；第三，区域内光热水土的特殊组合形成独具特色的绿洲农业，具备建立优质、高产、高效农业的优越条件，有利于棉花、瓜果等特色农产品生长；第四，绿洲农业生态—经济系统的自净功能较弱，加之农药、除草剂污染，农作物种类单一、生长期短，导致土地退化严重，绿洲农业可持续发展受到威胁；第五，绿洲农业发展受到自然环境和人为干扰的双重制约，人工调控是绿洲农业生态—经济系统演替的主动力，这就需要人类在不同阶段选择适应这种脆弱生态环境的农业技术，提高资源利用率和农业生产率，改善不断恶化的农业生态环境，解决绿洲内部资源、环境与经济发展之间的矛盾，实现绿洲农业生态系统与经济系统的耦合协调。

2.1.2 农业技术结构变迁

2.1.2.1 农业技术的内涵与外延

关于农业技术的含义，《中华人民共和国农业技术推广法》（2024年修正）

将其定义为：应用于种植业、林业、畜牧业、渔业的科研成果和实用技术。在农业生产实践中，农业技术被广泛地用作替代稀缺土地资源和劳动力的工具或服务，即稀缺要素诱导生物育种、农机装备、智能农业、生态环保等领域的技术创新和推广，是推动农业经济发展和农业科技进步的有力手段。在 1932 年的著作《工资理论》中，希克斯（Hicks，1932）依据技术的替代作用对农业技术进行了分类，将替代稀缺劳动力的技术称为"劳动力节约型"技术，将替代稀缺土地资源的技术称为"土地节约型"技术。这种分类方式为深入理解农业技术的特性和应用提供了有益的视角，基于技术对要素替代的这一思路，常向阳和姚华锋（2005）、曹博和赵芝俊（2017）进一步将农业技术分为生物化学技术和农业机械技术两类，其中农业机械技术的推广可以节约劳动力、提高劳动生产率，而生物化学技术的采用可以提升单位土地边际效益、提高土地生产率。

2.1.2.2 农业技术结构的含义

与技术相关的一个概念是技术结构，它是一个技术体系或技术集群，是一种更高级的表现形式。林毅夫（2012）明确提出技术结构是指国家、部门、地区或企业在一定时期内不同等级、不同类型的各种技术之间质的组合与量的比例关系，反映整体技术水平和状况，影响及决定产业结构和经济发展。技术结构限定的领域不同，其概念也不尽相同，同时由于技术结构具有复杂性，以任何一种或几种具体技术来反映整体技术结构并不合理。有鉴于此，针对研究目的，结合前人研究成果，本书将研究对象限定在新疆绿洲农业生态—经济系统层面，并在新结构经济学视角下，将绿洲农业生态—经济系统的技术结构界定为农业技术系统中不同等级和不同类型农业技术之间的相互联系和数量比例，即反映各种异质性农业技术在总体中的占比以及与农业生态—经济系统的关系。具体地，按照不同技术等级将农业技术划分为提高劳动生产率的农业技术和提高土地生产率的农业技术，并将农业技术结构定义为提高劳动生产率的农业技术和提高土地生产率的农业技术的组合与占比情况；按照不同技术类型将农业技术划分为农业机械技术和生物化学技术，并将农业技术结构定义为农业机械技术和生物化学技术的组合与占比情况。

2.1.2.3 农业技术结构变迁的含义

农业技术结构变迁是指农业生产中技术的组成和应用方式随时间发生的变化。这种变迁通常涉及技术的创新、扩散以及新旧技术的替代过程，旨在提高农业生产效率、改善农产品质量、提升经济效益并减少对环境的负面影响（胡竹枝和李大胜，2006）。具体来说，农业技术结构变迁可能包括以下几个方面的变化：第一，技术创新与应用。新技术的出现和现有技术的改进是推动农业技术结构变迁的关键因素。例如，精准农业、生物技术、遥感技术等高新技术在农业中的应用能够实现精准农业管理，推动农业发展。第二，技术替代与更新。随着新技术的推广和应用，一些传统的、效率较低的技术逐渐被替代，这种替代过程有助于提升农业生产的整体效率和质量。第三，技术结构的优化。农业技术结构变迁还体现在技术之间的协调与配合上，通过优化不同技术之间的组合和应用方式，可以实现农业生产资源的合理配置，提高农业生产系统的整体效能。总之，农业技术结构变迁是一个复杂而持续的过程，它受到多种因素的影响，同时也对农业经济和生态环境产生深远影响。因此，理解和把握农业技术结构变迁的含义和规律，对于推动农业现代化、促进农业可持续发展具有重要意义。

2.1.3 相关概念辨析

2.1.3.1 绿洲农业与其他地区农业

绿洲有着自身独特的要素禀赋，使绿洲农业与其他地区农业在多个方面存在显著的差异（魏巍等，2012），具体表现如下：第一，从地理位置和水源条件来看，绿洲农业主要分布于干旱荒漠地区，其水源通常来源于天然地下水或山脉融雪，这种特殊的地理位置和独特的水源条件使绿洲农业在干旱环境中能够稳定地进行农作物种植。相比之下，其他地区的农业可能分布在水源更为丰富、气候更为温和的区域，较少受到干旱等自然条件的限制。第二，从生产方式和规模来看，绿洲农业通常采用田间种植方式，即在裸露土地上直接播种或移栽农作物；同时，由于水源的限制，绿洲农业的生产规模可能相对较小。而其他地区的农业可能采用更为多样化的种植方式，如温室种植、水培种植等，并且生产规模可能更大。第三，从作物种类和种植结构来看，绿洲农业主要种植的作物包括小麦、玉米、棉花等，这些作物通常具有较高的耐旱性和适应性，能够在干旱环境中生长。而其他地区的农业可能种植更多种类的作物，包括各种蔬菜、水果和粮食作物等，并且种植结构可能更为复杂。第四，从可持续性和环境保护来看，绿洲农业的可持续性受到地下水资源的限制，过度开采地下水可能导致水位下降、水质恶化和土壤盐碱化等问题，因此，绿洲农业在发展过程中需要更加注重水资源的合理利用和保护。相比之下，其他地区的农业可能更加注重生态循环、减量化生产和物种多样化种植等可持续发展理念，以实现农业与环境的和谐共生。第五，从经济效益和环境效益来看，绿洲农业在干旱荒漠地区具有重要的经济和生态价值，它不仅为当地居民提供了稳定的食物来源和收入来源，还通过植树造林和建设农村聚落等措施改善了当地的生态环境。而其他地区的农业则可能更注重提高农产品的产量和品质、降低生产成本和提高经济效益，以适应市场对农产品需求优质化、多样化、标准化的发展趋势。

总之，绿洲农业与其他地区农业在地理位置、水源条件、生产方式和规模、作物种类和种植结构、可持续性和环境保护以及经济效益和环境效益等方面存在显著的差异，这些差异使绿洲农业在干旱荒漠地区具有独特的地位和价值，也使农业技术结构变迁模式与其他地区不同。

2.1.3.2 技术创新、技术结构与技术进步

技术创新、技术结构和技术进步是三个既有联系又有区别的概念。首先，技术创新是实现技术进步的途径之一，技术进步是多种方式作用后的结果。技术创新是人类通过新技术改善经济福利的商业行为，技术进步是指各种技术的提高与改进。其次，技术创新是决定技术结构变迁的根本力量。技术创新是要素禀赋结构中资本—劳动比从较低水平向较高水平提升的推动力，技术结构是要素禀赋结构和比较优势动态变化的结果，反映整体技术水平和状况。最后，技术进步的高低取决于所选择的技术结构与禀赋结构的吻合程度。在经济体的动态变化过程中，技术结构变迁与技术进步时刻都在发生，共同影响及决定着产业结构和经济发展。简言之，技术结构的具体表现是技术创新，技术结构的合理与否又决定着技术进步的结果。

2.1.3.3 农业技术变迁与农业技术结构变迁

农业技术变迁即农业技术进步，是技术进步在农业生产领域的具体化。农业技术进步一方面表现为新技术的发明创造、原有技术的改造和革新；另一方面表现为新技术在生产实践中的推广应用。农业技术结构变迁与农业技术进步两者互相影响，农业技术结构变迁决定着农业技术进步水平，而农业技术的进步又会反过来促进农业技术结构进行优化升级。林坚和杨柳勇（1998）指出，若从农业技术结构形成的角度来看，农业技术结构受农业技术变迁方式的影响，若从农业技术结构应用的结果角度来看，先进性不同的农业技术体系应用决定着农业技术进步，也就是说，不同农业技术结构决定着农业技术的变迁方式、决定着农业技术进步水平。早期，希克斯（Hicks，1932）的技术进步中性理论将农业技术进步划分为劳动节约型、资本节约型和中性技术进步三种；中期，Hayami 和 Ruttan（1971）的诱致性技术变迁理论将农业技术进步划分为机械型农业技术进步和生物型农业技术进步；后期，林毅夫（2014）提出的新结构经济学理论，强调从结构的角度考虑要素、技术、产业等软硬基础设施，其中技术结构是指各种异质性技术的组合，认为技术结构既独立于要素禀赋结构（土地、资本、劳动），又与要素禀赋结构密不可分，技术结构的差异内生于要素禀赋及其结构。

本书提出的农业技术变迁和农业技术结构变迁既有共性，也有特性。农业技

术变迁指的是诱致性技术变迁理论的农业偏向性技术进步，而农业技术结构变迁是在诱致性技术变迁理论基础下运用新结构经济学的视角考量，是农业技术变迁的延伸，此外，农业技术进步的高低取决于所选择的农业技术结构与要素禀赋结构的吻合程度。两者的共性在于具有强烈的选择性和明显的阶段性：一是农业技术变迁和农业技术结构变迁均具有要素偏向性，都与特定时期、特定区域的要素禀赋条件相结合，因地制宜选择适宜的农业技术与组合；二是虽然农业技术变迁和农业技术结构变迁是一个连续的变化过程，但两者均具有明显的阶段性特征，因而在稳定的时期里，确定技术的优化组合是必要的。两者区别在于，农业技术变迁侧重于从历史的维度考察农业技术带来的影响，而农业技术结构变迁则侧重于从结构和历史的双重维度考察各种农业技术所带来的影响。

2.1.4 研究范围的界定

2.1.4.1 绿洲农业生态—经济系统的内容

本书选择具备典型性和普遍性特征的新疆作为绿洲农业生态—经济系统的研究区域，同时着重以狭义绿洲农业（种植业）为研究对象，重点考察绿洲农业生态—经济系统的发展水平，为绿洲农业稳定可持续生产提供借鉴。特别说明，关于绿洲农业生态—经济系统，本书主要围绕绿洲农业生态—经济系统的发展水平展开分析，即评价绿洲农业生态—经济系统发展水平的动态演变趋势，实证检验技术结构变迁对绿洲农业生态—经济系统发展水平的影响。

2.1.4.2 农业技术结构变迁的内容

本书以新结构经济学原理和结构思维为指导，明确指出技术结构既独立于要素禀赋结构（土地、资本、劳动），又与要素禀赋结构密不可分。其中，本书研究所考虑的农业生产要素仅包括生产过程中的土地、劳动力和资本三要素，并没有将化肥、农药、农膜、机械等归入农业要素禀赋，而是将这些具体农业投入品的变化视为农业技术结构变迁的表现。此外，与其他地区相比，绿洲地区农业要素禀赋结构的独特性决定了其农业技术结构变迁模式的差异。因而，本书从技术等级和技术类型两个视角对农业技术结构进行综合刻画，利用农业要素禀赋的变化（技术等级的表现）和具体农业投入品的变化（技术类型的表现）来反映农业技术结构的变迁。此外，在本书的上下文中，若无特别说明，提及的技术结构变迁均指农业生态—经济系统中的技术结构变迁。

2.1.4.3 研究的时空范围

考虑到数据的可得性，本书中描述性分析章节（第 3 章）的时间区间为 1949~2022 年，实证分析章节（第 4 章至第 7 章）的时间区间为 2000~2022 年。

将分析的空间范围限定在新疆 14 个地（州、市），这能够较为充分地反映新中国成立以来，尤其是改革开放以来绿洲农业生态—经济系统中技术结构的变迁特点，以及农业技术结构变迁对绿洲农业生态—经济系统的影响。因受到数据可得性的限制，本书仅将新疆的行政区划到地级层面，并未考虑县级层面与农户层面的相关问题。

2.2　理论基础

2.2.1　可持续发展理论

1987 年，世界环境和发展委员会（WCED）发表了《我们共同的未来》（Our Common Future）的报告，首次正式提出了可持续发展的概念，并给予了清晰的定义。这一概念强调，我们在满足当前需求的同时，也要确保不损害未来世代的生存和发展，既要保障经济发展，又不对资源和环境造成危害，这一概念背后的思想随后得到各国政府和社会大众的广泛认同。1989 年 5 月，第 15 届联合国环境规划署理事会上，通过了一份《关于可持续发展的声明》，这份声明对可持续发展进行了更为深入的阐释。它明确指出，可持续发展不仅要满足当前人类的需求，更意味着要合理使用自然资源，以维持生态环境平衡和推动经济增长。1992 年 6 月，联合国于巴西里约热内卢召开了环境与发展会议，通过并签署了体现可持续发展核心思想和战略的文件，彰显了全球对可持续发展的共同追求。2002 年，联合国可持续发展世界首脑会议在南非约翰内斯堡举行，会议通过了《约翰内斯堡可持续发展声明》和《可持续发展问题世界首脑会议执行计划》，提出要将可持续发展由理论变为具体行动，并突出强调了经济发展和环境保护相互促进和相互协调的重要性。2020 年，"强可持续发展"这一经济学名词的问世，更加细化了可持续发展理论的内容，它是相对于弱可持续发展而言的，从代际公平的角度出发，假定自然资本对经济增长的约束力很强，人造资本和自然资本之间不能完全相互替代，也就是说，在这种假定下，当代人应当在保证经济发展需要的同时，对自然资本进行有节制的利用，不能损害后代人使用自然资本的权利，做到代际公平视角下经济社会与生态环境协调可持续发展。

农业可持续发展作为生态—经济系统可持续发展中不可或缺的一部分，就是要在可持续的基础上实现农业的发展，被普遍定义为在保护自然环境基础上，协调好农业资源承载力和农业经济的关系，使农业具有持续生产能力，做到既能满足当代人对农产品的需求，还能保证后代人的需求，形成生态环境与农业发展之间的良性循环（白蕴芳和陈安存，2010）。简言之，农业可持续发展是农业发展的深化，其本质是生态环境持续、经济社会持续的和谐统一。其中，生态环境可持续性表示在农业生产过程中，要考虑资源保护及环境改善，确保农业资源的可持续利用，避免过度开发和破坏生态环境；经济社会可持续性表示在农业生产过程中，要保证提高农业生产效率、增加农业产值和农民收入，实现农业整体经济实力的提升和农村社会的稳定发展。可持续发展理论强调资源节约、环境保护在经济发展中的重要作用，将该理念贯穿到农业生态—经济系统发展过程中，这对协同推进农业经济高质量发展与生态环境高水平保护具有重要启示意义。

2.2.2 生态经济理论

随着生态非经济化、经济逆生态化等一系列生态经济问题的出现，逐步产生了生态经济理论，发展了生态经济学这一交叉性学科。生态经济学的发展经历了不断分化和综合循环的过程，产生了新的生态经济理论，拥有了自己的重要范畴，并形成了独立的经济学分支学科。生态经济理论是经济学与生态学理论的深度结合，致力于在经济发展与生态保护之间找到平衡点，核心在于寻求人类经济活动与自然生态系统之间的和谐共生。Costanza（1991）强调了生态可持续在经济系统中的核心地位，提出实现可持续发展是生态经济学研究的核心原则与追求目标。Daly（1997）在分析生态环境与经济发展的交互关系时，首次将经济系统视作生态系统的一个组成部分，并深入探讨了两者之间的相互影响和作用机制。布朗（2002）认为，生态经济学的精髓在于深刻把握生态系统与经济系统之间的辩证关系，两者既相互对立又相互依存，即经济发展会受到生态系统的约束，而生态环境亦会受到经济系统的压力。刘思华教授是国内最早对生态经济学范畴进行探讨的人，他指出生态结构和经济结构以及两者的辩证统一即生态—经济结构，生态平衡和经济平衡以及两者的辩证统一即生态—经济平衡，具备地域性、整体性、动态性和可控性等特征（刘思华，2023）。

随着现代社会人口的增加和人民生活质量的提高，经济需求增加与生态供给下降之间产生结构性和功能性的供需不对等状态，是产生生态—经济系统基本矛盾的主要原因。所谓生态—经济系统，它不是把生态系统与经济系统简单地加总在一起，生态系统与经济系统存在内在关联、彼此适应的关系。因此，要实现生态—经济系统可持续发展，就要打破生态与经济这两个系统彼此冲突的状态，把经济发展建立在生态环境可承受的基础上，在注重经济效益的同时，坚持以绿色生产为根本目的，实现生态系统恢复、经济系统高效的良性运转，进而实现经济发展和生态环境保护的"双赢"。所谓农业生态—经济系统，它是由农业生态系统和农业经济系统相互结合而成，其中农业生态系统是人类按照自身需要，采用一定技术手段调节农业生物种群和非生物环境，并通过物质循环、能量转化进行农业生产的场所，而农业经济系统是农业经济活动中劳动力、土地等基本要素，与农业产业结构、农业技术、农业经营管理手段等高级要素的集合。农业生态和农业经济两个子系统作为农业生态—经济系统不可分离的两部分，只有相互促进才能实现农业经济与生态环境的共赢，这对于农业生态—经济系统的研究具有十分重要的意义。

2.2.3　新结构经济学理论

"新结构经济学"一词由林毅夫提出，作为新古典经济学的进阶，强调经济是不断发展变化的，是一个产业、技术、基础设施、制度不断变迁的过程（林毅夫，2012）。林毅夫（2014）在新结构经济学的论述中，指出现有发展经济学忽视了发展中国家的要素禀赋结构对产业结构和技术结构的决定性作用，进一步阐明一个经济体在特定时点的产业和技术结构，实际上是由这一经济体当时所具备的要素禀赋结构所决定的。要素禀赋结构具备两大显著特性：一方面，虽然每一时点的要素禀赋结构是外生且给定的，但它会随着时间的推移而逐渐积累与升级，这种变化会进一步促使技术结构和产业结构发生相应的转变，从而形成技术结构和产业结构不断变迁；另一方面，在特定的时点，要素禀赋结构决定了经济体在该时点可用生产要素的数量和相对价格，这实际上反映了要素禀赋的相对充裕程度（林毅夫，2020）。可见，要素禀赋及其结构是分析经济问题和解释经济现象的起点，这也是本书研究遵守的假定。

依据研究目标，下面主要阐述新结构经济学中关于结构变迁与转型的几大原理：第一，要素禀赋结构的供给与需求原理。在特定时点，要素禀赋及结构是给定的，但也会随着时间变化，反过来，不同产业和技术结构又会对要素禀赋及结构提出需求（叶初升和马玉婷，2019）。第二，产业和技术结构的供给与需求原理。除了产业和技术结构对资源要素禀赋提出的需求外，外部环境也对相应的产业和技术结构提出需求。第三，比较优势原理。在某一时点下，一个经济体的要素禀赋结构直接决定了要素的稀缺与丰裕程度，这种禀赋结构的差异又进一步影响了要素的相对价格，进而决定了该经济体在选择技术和产业时的比较优势。当所选择的技术和产业结构与要素禀赋结构相匹配时，企业的生产成本将会降低，从而具有比较优势，此时的技术结构和产业结构就是该时点上的最优结构（林毅夫和付才辉，2022）。第四，循环累积原理。要素禀赋结构与技术和产业结构互相作用、互相促进，要素禀赋结构推进技术和产业结构升级，技术和产业结构循环累积又进一步推进要素禀赋结构升级，共同促使经济实现高质量发展（王勇和汤学敏，2021）。在新结构经济学来看，遵循比较优势是经济快速发展的良方，本书将新结构经济学原理和结构思维贯穿于整个研究过程中。

2.2.4　农业技术进步理论

经济增长与技术进步的理论研究起源于国外，19世纪古典政治经济学家亚当·斯密（Adam Smith）在《国富论》中就把技术进步视为经济增长的诱致性因素，20世纪60年代前后，以索洛（Solow，1957）为代表的新古典经济学家通过把技术进步引入C-D函数，提出了经济增长的新见解——技术进步是经济增长的主要源泉，这一观点打破了20世纪30年代经济学家罗伊·福布斯·哈罗德（Roy Forbes Harold）和埃弗塞·多马（Evsey D. Domar）通过构造哈罗德—多马模型提出的传统经济增长观点——资本积累是经济增长的主导因素。之后经过詹姆斯·爱德华·米德（James Edward Mead）、爱德华·富尔顿·丹尼森（Edward Fulton Denison）等大量经济学家对索洛—斯旺模型的修正，进一步验证了技术创新和技术进步是决定经济增长的关键因素，并阐释了技术进步对经济增长的影响机制。

在农业领域，古典经济学理论、诱致性技术变迁理论、农业踏车理论等均试图从理论上阐释技术进步与农业增长的关系，推论出农业经济增长不只来源于传统生产要素投入，而技术进步才是推动农业经济发展的关键因素。农业技术进步理论主要包括舒尔茨的农业技术进步思想、市场需求诱致性技术进步理论和要素稀缺诱致性技术进步理论三种。其中，舒尔茨（Schultz，1964）的农业技术进步思想提到技术进步是改造传统农业的关键因素；市场需求诱致性技术进步理论由Griliches（1957）提出，强调市场需求决定技术进步的方向和速度；要素稀缺诱致性技术进步理论主要关注要素的相对稀缺性，这种稀缺性不仅决定了要素的相对价格，更在深层次上引导着技术发展的方向，推动技术朝着节约稀缺要素的方向变迁。

希克斯（Hicks，1932）提出的技术进步中性理论，假设在资本—劳动比不变的条件下，技术的变化对于经济增长的影响属于希克斯中性，即当劳动的边际产量和资本的边际产量之比保持不变时，而使产出得到增长的技术进步。此后，Hayami和Ruttan（1971）基于希克斯技术进步中性理论提出了诱致性技术进步理论，该理论认为技术进步存在要素偏向性，生产要素的充裕度和稀缺性决定了要素的相对价格，而农业技术的选择取决于一定时期要素价格的变化；反过来，技术进步又推动相对价格较低的充裕要素对稀缺要素的替代。Hayami 和 Ruttan 认为，农业生产率的增长取决于农业技术的不断进步，该理论模型先后被运用于分析劳动密集型的日本和土地密集型的美国的农业发展，得出农业技术进步主要表现为以替代劳动力要素为主的机械型农业技术进步和以替代土地要素为主的生物型农业技术进步两种形式。以上关于农业技术进步的理论为人们更好地理解农业发展过程中的农业技术变迁历程提供了重要的洞见，也为本书的研究奠定了重要的理论基础。

2.3 技术结构变迁影响农业生态—经济系统的理论框架

2.3.1 理论分析

2.3.1.1 农业生态系统与农业经济系统的关联分析

农业生态—经济系统是一个极为复杂的系统，由农业生态和农业经济这两个子系统交织而成，它们之间通过物质循环、能量流动以及信息传递等多种方式实现交互与耦合，形成了一个不可分割的整体（田江，2017）。首先，农业生态系统作为自然生态系统的一部分，其健康发展对于整个系统的稳定性至关重要。农业生态系统的物质基础，如土壤、水源、气候等，为农业生产提供了必要的条件和资源；同时，农业生态系统的生物多样性和生态平衡也对农业生产的可持续性产生着深远影响（Hanna et al.，2016）。其次，农业经济系统作为人类经济活动的重要组成部分，其发展目标主要是提高农业生产效率、增加农民收入、促进农村经济发展。然而，这一目标的实现必须建立在与农业生态系统的和谐共生基础之上，过度开发、污染和破坏农业生态系统，不仅会损害农业生产的可持续性，还会对人类的生存环境造成威胁（He and Richard，2010；刘刚等，2020）。

农业生态系统与农业经济系统作为农业生态—经济系统的两大核心组成部分，它们之间既相互影响又相互制约，形成了紧密的耦合关系，共同推动着整个系统的持续健康发展（Dou，2022）。一方面，农业经济系统的发展离不开农业生态系统为其提供的丰富物质基础和广阔发展空间。同时，农业生态系统的健康状况和稳定性也直接影响着农业经济系统的可持续发展能力，农业生态系统若受到污染或破坏，不仅会导致农业生产能力下降，还可能引发一系列环境问题，进而制约农业经济系统的增长（张胜旺，2013）。另一方面，农业经济系统并非只是被动地接受农业生态系统的影响，它也能反过来对农业生态系统产生显著作用。合理的农业生产方式和经济管理模式有助于促进农业生态系统的平衡与协调。例如，通过科学的耕作方法、合理的施肥和灌溉措施，以及有效的农业废弃物利用，可以实现资源的高效利用和环境的保护，从而推动农业生态系统的健康发展。然而，若农业经济系统过于追求短期的经济效益，而忽视了对农业生态系统的保护和恢复，那么将会导致生态系统的失衡和退化，最终也会反过来制约农业经济系统的长期发展（Ma et al.，2019；张峰，2023）。因此，要实现农业生态—经济系统的可持续发展，必须充分认识到这两个子系统之间的相互影响和相互制约关系，并在实践中采取科学合理的措施，促进农业生态与农业经济两个子系统协同发展。

综上所述，农业生态系统与农业经济系统互为彼此，强调整体关联、动态平衡。在结构层面，两者相互耦合、互为因果，一方的变化往往会引发另一方的响应；在功能层面，两者相互促进、相互制约，共同推动着农业生态—经济系统的整体发展；在效益层面，两者相互矛盾、相互统一，共同实现经济效益与生态效益的同步提升。因此，研究农业生态—经济系统，有必要厘清农业生态系统与农业经济系统的关系，以及两者对整个农业生态—经济系统发展的作用。

2.3.1.2 技术结构变迁与农业生态—经济系统的关联分析

（1）技术结构变迁对农业生态—经济系统起到推动作用

农业生态—经济系统的发展受到多种因素的影响，包括政策、技术、市场等。其中，技术作为连接农业生态系统与农业经济系统的桥梁，在农业生态—经济系统中发挥着重要作用。农业技术结构的革新突破使协调和解决经济发展与保护资源、环境的矛盾成为可能。相关研究也已经表明技术结构变迁是经济增长、生态保护的重要推力之一（Acemoglu，2012），这种推动作用主要体现在生产效率的提升和生态环境的改善。一方面，技术结构变迁有助于提高农业生产的效率和效益。随着现代科技在农业领域的应用，农业生产逐渐实现了机械化、自动化和智能化。新型农业机械、智能农业装备和精准农业技术的广泛应用，不仅提高了单位面积的产量，还降低了生产成本，而且优化了农业生态—经济系统的资源配置，大大提高了农业生产的效率。另一方面，技术结构变迁有助于提高农业生态系统的稳定性。传统农业生产方式对生态环境造成较大的破坏，而现代科技的应用则有助于改善这一状况（侯冠宇等，2024）。生态农业、土壤改良和水肥一体化等环保技术的推广与应用，有助于降低农业生产对环境的负面影响，还有助于提高土壤的肥力和生物多样性，为农业生态—经济系统的可持续发展奠定基础。

综上所述，技术结构变迁对农业生态—经济系统的推动作用主要体现在提升农业生产的效率和效益、改善农业生态环境等方面。这些变化使农业生态—经济系统更加适应现代社会的需求，为实现农业可持续发展奠定了坚实的基础。

（2）农业生态—经济系统对技术结构变迁产生反作用

农业生态—经济系统对农业技术结构变迁的反作用是一个持续演进的过程，这种反作用主要体现在以下几个方面：首先，农业生态—经济系统的变化对农业技术结构的调整提出了新的挑战。随着农业经济的发展和资源环境的变化，农业技术结构也需要不断地适应和调整。比如，在资源短缺的地区，需要发展节水农业和高效农业技术；在环境污染严重的地区，则需要加强农业废弃物的处理和资源化利用。这些新的挑战促使农业技术结构不断创新和完善，以适应农业生态—经济系统的变化。其次，农业生态—经济系统的健康发展需求推动了农业技术结构的优化和升级。随着人们对生态环境保护的日益重视，农业技术结构的变迁也更加注重对生态的友好性和可持续性（张伟等，2012）。为了满足这一需求，农业技术不断革新，出现了许多新的技术和管理方法，如节水灌溉、土壤保护、生物农药等，这些技术的应用不仅提高了农业生产效率，还减少了对生态环境的破坏。最后，农业生态—经济系统的可持续性要求促进了农业技术结构的长期稳定发展。为了实现农业生态—经济系统的可持续发展，农业技术结构必须注重长远利益，避免短期行为对生态环境造成不可逆的损害。因此，农业技术结构的变迁需要更加注重生态平衡和环境保护，推动农业向绿色、低碳、循环的方向发展。

综上所述，农业生态—经济系统对技术结构变迁的反作用主要体现在提出新的挑战、推动技术结构的优化升级以及促进长期稳定发展等方面。这种反作用使农业技术结构在经济发展、生态保护之间寻求平衡和协调，更加符合农业生态—经济系统的需求和发展趋势，为实现农业可持续发展提供了有力的支撑。

（3）技术结构变迁与农业生态—经济系统的耦合协调关系

基于前文分析，技术结构变迁与农业生态—经济系统是两个开放的、互动联系的系统，两个系统之间相互作用、相互影响。值得注意的是，只有当技术结构变迁与农业生态—经济系统处于协调状态下，这两大系统之间才能实现互动与共同促进的正向关联关系，即农业生态—经济系统的发展能推动技术结构的优化，技术结构的变迁也能促进农业生态—经济系统的健康发展，如图 2-1 所示。

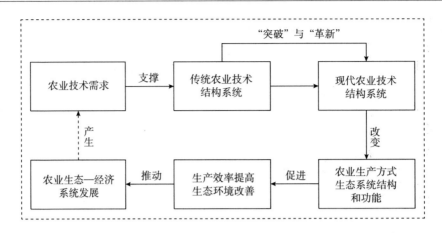

图2-1 技术结构变迁与农业生态—经济系统的耦合协调关系

首先，农业生态—经济系统的发展对农业技术结构产生了明确的需求。随着农业生产从单一追求经济效益向经济效益与生态效益并重的转变，农业技术结构也必须进行相应的调整。这种需求促使农业技术结构不断调整和优化，传统农业技术结构通过不断地"突破"与"革新"，产生新的农业技术结构，以适应新的生态经济环境。例如，随着对生态环境保护的重视，农业技术需要更多地考虑资源节约、环境友好和生态可持续性，这促使农业技术结构从传统的高投入、高产出模式向低投入、低污染、高产出的模式转变，推动了诸如精准农业、生态农业、循环农业等新型农业技术的兴起。其次，农业技术结构的变迁也会对农业生态—经济系统产生深远的影响。新型农业技术的应用和推广，不仅改变了农业生产方式，提高农业生产效率，增加农产品产量，还影响了农业生态系统的结构和功能，改善农业生态环境，促进农业生态系统的平衡和稳定（高维龙，2022）。例如，节水灌溉技术、土壤改良技术、生物防治技术等的应用，不仅可以提高农业生产的经济效益，还可以有效保护生态环境，促进农业生态系统的健康发展。最后，随着农业生态—经济系统的不断演化和优化，对农业技术又提出新的需求，这将推动农业技术结构不断调整和优化，农业技术结构的变迁也会进一步推动农业生态—经济系统的运行和发展，由此展开新一轮的循环过程。如此往复，技术结构变迁与农业生态—经济系统就形成了良性循环。

然而，技术结构变迁与农业生态—经济系统之间也存在不协调的情况。一方面，技术结构变迁并不总是对农业生态—经济系统产生积极效果。如果技术应用不当或者过度依赖技术，可能会破坏农业生态平衡，导致土壤退化、生物多样性丧失等问题，如果技术发展过于追求经济效益，忽视了生态环保，也会给农业生态系统带来压力，甚至引发严重的环境问题，从而对农业生态和经济系统产生负面影响。另一方面，农业生态—经济系统也不总是推动技术结构的优化。如果某些新技术带来高昂的初期投入和运营成本，这对于经济条件较弱的地区或农户而言，可能难以承受，影响了技术的推广和应用，进而制约了地区技术结构的优化。这种不协调的情况，容易使技术结构变迁与农业生态—经济系统进入恶性循环，因此，确保两个系统相互协调，达到最佳运行状态，实现可持续发展尤为重要。

综上所述，技术结构变迁与农业生态—经济系统是一个逐步演进的过程。在这个过程中，技术结构变迁与农业生态—经济系统之间存在协调与不协调两种情况。当两者相协调时，农业生态—经济系统的发展推动了农业技术结构的变迁，农业技术结构的变迁也促进了农业生态—经济系统的发展。这种关系不仅体现了农业技术结构与生态—经济系统的紧密联系，也展示了农业技术结构在适应和推动农业生态—经济系统发展中的重要作用。

2.3.1.3　技术结构变迁对农业生态—经济系统的影响机理分析

在前文分析的基础上，本节进一步探讨技术结构变迁影响农业生态—经济系统的路径和机制。以技术创新为表现形式的技术结构变迁是驱动农业生态—经济系统发展的核心动力，技术结构变迁在推动农业生态—经济系统发展进程中，除了具有直接促进作用外，还通过促进农地规模经营、农业资源配置、农业产业结构等多种方式间接推动农业生态—经济系统发展进程，即通过推动规模层面的扩张、资源层面的优化和结构层面的升级，进而对农业生态—经济系统产生积极影响（见图 2-2）。

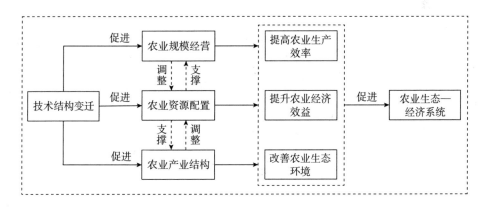

图 2-2　不同作用机制下技术结构变迁影响农业生态—经济系统的机理分析

首先，从农业规模经营作用机制来看技术结构变迁对农业生态—经济系统的影响。随着技术结构的变迁，农业生产逐渐转向机械化、自动化和智能化，这使农业规模经营成为可能。一方面，在技术结构变迁的推动下，农业规模经营有助于提高农业生产的集约化水平，提高生产效率和作业质量，从而降低单位产出成本，这种成本效益的提升有助于农业生态—经济系统实现更高效的生产和更可持续的发展（Ji et al.，2017）。例如，大型农业机械的广泛应用，使土地得以集中连片经营，提高了土地利用效率。另一方面，在技术结构变迁的推动下，农业规模经营有助于提高农业生产的专业化水平，提高资源利用效率。在规模经营模式下，农业资源的集中使用成为可能，农业生产者能够更有效地整合土地、劳动力、资金等生产要素，实现资源的合理配置和高效利用，这不仅可以降低农业生产成本，提高经济效益，还有助于减少资源浪费和环境污染，实现农业生产的可持续发展。例如，随着技术结构变迁和农业规模化经营，农业社会化服务逐渐介入农业生产过程中，专业化人才、技术等要素的合理分配提高了农业生产效率和农业生态效率，提升了农业生态—经济系统发展水平（张梦玲等，2023）。

其次，从农业资源配置作用机制来看技术结构变迁对农业生态—经济系统的影响。随着技术结构的变迁，农业生产方式的不断创新为劳动力和资本等农业生产要素的流动与重组提供了强大动力。一方面，在技术结构变迁的推动下，农业生产逐渐从传统的劳动密集型向技术密集型转变，这种转变使农业生产中的要素投入结构发生了改变，表现为对劳动力的需求减少，而对资本和技术要素的需求增加，这种资源配置的调整使农业生产更加高效、精准，提高了农产品的产量和质量，进而提升了农业的经济效益（史常亮等，2020）。另一方面，在技术结构变迁的推动下，农业生产者可以更精确地评估土地、水资源等农业资源的潜力和价值，从而根据资源的实际情况进行合理配置，这有助于减少资源的浪费和过度开发，促进农业资源的优化配置，实现农业资源的有效利用（易恩文等，2023）。例如，精确灌溉、精准施肥和精准播种等精准农业技术的应用，可以根据农田的实际情况实现资源的精确投放和节约使用，提高资源的利用效率，促进农业生态—经济系统可持续发展。此外，随着环保意识的增强和生态农业技术的推广，农业生产者在资源配置过程中更加注重生态环境保护，通过合理配置农业生产要素，如采用节水灌溉、有机肥料等，农业生产可以减少对生态环境的负面影响，实现农业生态与经济的双赢。

最后，从农业产业结构作用机制来看技术结构变迁对农业生态—经济系统的影响。随着技术结构的变迁，农业生产中不断涌现出的新技术、新方法和新管理模式为农业产业结构的调整提供了有力支撑。一方面，在技术结构变迁的推动下，农业产业结构逐渐从单一种植业向多元化、综合化方向转变。高等技术的产业比重不断上升，不仅增加了农产品的附加值，更提升了农业对外部环境变化的抗风险能力，使整个农业生态—经济系统更为稳固和灵活（何艳秋等，2022）。另一方面，在技术结构变迁的推动下，农业产业结构的调整可以更好地适应市场需求的变化，提高农业经济的稳定性和可持续发展能力。随着市场需求的变化和消费者偏好的转变，农业生产者需要不断调整和优化农作物种植结构、农业产业结构等，而新技术的出现和应用为这种调整提供了可能性和动力，使农业生产能够更加精准地响应市场需求，不仅提高了农产品的市场竞争力，还推动了农业生态—经济系统的整体升级和协调发展（Deng et al.，2022）。

综上所述，技术结构变迁通过农业规模经营、农业资源配置、农业产业结构对农业生态—经济系统产生了积极的影响，即技术结构变迁在直接影响农业生态—经济系统发展的同时，也在推动着农业规模经营扩张、农业资源配置优化和农业产业结构升级，从而间接影响农业生态—经济系统发展。

2.3.2　模型分析

2.3.2.1　农业生态—经济系统的评价模型分析

本书将农业生态—经济系统划分为两个子系统（农业生态系统和农业经济系统），其中，在农业生态系统中，主要体现为农业绿色发展特征，而在农业经济系统中，主要体现为农业经济增长特征。从系统理论分析角度来看，当农业生态—经济系统达到最优均衡时，其发展水平达到最高。此外，参考钞小静和任保平（2011）的研究，将农业生态—经济系统发展的两个维度（农业绿色发展、农业经济增长）均视为投入变量，则农业生态—经济系统发展可用数学公式表达如下：

$$Q = Q(Bd, Eg) \tag{2-1}$$

式中，Q、Bd 和 Eg 分别为农业生态—经济系统、农业生态系统和农业经济系统的发展水平。

首先，假定公式（2-1）满足以下条件：

第一，Bd 和 $Eg > 0$。

第二，Bd 和 Eg 的改变均能影响到 Q 的变化，且正向的促进作用呈现边际递减。用公式表达如下：

$$\begin{cases} \dfrac{\partial Q}{\partial Bd}>0, & \dfrac{\partial^2 Q}{\partial Bd^2}<0 \\[3mm] \dfrac{\partial Q}{\partial Eg}>0, & \dfrac{\partial^2 Q}{\partial Eg^2}<0 \end{cases} \qquad (2\text{-}2)$$

第三，农业生态—经济系统发展水平是农业绿色发展和农业经济增长两个维度发展水平综合提升的效果。

其次，公式（2-1）的形式满足 C-D 生产函数，对其全微分求导：

$$dQ=\frac{\partial Q}{\partial Bd}dBd+\frac{\partial Q}{\partial Eg}dEg \qquad (2\text{-}3)$$

对公式（2-3）两边同时除以 Q，可进一步转化为：

$$\frac{dQ}{Q}=\frac{\partial Q}{\partial Bd}\cdot\frac{dBd}{Bd}\cdot\frac{Bd}{Q}+\frac{\partial Q}{\partial Eg}\cdot\frac{dEg}{Eg}\cdot\frac{Eg}{Q} \qquad (2\text{-}4)$$

式中，令 $g=\dfrac{dQ}{Q}$，$g_1=\dfrac{dBd}{Bd}$，$g_2=\dfrac{dEg}{Eg}$；令 $\xi_1=\dfrac{\partial Q}{\partial Bd}\cdot\dfrac{Bd}{Q}$，$\xi_2=\dfrac{\partial Q}{\partial Eg}\cdot\dfrac{Eg}{Q}$。$g$ 表示农业生态—经济系统发展水平，g_1 和 g_2 分别表示农业绿色发展、农业经济增长两个维度的增长率，ξ_1 和 ξ_2 分别表示两个维度的产出弹性。

最后，将公式（2-4）继续转化为：

$$g=g_1\cdot\xi_1+g_2\cdot\xi_2 \qquad (2\text{-}5)$$

综上所述，农业生态—经济系统发展水平的提高源自各维度的综合改善，依赖农业绿色发展、农业经济增长两个维度的增长率和产出弹性的提高。若农业生态系统和农业经济系统相互作用且正向发展时，将有助于农业生态—经济系统发展水平的提高。

2.3.2.2 技术结构变迁的评价模型分析

农业要素禀赋有广义和狭义之分，本书从狭义层面将农业要素禀赋界定为投入农业生产中的土地、劳动力和资本三要素。在农业生产中，资源的相对丰缺情况会直接影响技术选择的方向。当劳动力资源相对充裕，而土地资源相对紧缺时，农业生产会倾向于优先采用那些能够节约土地的技术，这种情况下，农业技术结构变迁会表现为生物化学技术进步的速度快于农业机械技术。相反，当土地资源相对丰富，而劳动力资源相对不足时，农业生产会倾向于优先采用那些能够节约劳动力的技术，这种情况下，农业技术结构变迁会表现为农业机械技术进步的速度快于生物化学技术。此外，参考吴丽丽等（2015）的研究，采用农业要素禀赋变化反映农业技术结构变迁情况，将劳动力要素和土地要素视为影响农业总产出的两个变量，则劳动生产率和土地生产率的关系可用数学公式表达如下：

$$\frac{Y}{L} = \frac{T}{L} \cdot \frac{Y}{T} \tag{2-6}$$

式中，Y、L 和 T 分别表示农业总产出、劳动力要素和土地要素；$\frac{Y}{L}$ 表示劳动生产率，$\frac{Y}{T}$ 表示土地生产率，$\frac{T}{L}$ 表示土地劳动比率。

将公式（2-6）在平面直角坐标系中展示出来，如图 2-3 所示。其中 Y/L 为纵坐标，Y/T 为横坐标，T/L 为斜率，45°虚线为劳均土地，表示技术结构是沿着劳均土地比不断上升的方向变迁，a、b、c 直线为劳动生产率与土地生产率的比值，这些直线的斜率反映了农业技术结构变迁的多种路径。具体斜率的计算公式表示为：

$$K = \frac{(Y/L)_2 - (Y/L)_1}{(Y/T)_2 - (Y/T)_1} = \frac{\Delta(Y/L)}{\Delta(Y/T)} \tag{2-7}$$

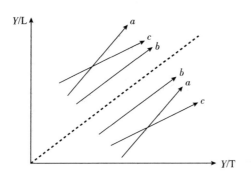

图 2-3　农业技术结构变迁示意图

在图 2-3 中，依据 a、b、c 直线斜率的含义，可以将农业技术结构变迁路径细分为以下三种情形：①当斜率 K 大于 1 时，表明技术结构变迁的路径注重提高劳动生产率，即 a 直线。比如，通过推广农业机械化、农业信息化等手段来提高劳动生产率，进而推动农业技术结构的升级。②当斜率 K 等于 1 时，表明技术结构变迁的路径注重劳动生产率和土地生产率的协同进步，即 b 直线。③当斜率 K 小于 1 时，表明技术结构变迁的路径注重提高土地生产率，即 c 直线。比如，通过化肥、农药等生物化学技术来提高土地生产率，进而推动农业技术结构的变迁。这三种情形提供了深入理解农业技术结构变迁路径的框架，有助于更好地把握农业发展的方向和趋势。特别说明，在构建关于技术结构变迁的数理模型时，之所以未将农业资本要素纳入其中，是因为资本要素的变动能够通过劳动生产率和土地生产率的变化得以体现。

2.3.2.3 技术结构变迁对农业生态—经济系统影响的评价模型分析

上节从理论层面分析了技术结构变迁对农业生态—经济系统的影响，为进一步验证其中的理论机理，本节从数理模型层面对影响关系进行推导。此外，基于希克斯技术中性和规模报酬不变的生产函数，参考刘伟和张辉（2008）、孔祥智等（2018）的研究成果，概要地展示了技术结构变迁对农业生态—经济系统影响的数理过程。

假设资本、劳动力和土地为农业生产投入的三要素，通过生产要素投入变化反映技术结构的变迁情况，具体的投入产出函数如下：

$$Y_i = AF\ (K_i,\ L_i,\ T_i,\ t) \tag{2-8}$$

式中，Y_i 表示 t 时期农业 i 部门的总产出，包括期望产出和非期望产出；K_i 表示 t 时期农业 i 部门的资本投入量，L_i 表示 t 时期农业 i 部门的劳动力投入量，T_i 表示 t 时期农业 i 部门的土地投入量，A 表示 t 时期农业 i 部门的技术进步。

对公式（2-8）进行全微分求导：

$$dY_i = \frac{\partial Y_i}{\partial K_i}dK_i + \frac{\partial Y_i}{\partial L_i}dL_i + \frac{\partial Y_i}{\partial T_i}dT_i + \frac{Y_i}{A_i}dA_i \tag{2-9}$$

对公式（2-9）两边同时除以 Y_i，可进一步转化为：

$$\frac{dY_i}{Y_i} = \frac{\partial Y_i}{\partial K_i} \cdot \frac{dK_i}{K_i} \cdot \frac{K_i}{Y_i} + \frac{\partial Y_i}{\partial L_i} \cdot \frac{dL_i}{L_i} \cdot \frac{L_i}{Y_i} + \frac{\partial Y_i}{\partial T_i} \cdot \frac{dT_i}{T_i} \cdot \frac{T_i}{Y_i} + \frac{dA_i}{A_i} \tag{2-10}$$

式中，令 $S_i^K = \frac{\partial Y_i}{\partial K_i} \cdot \frac{K_i}{Y_i}$，$S_i^L = \frac{\partial Y_i}{\partial L_i} \cdot \frac{L_i}{Y_i}$，$S_i^T = \frac{\partial Y_i}{\partial T_i} \cdot \frac{T_i}{Y_i}$，分别表示农业 i 部门资本、劳动力和土地要素的产出弹性，令 $G(Y_i) = \frac{dY_i}{Y_i}$，$G(K_i) = \frac{dK_i}{K_i}$，$G(L_i) = \frac{dL_i}{L_i}$，$G(T_i) = \frac{dT_i}{T_i}$，$G(A_i) = \frac{dA_i}{A_i}$，分别表示农业 i 部门产出、资本、劳动力、土地和技术进步的增长率，$G(A_i)$ 又称为农业 i 部门农业生态—经济系统综合效益的增长率。

将公式（2-10）继续转化为：

$$G(Y_i) = S_i^K \cdot G(K_i) + S_i^L \cdot G(L_i) + S_i^T \cdot G(T_i) + G(A_i) \tag{2-11}$$

在计算出农业各部门产出增长率的基础上，农业总产出的增长率可用公式表示为：

$$G(Y) = \sum \rho_i S_i^K \cdot G(K_i) + \sum \rho_i S_i^L \cdot G(L_i) + \sum \rho_i S_i^T \cdot G(T_i) + \sum \rho_i G(A_i)$$
$$(2-12)$$

式中，ρ_i 表示农业 i 部门产出在农业总产出中所占份额。农业技术结构效应等于农业产业部门生态—经济系统综合效益的总增长率与农业各部门生态—经济系统综合效益的平均增长率之差，具体公式如下：

$$TSE = G(A) - \sum \rho_i G(A_i) = \sum \rho_i S_i^K \cdot G(k_i) + \sum \rho_i S_i^L \cdot G(l_i) + \sum \rho_i S_i^T \cdot G(t_i)$$
$$(2-13)$$

式中，k_i、l_i 和 t_i 分别表示农业 i 部门资本、劳动力、土地要素在农业资本、劳动力、土地投入总量中所占的份额。TSE 表示技术结构变迁对农业生态—经济系统的影响，可以用农业各产业部门资本、劳动力、土地要素的结构变迁来反映农业技术结构的变迁情况。依据公式（2-13）等式最右侧含义来解释技术结构变迁对农业生态—经济系统的贡献，若农业 i 部门的资本、劳动力或土地要素的边际收益（考虑期望产出和非期望产出后的综合效益）大于该要素的平均边际收益时，技术结构往往会考虑向要素效率较高的方向变迁，进而提升了农业生态—经济系统发展水平；反之，若农业 i 部门的资本、劳动力或土地要素的边际收益小于该要素的平均边际收益时，技术结构变迁也会抑制农业生态—经济系统的发展。

2.3.3 基本分析框架

依据上述分析，本书遵循新结构经济学的研究范式，以可持续发展理论、生态经济理论、新结构经济学理论、农业技术进步理论为基础，从技术结构变迁视角出发，探讨技术结构变迁对绿洲农业生态—经济系统的影响，构建的基本分析框架如图 2-4 所示。首先，在全面了解和总结中华人民共和国成立以来农业技术结构变迁和绿洲农业生态—经济系统演变的过程、特征表现及问题诊断基础上，测度农业技术结构变迁水平与绿洲农业生态—经济系统发展水平，分析其时空演化特征。其次，立足农业经济与生态环境发展不均衡的背景，从总体效应、结构效应、时序效应和要素禀赋效应考察技术结构变迁对绿洲农业生态—经济系统的影响效应；从规模扩张机制、资源配置机制和结构转型机制深挖技术结构变迁对绿洲农业生态—经济系统的影响机制；从空间异质性视角探寻技术结构变迁对绿洲农业生态—经济系统的影响可能存在的空间溢出效应。最后，为协同推进绿洲农业生态—经济系统高质量发展与生态环境高水平保护提供建议与参考。

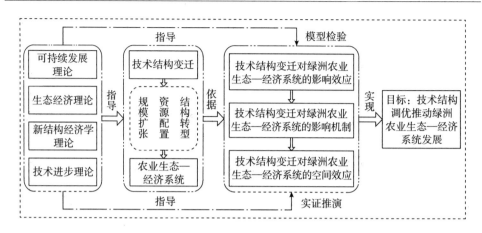

图 2-4 基本分析框架

2.4 本章小结

本章主要是对理论基础与研究框架的阐述。首先，梳理了绿洲农业生态—经济系统与农业技术结构的内涵及特征，明晰了具体的研究范围。其次，阐述了对本书选题具有指导价值的可持续发展理论、农业技术进步理论等理论基础。最后，依据相关理论基础、理论模型，构建了技术结构变迁影响绿洲农业生态—经济系统的基本分析框架。本章为后续章节实证研究的开展提供了理论支撑。主要内容如下：

第一，在梳理绿洲农业生态—经济系统与农业技术结构的内涵及特征的基础之上，着重对农业技术创新、技术结构与技术进步以及农业技术变迁与农业技术结构变迁等相近概念进行辨析。选择具备典型性和普遍性特征的新疆作为绿洲农业生态—经济系统的研究区域，同时着重以狭义绿洲农业（种植业）为研究对象，考察绿洲农业生态—经济系统的发展状况、评估其系统发展水平，并利用农业要素禀赋的变化（农业技术等级的表现）和具体农业投入品的变化（农业技术类型的表现）来反映农业技术结构的变迁。通过对以上相关概念的辨析和阐述，并结合绿洲农业生态—经济系统和技术结构实际情况，将研究的时间范围确定为 1949~2022 年，并将分析的空间范围限定在新疆 14 个地（州、市）。

第二，结合研究主线，围绕农业生态—经济系统和技术结构变迁，依次对涉及的可持续发展理论、生态经济理论、新结构经济学理论、农业技术进步理论进行了翔实介绍。其中，可持续发展理论强调了生态环境持续与经济社会持续和谐统一的重要性，生态经济理论强调了农业经济与生态保护双赢的重要性，两者对协同推进农业经济高质量发展与生态环境高水平保护具有重要的启示意义。新结构经济学理论提供了本书遵循的研究范式，不仅强调了要素禀赋及其结构是分析经济问题和解释经济现象的起点，对于构建要素禀赋、结构变迁与绿洲农业生态—经济系统的理论分析框架具有重大借鉴意义。技术进步理论对于推动农业技术结构变迁的实践发挥了重要作用，并对技术结构变迁作用于农业生态—经济系统的理论与经验研究具有重大借鉴价值。

第三，在梳理农业生态系统与农业经济系统关联关系的基础之上，对技术结构变迁与农业生态—经济系统的关联关系，以及技术结构变迁影响农业生态—经济系统的作用机理进行了分析，同时结合相关理论基础、理论模型，构建了技术结构变迁影响农业生态—经济系统的基本分析框架，为后文实证研究的展开提供逻辑指引。农业生态—经济系统作为技术结构变迁的作用对象，技术结构变迁作为推动农业生态—经济系统的核心驱动力，本书接下来从以下四个方面对技术结构变迁影响绿洲农业生态—经济系统进行实证研究：一是分析技术结构变迁与绿洲农业生态—经济系统演变的过程、特征及问题，测度技术结构变迁水平与绿洲农业生态—经济系统发展水平，并分析时空演变特征；二是实证分析技术结构变迁对绿洲农业生态—经济系统的影响效应，包括总体效应、结构效应、时序效应与要素禀赋效应；三是采用中介效应模型实证检验技术结构变迁对绿洲农业生态—经济系统的三大作用机制，包括规模扩张机制、资源配置机制与结构转型机制；四是采用空间计量模型探寻技术结构变迁对绿洲农业生态—经济系统的空间溢出效应。

第3章 技术结构变迁与
绿洲农业生态—经济系统演变

研究技术结构变迁对绿洲农业生态—经济系统的影响，不但要构建相应的理论分析框架，同时也要全面掌握技术结构变迁与绿洲农业生态—经济系统演变的状况。本章以新疆为研究样本，在简要介绍研究区概况的基础上，基于新疆1949~2022年绿洲农业生态—经济系统的发展史，从历史的视角考察了技术结构变迁及绿洲农业生态—经济系统演变的状况，包含变迁过程、变迁特征及问题诊断，为后续的实证研究提供现实依据。

3.1 研究区概况

新疆维吾尔自治区（简称"新疆"），地处中国西北边陲，位于北半球中纬度亚欧大陆中心。新疆对内与西藏、青海、甘肃相邻，对外与蒙古、俄罗斯、哈萨克斯坦、吉尔吉斯斯坦、塔吉克斯坦、阿富汗、巴基斯坦、印度8个国家接壤，是西部干旱半干旱区的重要组成部分，是交界邻国最多的省区，更是向西对外开放的重要窗口、古丝绸之路的重要通道。截至2022年，新疆国土面积为166.49万平方千米，陆地边境线长度为5700多千米，是中国陆地面积最大（约占中国陆地国土面积的1/6）、中国陆地边境线最长（约占中国陆地边境线的1/4）的省级行政区。绿洲是干旱区独特的生态景观之一，它以水资源为基础，通过能量流、物质流促进自然资源、社会经济等各要素相互交织，形成了相对稳固的复杂系统，绿洲面积只占新疆总面积的7%，人工绿洲仅占4.20%，却承载着95%以上的人口、聚集着90%以上的社会财富（颉耀文等，2014）。

新疆的地级行政单位比较复杂，根据最新行政区划，新疆有4个地级市、5

个自治州和 5 个地区，共 14 个地级行政区①。新疆统计局公布的数据显示，截至 2022 年末，全区常住人口 2587 万人，其中，乡村人口为 1089 万人，约占总人口的 42.1%，城镇人口所占比重为 57.9%。此外，新疆属于干旱半干旱区，错落相间的山脉和盆地造就了新疆复杂的地势地形，北部阿尔泰山、南部昆仑山、中部天山与南部塔里木盆地、北部准噶尔盆地共同形成"三山夹两盆"的地貌特征。特定的地理区位，独特的干旱区自然地理、人文和历史背景，使分布在新疆的绿洲最为集中和典型（Zhu et al.，2023）。因此，本书选择新疆绿洲农业生态—经济系统作为研究区域，同时具备典型性和普遍性特征，有很好的研究价值，能较好适应研究目标与要求。

3.2　技术结构变迁与绿洲农业生态—经济系统演变的过程

3.2.1　绿洲农业技术结构变迁过程

技术结构变迁是一个复杂的过程，以任何一种或几种具体农业技术来反映整体农业技术结构并不合理。基于研究目标，本书仅分析种植业生产过程中的农业技术结构变迁情况，而对于整个产业链中的产前研发和产后销售过程中涉及的技术结构变迁情况并不涉及。从资源禀赋来看，绿洲水资源短缺、日照时间长、土地资源丰富，使其农业生产具有独特的优势，形成独具特色的农业技术体系。本书从新结构经济学视角，结合要素禀赋和产业发展情况，将新中国成立以来新疆绿洲农业技术结构变迁过程划分为以下五个阶段：

3.2.1.1　以"传统农业技术"为主的技术结构（1949~1978 年）

改革开放之前，农业技术结构主要以传统农业技术为主。这一时期，新疆绿洲农业生产还处于相对落后的状态，农业技术力量相对薄弱，农业生产主要依靠人力和畜力进行耕作和灌溉，缺乏资金投资于更高效的生产方式，导致农作物产量低下、生产效率不高等问题。这一时期，耕作技术主要依靠传统的手工耕作和畜力耕作方式，再辅助一些简单的农具，如锄头、镰刀、犁等进行农业生产，机

_____

① 根据最新行政区划，新疆辖 4 个地级市（乌鲁木齐市、克拉玛依市、吐鲁番市和哈密市）、5 个自治州（昌吉回族自治州、伊犁哈萨克自治州、博尔塔拉蒙古自治州、巴音郭楞蒙古自治州和克孜勒苏柯尔克孜自治州）以及 5 个地区（塔城地区、阿勒泰地区、阿克苏地区、喀什地区和和田地区）共 14 个地级行政单位。

械化程度较低。由于新疆地区水资源相对匮乏，灌溉技术对于农业生产至关重要，这一时期灌溉技术主要采用传统的渠道灌溉方式，即通过挖掘沟渠将水引到田间进行灌溉，水资源的利用效率较低。通常而言，在农业生产中的耕作、播种、除草、收割等环节，依靠大量的人力来完成，在耕作、运输等环节，依靠牛、马、驴等畜力来完成。原始主要以人力、畜力为主的农业生产方式导致该阶段农产品广种薄收、生产效率低下、劳动强度大，而且对自然条件的依赖性强。1949～1978 年，新疆的经济发展水平不高，劳动力比较丰富[①]，农业产业发展体现为"劳动力要素密集而资本要素稀缺"的特征，这一阶段农民生活水平相对较低，1978 年新疆人均 GDP 为 313 元，与全国人均 GDP 相差 72 元。此外，由于生产方式比较单一，此阶段新疆的农产品主要为粮食，而且粮食还处于供给不足状态，导致当地居民的温饱问题难以解决，这主要由于技术力量相对薄弱，缺乏资金投入高效生产方式。

归纳来看，改革开放之前，新疆绿洲农业的发展模式主要是小农经济模式，农业发展高度依赖于自然环境和气候条件，农业生产技术水平相对较低，难以实现规模化和集约化生产。由于技术水平和生产方式的限制，农产品多为劳动密集型的传统农产品，比如小麦、玉米、棉花等，而且产品种类相对单一，缺乏市场竞争力。这一时期，资本要素相对稀缺，农业技术结构相对简单，以传统的手工耕作和畜力耕作方式为主，农业产业结构表现为劳动密集型特征，农业生产效率和农民收入水平相对较低。

3.2.1.2 以"传统农业技术与农业机械技术"为主的技术结构（1979～1990 年）

改革开放以后，农业技术结构开始逐步发生转变，传统农业技术仍然是主导，但农业机械化技术的逐步引进和普及为新疆绿洲农业的发展注入了新的动力。在改革开放初期，新疆的农业技术主要还是以传统的耕作、种植和管理方式为主。这些技术在很大程度上依赖于人工劳作和手工操作，包括手工播种、手工除草和手工收割等。随着改革开放的推进和农业现代化的需求，新疆开始逐步引进和推广农业机械化技术。这一时期的机械化主要集中在耕作、播种、灌溉和收割等环节。例如，拖拉机、收割机等农业机械开始在新疆的农业生产中得到广泛应用，提高了新疆农业的生产效率和劳动强度，降低了农民的工作强度，同时也促进了农业的规模化和集约化经营。在这一时期，新疆也开始引入和应用一些现

---

① 根据《新疆辉煌 70 年：1949－2019》，1978 年新疆总人口为 1233.01 万人，其中乡村人口为 911.61 万人，占比 73.93%。

代化的农业技术，如化肥和农药的广泛使用、优良品种的引进和推广、农田水利建设的加强等，有效提高了农作物的产量和质量，推动了新疆绿洲农业的发展。以棉花为例，20 世纪六七十年代，新疆根据当地气候特点创造了棉花的"矮、密、早"技术体系，20 世纪 80 年代，地膜覆盖技术的引入成为新疆干旱区绿洲农业技术的一大创举，针对棉花构建了"矮、密、早、膜"的栽培技术体系，这一技术体系成功实现了棉花种植技术的第一次飞跃，有效提高了棉花的产量和质量。《新疆统计年鉴》公布的数据显示，棉花单产从 1979 年的 330 公斤/公顷提高至 1990 年的 1080 公斤/公顷。除了棉花单产和质量的提升外，农业生产方式的改变与技术结构的升级也促进了农业产业的迅速发展，农业总产值从 1979 年的 15.16 亿元增加至 1990 年的 110.47 亿元，13 年间增长约 6.30 倍，对新疆地区农业现代化进程产生了显著推动作用。

归纳来看，改革开放之后，新疆绿洲农业开始转型升级，农业发展不再仅仅依赖于传统的自然资源和劳动力投入，而是逐渐转向更加依赖资本和技术的发展模式，促进了农业的规模化和集约化经营。这一时期，仍以劳动要素为主，但资本要素丰裕度有所提升，农业技术结构以传统农业技术与机械化技术为主导，并逐步引入和应用了一些现代化的农业技术，农业产业结构仍表现为劳动密集型特征，农业生产效率、农产品产量和质量均得到有效提升。

3.2.1.3　以"农业机械技术与节水农业技术"为主的技术结构（1991~2000 年）

20 世纪 90 年代以来，农业技术结构继续发生转变，开始以"农业机械技术与节水农业技术"为主，并逐渐向农业信息化、生物技术等领域拓展。首先，随着农业现代化的深入推进，新疆进一步加大了对农业机械化的投入力度，引进、推广了更多的先进农业机械设备，如高效节水灌溉设备、精准施肥机械等，极大地提高了农业生产的效率和质量。其次，新疆在这一时期开始大力推广节水农业技术，特别是膜下滴灌技术的广泛应用。1996 年，新疆生产建设兵团第八师石河子市依托天业集团从以色列引进滴灌技术；1996~1998 年，天业集团利用地膜和节水灌溉两种技术集成的"膜下滴灌技术"开展小面积的试验，并于 1999 年开始大面积推广应用。膜下滴灌技术作为一种高效节水灌溉方式，具有节水、节肥、增产等多重优点，成为新疆农业生产中的重要技术支撑，大大改变了水资源制约农业发展的严重态势。此外，新疆还开始逐步引入和应用农业信息技术、生物技术，如遥感监测、地理信息系统等，为农业生产提供了更加精准和高效的管理手段。同时，生物技术也开始在农业生产中得到应用，如转基因作物的种植、生物农药的使用等。这一时期，农业机械技术与节水农业技术的推广应用使传统农业生产中的沟渠被管道所替代、锄镐铁犁被大型机械替代；地膜、化控、免耕、精播等一系列农业新技术的引入推动了农业生产方式的转变，推动着技术结构不断向高效、绿色农业技术变迁，进一步推动着农业产业逐渐向更高层次发展，提高了农业生产的质量和效益。

归纳来看，1991~2000年，新疆开始逐步引进和试验一些现代农业技术，如节水灌溉技术、新品种的引进和推广等，这些技术的引进、试验和应用为后续的农业技术变革奠定了基础。这一时期，新疆绿洲农业生产积累了一定的资本和技术要素，资本要素丰裕度进一步提升，农业技术结构以农业机械化与节水农业技术为主，并逐渐向农业信息化、生物技术等领域拓展，农业产业结构也逐步升级，形成了种植棉花、番茄等经济作物与小麦、玉米等粮食作物的多元结构。农业技术结构的变迁和产业结构的升级不仅在一定程度上提高了农业生产的效率和质量，也为新疆绿洲农业的现代化和可持续发展注入了新的活力。

3.2.1.4 以"节水农业技术与精准农业技术"为主的技术结构（2001~2012年）

进入21世纪，农业技术结构进一步转型升级，主要以"节水农业技术与精准农业技术"为主，同时积极推动生物技术、作物管理技术等新型农业技术的应用和发展。首先，节水农业技术在新疆得到了广泛应用和优化，除了膜下滴灌技术外，还引入了喷灌、微喷灌、渗灌等多种节水灌溉方式，实现了水资源的高效利用和农业生产的可持续发展。其次，精准农业[①]技术在新疆得到了广泛关注和应用，以膜下滴灌为核心的"六大精准技术"[②] 作为一个综合性生产模式的技术系统，涉及农业生产的各个方面，其中，精准灌溉技术能够节约水资源、提高水肥利用率，减少土壤盐碱化和环境污染；精准施肥技术既能够满足作物生长的需要，又能够避免浪费和环境污染；精准监测技术实现了对农田环境的实时监测、精准管理和智能决策，推动农业生产向精准化和智能化方向发展。这些农业技术的应用改变了原有的绿洲农业生产方式，在保护生态环境、节约资源、提高农民收入等方面发挥积极作用，使新疆绿洲农业生态—经济系统更加协调和可持续。此外，生物育种、生物农药和生物肥料等生物技术在农业生产中得到广泛应用，提高了农作物的抗逆性和产量。同时，新疆在这一时期还注重作物管理技术的创

---

① 精准农业是建立在高新技术基础上的新型农业，采用3S（GPS、GIS和RS）等高新技术与现代农业技术相结合，对农资、农作实施精确定时、定位、定量控制的现代化农业生产技术，可最大限度地提高农业生产力，是实现优质、高产、低耗和环保的可持续发展农业的有效途径。

② 六大精准技术包括精准选种技术、精准播种技术、精准施肥技术、精准灌溉技术、精准收获技术、精准监测技术。

新和应用，包括新品种的引进和推广、土壤改良及病虫害防治等方面的技术，以提高作物的抗病性和产量。

　　归纳来看，2001~2012 年，新疆大力推广节水灌溉技术，并引入更多高效、智能的农业机械和自动化设备，为新疆农业的发展提供了有力支撑。这一时期，新疆绿洲农业要素禀赋结构得到升级，资本要素丰裕程度进一步提升，使新疆农业生产更具规模、所用技术更趋现代化。农业技术结构以节水农业技术和精准农业技术为主，同时积极推动生物技术、作物管理技术等新型农业技术的应用和发展。农业产业结构进一步加速升级，在"增粮、稳棉"的基础上，大力发展蔬菜、特色林果业等多元化农业产业。农业技术结构的变迁和产业结构的升级提高了农业综合效益，为新疆绿洲农业的可持续发展奠定了基础。

3.2.1.5　以"精准农业技术与智慧农业技术"为主的技术结构（2013 年至今）

　　2013 年以来，农业技术结构继续向"高效、精准、可持续"的方向发展，主要以精准农业技术与智慧农业技术为主，同时继续推进农业现代化和机械化进程。近年来，新疆积极引进和应用先进的智能农业技术，如精准农业技术、物联网技术、大数据技术等，这些技术的应用使农业生产更加精准、高效和可持续。首先，通过遥感、地理信息系统等精准农业技术手段，实现对土壤、气候、作物生长等数据的精准监测和管理，提高了农作物的产量和质量。其次，智慧农业[①]也开始兴起，新疆通过集成现代信息技术、生物技术等多种手段，加大了无人机、北斗导航、植物生产传感器的引入力度，北斗导航自动驾驶系统播种、植保无人机智能喷药、智能滴灌系统等信息化技术得到广泛应用，实现农业生产的精细化、智能化管理。2022 年，新疆无人机保有量达到 6000 余架、累计作业面积超过 2800 万亩，北斗导航无人驾驶终端超过 3 万余台，开展作业 7000 万亩，深松远程监测终端超过 1800 台套[②]。3S 精准农业技术与智能机械技术的结合，不仅有助于控制绿洲农业生产所需的资源使用量，实现资源配置的进一步优化，还有助于实时监测农作物的生长状况，预测病虫害的发生，实现农作物产量和质量的提升、农民社会效益和经济效益的提高。新疆统计局公布的数据显示，2022

---

　　①　智慧农业是云计算、传感网、3S 等多种信息技术在农业中的综合、全面应用，依托部署在农业生产现场的各种传感节点和无线通信网络实现农业生产环境的智能感知、智能预警、智能决策、智能分析、专家在线指导，为农业生产提供精准化种植、可视化管理、智能化决策。精准农业与智慧农业的区别在于，精准农业强调的是基于农作物和空间环境等信息的变化而采取的精细投入管理，而智慧农业强调的是通过综合运用智能技术，提高人类对农业系统综合管控的能力。

　　②　资料来源：李雪梅. 新疆智慧农业的发展路径［EB/OL］. 新疆维吾尔自治区改革和发展委员会网，［2023-04-17］. https：//xjdrc. xinjiang. gov. cn/xjfgw/hgjj/202304/1a781aa2eb99494c8ffaf47587ce202f. shtml.

年，新疆全年粮食产量 1813.50 万吨，农村居民人均可支配收入达 16550 元。此外，这一时期新疆继续加强农业机械化的升级和改造，引进更多先进、高效的农业机械，随着技术的进步，新疆农业机械化水平进一步提升，并向智能化转型。目前，在新疆的农田里，随处都可见到播种机、收割机、除草机等农业机械化装备，2022 年全疆农作物综合机械化水平达 85.7%，农林牧渔综合机械化水平达 71%[①]。

归纳来看，2013 年以来，注重生态农业和可持续发展的理念为新疆农业的持续发展和转型升级提供了强有力的支撑。这一时期，新疆绿洲农业要素禀赋结构发生了显著的变化，资本投入持续增加，土地、劳动力和资本等要素得到优化配置和高效利用。农业技术结构以精准农业技术与智慧农业技术为主，同时继续推进农业现代化和机械化进程。农业产业结构进一步转型升级，农业产业逐渐向现代化、集约化和可持续方向迈进。农业技术结构和产业结构的优化升级，提高了农业生产效率和品质，同时还降低了资源消耗和环境污染。表 3-1 是从新结构经济学视角对各阶段要素禀赋结构、农业技术结构和农业产业结构典型特征的归纳总结。

表 3-1　不同阶段结构变迁特征

阶段	要素禀赋结构	农业技术结构	农业产业结构
粗放生产期 （1949~1978 年）	丰裕的劳动、稀缺的资本	以传统农业技术为主	产品种类单一，以生产粮食作物为主
转型发展期 （1979~1990 年）	劳动为主、资本丰裕度有所提升	以传统农业技术与农业机械技术为主	保证粮食稳定供给，发展棉花等经济作物
持续发展期 （1991~2000 年）	资本要素丰裕度进一步提升	以农业机械技术与节水农业技术为主	粮棉并举，发展林果等特色作物
加速升级期 （2001~2012 年）	资本投入迅速提升	以节水农业技术与精准农业技术为主	粮食、棉花、特色林果的多元种植结构
稳定成熟期 （2013 年至今）	资本要素持续投入	以精准农业技术与智慧农业技术为主	大力发展棉花、特色林果等经济作物

资料来源：笔者根据相关资料整理所得。

3.2.2　绿洲农业生态—经济系统演变过程

绿洲农业作为一种独特的人工绿洲生态—经济系统，顾名思义，是人类在荒

---

① 资料来源：2023 年新疆力争农作物综合机械化水平达到 85.8%［EB/OL］. 人民网，［2023-02-26］. http://xj.people.com.cn/n2/2023/0226/c186332-40316109.html.

漠、半荒漠地区的自然绿洲基础上，通过灌溉和耕作等技术进行的农业生产活动。综观新疆绿洲农业发展历程，本书从经济效益与生态保护双视角，将中华人民共和国成立以来的新疆绿洲农业生态—经济系统演变划分为以下五个阶段：

3.2.2.1　"以粮为纲提高农业生产率"的发展阶段（1949~1978 年）

新中国成立初期，新疆人工绿洲面积仅为 1.3 万平方千米，其中耕地面积占1.2 万平方千米[①]，农业在绿洲中处于主要地位，且种植业在农业生产中占主导地位，而在种植业中又主要以粮食生产为主体。中华人民共和国成立后近 30 年时间里，新疆绿洲总面积与耕地面积增长速度同步，农业生产方式十分落后，生产效率不高，粮食产量较低，"靠天吃饭"现象明显。1949 年，新疆粮食总产量仅为 84.77 万吨，到 1978 年，新疆粮食总产量已达到 370.01 万吨，30 年间粮食产量增长了 3.36 倍；新疆粮食单位面积产量从 1949 年的 975.52 公斤/公顷增长到 1978 年的 1601.28 公斤/公顷，增长了 64.15%；新疆粮食播种面积由 1949 年的 868.97 千公顷增加到 1978 年的 2310.71 千公顷，增长了 1.66 倍（见图 3-1）。这期间，新疆粮食播种面积的增加对粮食产量的提升起到了至关重要的作用。由于新疆农业基础设施比较薄弱，虽然 20 世纪六七十年代，新疆着手推进农田水利设施，但尚未开始大规模兴建，农业生产力水平相对较低，粮食生产仍呈现"广种薄收、靠天吃饭"的局面。

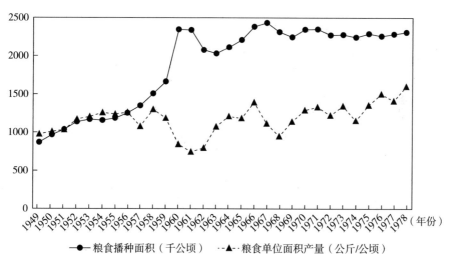

图 3-1（a）　1949~1978 年新疆粮食生产情况趋势

资料来源：《新疆统计年鉴》和《新疆辉煌 70 年：1949-2019》。

---

① 　资料来源：《新疆辉煌 70 年：1949-2019》。

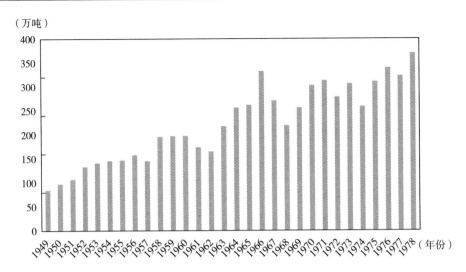

图 3-1（b）　1949～1978 年新疆粮食生产情况趋势

资料来源：《新疆统计年鉴》和《新疆辉煌 70 年：1949-2019》。

　　总之，1949～1978 年，新疆绿洲农业生态—经济系统处于以粮为纲提高农业生产率的发展阶段。这一时期，新疆绿洲农业经济处于以"种植粮食"为主的单一结构阶段，粮食综合生产水平艰难向前发展，棉花生产在全国棉花产业中尚未形成影响力，农业基础设施相对薄弱，粮食播种面积约占农作物总播种面积的 80% 左右，而棉花播种面积平均只占 5%；粮食产量增长比较缓慢，单产水平波动明显，棉花总产不到 8 万吨[①]。这一时期，粗放型的农业生产方式使农业发展面临着生态环境方面的挑战。

　　3.2.2.2　"重经济效益轻生态保护"的发展阶段（1979～1990 年）

　　1978 年，党的十一届三中全会召开，其中在农业上改革的首要任务就是进行农业生产和农民土地所有权的改革，1979 年开始，新疆认真贯彻执行了中共中央关于农村工作的一系列方针政策，结束了多年来农业生产徘徊不前的困难局面，使农村地区的经济发展也走上了快车道。1979～1990 年，随着东部相对发达地区对边疆建设的支援，以农为主的人工绿洲由小片连接为大片，绿洲面积得到了前所未有的发展，特别是人工绿洲的扩张和绿洲总面积的扩大，但这一时期绿洲总面积与耕地面积之间增长速度不同步，两者存在明显差异。新疆地区由此将土地广度开发向深度开发转变，不再单单依靠扩大耕地面积发展农业，在政策方

---

　　①　资料来源：《新疆辉煌 70 年：1949-2019》。

面推行以家庭联产承包经营为主要形式的生产责任制，土地流转促使农业向规模化、集约化发展，在技术方面加强农田水利设施建设和农业技术改造，提高了农业生产效率和农产品的品质。这一时期，新疆绿洲农业逐渐实现了从传统农业向现代农业的转变，推动了农业经济效益的提高、农产品产量的增长以及农业总产值的攀升，粮食生产保持着良好的发展势头，棉花生产也一直呈近乎直线的增长态势。

1979~1990 年，新疆粮食产量进入连续增长的新阶段，夺得连续十二年增产丰收，这十二年新疆粮食总产量由 389.38 万吨增加到 676.89 万吨，增长了73.84%，平均每年增长 4.72%；粮食单产由 1979 年的 1732.38 公斤/公顷增长到1990 年的 3705.72 公斤/公顷，增长了 1 倍多；粮食作物播种面积从 1979 年的2247.66 千公顷下降到 1990 年的 1826.61 千公顷，12 年间减少粮食作物播种面积 421.05 千公顷（见表 3-2）。这期间，新疆粮食单产的跨越式增长有效保证了新疆粮食综合生产能力的提升，保障了粮食总产水平不受播种面积减少的影响，逐渐改变了粮食生产"广种薄收"的状态，开始由自给性生产向商品性生产转变。家庭联产承包责任制的提出和实施充分调动了农民的生产积极性和主动性，同时一系列强农惠农富农支持性政策，促进了农业生产的迅速发展，改变了过去农业生产只抓粮食生产而忽视经济作物生产的状况。1979~1990 年，新疆棉花生产实现快速发展。棉花产量由 1979 年的 5.30 万吨上升到 1990 年的 46.88 万吨，增产了 7.85 倍，平均每年递增 19.92%；棉花单产由 1978 年的 328.23 公斤/公顷提高到 1990 年的 1077.16 公斤/公顷，增加了 2.28 倍；棉花播种面积由 1979年的 161.47 千公顷增至 1990 年的 435.22 千公顷，12 年间增加棉花播种面积273.75 千公顷（见表 3-2）。这期间，棉花种植面积的不断扩大与单产水平的大幅提高共同促使新疆棉花总产量呈现不断递增的发展态势，棉花作物在新疆显著的丰产性与规模种植的比较收益也使棉花经济及相关产业表现出强劲的发展势头。此外，由于改革开放带来的政策宽松和经济发展压力，新疆农业发展更倾向于追求短期的经济效益，而相对忽视了生态环境的保护，过度开发和粗放型农业生产方式导致了一系列生态环境问题，如土地退化、水资源短缺、生物多样性减少等。

表 3-2　1979~1990 年新疆绿洲农业生产基本情况

年份	粮食产量（万吨）	棉花产量（万吨）	粮食播种面积（千公顷）	棉花播种面积（千公顷）
1979	389.38	5.30	2247.66	161.47
1980	386.13	7.92	2162.37	181.22

续表

年份	粮食产量（万吨）	棉花产量（万吨）	粮食播种面积（千公顷）	棉花播种面积（千公顷）
1981	387. 65	11. 36	2071. 97	231. 91
1982	405. 45	14. 61	2024. 51	285. 15
1983	451. 28	15. 70	1979. 51	276. 67
1984	495. 07	19. 23	1985. 33	281. 49
1985	496. 65	18. 78	1853. 04	253. 52
1986	544. 71	21. 61	1800. 41	276. 36
1987	584. 30	27. 97	1778. 69	356. 34
1988	606. 19	27. 81	1784. 63	356. 28
1989	623. 08	29. 47	1830. 37	367. 11
1990	676. 89	46. 88	1826. 61	435. 22

资料来源：《新疆辉煌 70 年：1949-2019》。

总之，1979~1990 年，新疆绿洲农业生态—经济系统处于重经济效益而轻生态保护的发展阶段。这一时期，新疆绿洲农业经济处于以"粮棉并重"为主的二元结构阶段，改革开放推动了农业经济的快速增长，扭转了过去单一搞粮食的局面，棉花生产也在全国棉花产业中形成一定的影响力，新疆粮食播种面积占农作物总播种面积的百分比从 1979 年的 74.48% 降到 1990 年的 61.31%，而棉花播种面积比重由 5.35% 上升到 14.61%[①]。这一时期，新疆绿洲农业生态环境问题逐渐凸显，重经济效益轻生态保护的发展模式对绿洲农业的长期可持续发展构成了威胁。

3.2.2.3 "经济效益与生态恢复并重"的发展阶段（1991~2000 年）

1991~2000 年，在荒漠化面积缩减这一大背景下，新疆绿洲面积占全疆土地面积的比例呈稳步扩大趋势，从 8.49% 上升至 2000 年的 8.73%；同时人工绿洲面积在新疆绿洲总面积中的比例也逐步增大，从 42.86% 上升到 2000 年的 46.82%；此外，这一时期耕地面积也在持续增加，这 10 年耕地面积增长了 65.09 万公顷，耕地总量不断扩大（贺可等，2018）。1992 年，《国务院关于发展高产优质高效农业的决定》中指出，要把传统的粮食观念转变为现代的食物观念……需对目前的种植业结构进行必要调整。1998 年，党的十五届三中全会通

---

① 资料来源：《新疆辉煌 70 年：1949-2019》。

过的《中共中央关于农业和农村工作若干重大问题的决定》指出，必须稳定发展粮食生产，同时又要调整农村产业结构……并且把发展多种经营同支持和促进粮食生产结合起来。这一时期，耕地的利用也不再局限于只种植传统的粮食和棉花作物，农业种植结构由以粮棉并重为主转变为粮棉作物、特色林果作物并举的局面，发展重点开始转向稳定粮食作物和棉花作物的产量，大力发展种植特色作物和其他经济作物。

1991~2000 年，正值我国国民经济"八五""九五"计划时期，随着粮食生产能力的不断提升，新疆粮食播种面积比重开始快速下降，这十年中粮食播种面积占农作物总播种面积的比例由 58.30% 降至 42.66%，粮食总产量从 672.52 万吨增长到 808.60 万吨（见表 3-3），粮食单产由 3799.57 公斤/公顷增长到 5592.87 公斤/公顷，增加了 47.20%。粮食总产量和单产的持续稳定增长不断创造新疆粮食总产量的历史记录，尤其是 1996 年，新疆粮食产量首次突破 800 万吨，实现了新疆粮食生产自给有余的战略目标，这与节水农业技术在新疆地区的应用推广有着较为重要的关联。"一黑一白"发展战略的提出与实施将农业资源优势转换为经济优势，促进了农业生产的迅速发展，尤其是棉花产业得到了全面快速发展。1991~2000 年，是新疆棉花产业全面快速发展的阶段，尤其"九五"时期，是新疆棉花产业发展的重要历史时期。截至 2000 年，棉花播种面积与总产量较 1991 年分别增长了 85% 和 1.34 倍，棉花单产和播种面积的提升共同促使棉花产量不断攀升。此外，新疆在农业经济发展的同时开始注重生态环境的保护和可持续发展，节水灌溉技术的推广使用，退耕还林还草、水土保持等生态恢复和建设工程的实施，使绿洲农业生态环境有所改善，但仍然面临着生态环境脆弱、农业水资源短缺等挑战。

表 3-3　1991~2000 年新疆绿洲农业生产基本情况

年份	粮食产量（万吨）	棉花产量（万吨）	粮食播种面积（千公顷）	棉花播种面积（千公顷）
1991	672.52	63.95	1769.99	546.94
1992	706.27	66.76	1730.26	643.30
1993	720.37	68.00	1697.57	606.35
1994	666.17	88.21	1496.04	749.82
1995	730.16	93.50	1593.29	742.90
1996	818.20	94.04	1648.83	799.26
1997	825.34	115.00	1673.73	883.65

续表

年份	粮食产量（万吨）	棉花产量（万吨）	粮食播种面积（千公顷）	棉花播种面积（千公顷）
1998	830.00	140.00	1573.43	999.26
1999	838.78	140.75	1521.65	995.93
2000	808.60	150.00	1445.77	1012.39

资料来源：《新疆辉煌70年：1949-2019》。

总之，1991~2000年，新疆绿洲农业生态—经济系统开始从重经济效益轻生态保护的阶段向经济效益与生态恢复并重的阶段转变。这一时期，新疆绿洲农业经济处于以"粮棉并举，发展林果等特色作物"为主的结构调整阶段，粮食播种面积在农作物总播种面积中的占比从1991年的58.30%降到2000年的42.66%，而棉花播种面积比重由18.02%上升到29.87%；粮食产量增长比较缓慢，棉花产量增长迅速，棉花产值占到农业总产值的40%左右①，棉花产业成为种植业的主导产业，新疆也因此成为我国最大、最具世界影响力的棉花主产区。这一时期，节水灌溉技术、生态农业等环保技术的推广有效缓解了生态环境恶化的趋势，但生态保护与经济发展还处于不协调状态。

3.2.2.4 "经济结构调整与生态保护并重"的发展阶段（2001~2012年）

21世纪以来，特别是加入WTO以后，农产品贸易步入国际舞台，开放度更强，需求更加明显。随着西部大开发战略的实施，新疆以市场为导向，以结构调整为重点，在保证粮食安全的基础上，促进粮食生产向优势区域进一步集中，大力推广良种种植，特色农业、高效农业和绿色农业得到发展，同时加强了农业产业链的整合和升级。2001~2012年，粮食单产稳定提高，由2001年的5706.26公斤/公顷提高至2012年的5990.06公斤/公顷；粮食总产量从2001年的796.00万吨上升至2012年的1259.83万吨，增长了58.27%（见表3-4）。特别地，2009年，新疆粮食产量首次突破1000万吨，同时这一年粮食生产除确保自治区粮食安全外，还有少量粮食调往内地省区、出口周边国家，标志着粮食综合生产能力跃上新台阶。

表3-4 2001~2012年新疆绿洲农业生产基本情况

年份	粮食产量（万吨）	棉花产量（万吨）	粮食播种面积（千公顷）	棉花播种面积（千公顷）
2001	796.00	157.00	1394.96	1129.72

---

① 资料来源：《新疆辉煌70年：1949-2019》。

续表

年份	粮食产量（万吨）	棉花产量（万吨）	粮食播种面积（千公顷）	棉花播种面积（千公顷）
2002	875.87	150.00	1493.96	943.97
2003	801.64	160.00	1307.02	1037.05
2004	828.53	175.25	1378.61	1127.55
2005	877.21	195.70	1471.76	1157.99
2006	895.22	267.53	1465.82	1664.43
2007	867.04	290.00	1379.00	1782.60
2008	909.00	301.55	1649.97	1668.01
2009	1152.00	252.40	1993.50	1409.31
2010	1150.20	247.90	1991.61	1460.60
2011	1200.75	289.77	2000.36	1638.06
2012	1259.83	353.95	2103.20	1720.80

资料来源：《新疆辉煌70年：1949-2019》。

2001~2012年，新疆在保持粮食生产稳定发展的同时，不断调整优化农业生产结构，棉花、蔬菜、水果等各类经济作物发展迅速，播种面积不断增加、产量大幅提高、产值同步增长。2012年新疆棉花播种面积为1720.80千公顷，增加了52.32%，总产量达353.95万吨，增长了1.25倍，棉花生产能力又上一个新的台阶。此外，新疆棉花总产量占全国棉花总产量的比重从2001年的27.40%上涨至2012年的58.80%[①]，棉花产业进一步壮大并成为新疆的支柱产业，对新疆农民增收起到关键作用，同时也对稳定我国棉花市场经济尤为重要。良种补贴、农机补贴等一系列稳农、惠农政策的出台，与农业税条例的废止，极大地调动了农民的种粮积极性，为新疆粮食生产注入新的活力，同时西部大开发战略的实施与政策的倾斜促进了农业生产结构的优化调整。2000年以后，新疆农业生产布局日趋合理，在"增粮、稳棉"的基础上，大力发展蔬菜种植、全面推进特色林果业转型升级。这一时期，蔬菜、水果增速较快，其中蔬菜总产量从2001年的486.74万吨上升至2012年的1656.02万吨，增长了2.40倍；水果总产量从2001年的154.25万吨上升到2012年的736.74万吨，增长了3.78倍（见图3-2）。设施农业、生态农业的提出与大力推行，使新疆绿洲农业产出不断增长，整体质量不断提高。此外，新疆在推动农业经济发展的同时，注重生态环境的保护和修

---

① 资料来源：《新疆辉煌70年：1949-2019》。

复。例如，通过推广节水灌溉、实施农田防护林建设等措施，努力实现农业生产的绿色化和生态化。同时，政府也加大了对生态农业、循环农业等新型农业模式的支持力度，以推动农业经济的转型升级。

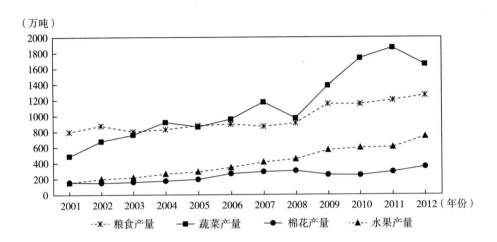

图 3-2　2001~2012 年新疆主要农产品产量变化趋势

资料来源：《新疆辉煌 70 年：1949-2019》。

　　总之，2001~2012 年，新疆绿洲农业生态—经济系统开始从经济效益与生态恢复并重的阶段向经济结构调整与生态保护并重的阶段转变。这一时期，新疆绿洲农业经济处于以"战略性结构调整"为主的优化改进阶段，新疆在保持粮食生产稳定发展的同时，棉花、蔬菜、水果等各类经济作物发展迅速。这一时期，可持续发展理念的融入标志着新疆绿洲农业生态—经济系统更加注重资源节约、环境保护与农业经济的协调发展，为绿洲农业的转型升级和可持续发展奠定基础。

　　3.2.2.5　"经济高质量发展与生态文明建设并行"的发展阶段（2013 年至今）

　　党的十八大以来，随着农业供给侧结构性改革的深入推进以及乡村振兴战略的逐步实施，新疆绿洲农业发展进入到一个新的发展阶段中，农产品供给由满足"量"的需求向满足"质"的需求转变，农业综合生产能力不断跃上新台阶。这一时期，农业机械化、水利化、规模化程度的持续提高，大大促进了农业生产提质增效。由表 3-5 可知，粮食产量总体呈增长趋势，尤其在 2020 年后增速加快，2022 年达到 1813.50 万吨；粮食播种面积在 2015 年后整体趋于平稳，2022 年为

2433.90 千公顷。棉花产量整体呈上升态势，2022 年达到 539.37 万吨；棉花播种面积在 2014 年大幅增加后，基本稳定在 2500 千公顷左右。总体来看，粮食产量增长率在 2021 年达到高点，棉花产量增长率相对平稳，但在 2022 年略有回升。同时，粮食和棉花的单位面积产量呈波动上升趋势，这与播种面积调整和生产效率提升密切相关。

表 3-5　2013~2022 年新疆绿洲农业生产基本情况

年份	粮食产量（万吨）	棉花产量（万吨）	粮食播种面积（千公顷）	棉花播种面积（千公顷）
2013	1726.95	393.56	2256.89	1884.42
2014	1749.85	414.87	2303.41	2170.62
2015	1895.33	419.10	2403.41	2144.26
2016	1552.33	407.80	2405.28	2059.60
2017	1484.73	456.66	2295.85	2217.47
2018	1504.23	511.20	2219.64	2491.30
2019	1527.07	500.20	2203.61	2540.50
2020	1583.40	516.10	2230.15	2501.92
2021	1735.78	512.85	2371.65	2506.07
2022	1813.50	539.37	2433.90	2496.89

资料来源：历年的《新疆统计年鉴》。

在粮食和棉花生产稳定发展的情况下，蔬菜、特色林果产量增长速度较快。其中，蔬菜产量整体呈上涨趋势，但在不同年份间波动也较大，而水果产量呈平稳上升趋势。根据《新疆统计年鉴》数据，2022 年，新疆蔬菜总产量达到 1731.91 万吨，较 2013 年增加了 828.83 万吨，增长了 91.78%，年均增长 6.73%。特色林果业作为新疆农村支柱产业，在农民增收、农村稳定、农业增效上发挥了重要作用。水果作为特色林果的重要组成部分，2022 年水果产量达到 1672.61 万吨，比 2013 年 782.69 万吨增长 1.14 倍，年均增长 7.89%（见图 3-3）。此外，在转型升级过程中，新疆注重绿色发展和可持续发展的理念，坚持生态优先、绿色发展，通过节水灌溉、循环农业、生态农业、低碳农业等模式的推广，减轻了农业对环境的负面影响。

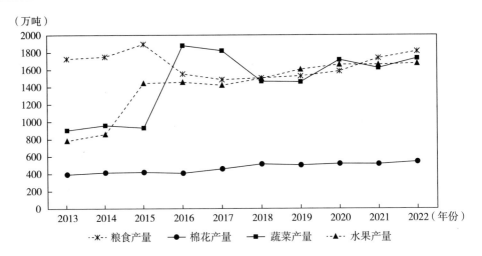

图 3-3   2013~2022 年新疆主要农产品产量变化趋势

资料来源：历年的《新疆统计年鉴》。

总之，2013 年至今，新疆绿洲农业生态—经济系统开始从经济结构调整与生态保护并重的阶段向经济高质量发展与生态文明建设并行的阶段转变。这一时期，新疆绿洲农业经济处于以"供给侧结构性改革"为主的提质增效阶段，粮食生产成为国家重要的粮食安全战略后备基地，棉花、蔬菜、水果等经济作物生产也获得较大发展，绿洲农业生态—经济系统向着更加绿色、高效、可持续的方向发展。综合上述五阶段划分可以发现，新疆绿洲农业生态—经济系统的发展演变脉络可循。70 多年来，新疆绿洲农业生产、农村面貌、农民收入都有了较大改观，农业生产已经基本改变了过去高度单一和效率低下的结构模式，向优质、高效、全面发展的新型结构模式转变，实现了从"产量低下、供给紧缺"到"自给有余、提质增效"的历史性转变，农业生态保护和可持续发展也取得了显著进步。

3.3   技术结构变迁与绿洲农业生态—经济系统演变的特征

3.3.1   绿洲农业技术结构变迁的特征表现

依据诱致性技术变迁理论，农业要素禀赋的变化推动着相应的农业技术发生变迁，进而引起农业技术结构的变迁。因此，本节结合新疆独特的要素禀赋特性，主要从土地要素节约与生物化学技术变迁、劳动力要素节约与农业机械技术变迁、水资源要素节约与节水农业技术变迁三个方面，分析绿洲农业技术结构变迁的特征表现。

3.3.1.1　土地要素节约与生物化学技术变迁

随着农作物播种面积的增速放缓，生物化学技术得到快速推广，在提高土地生产率过程中发挥了重要的作用。图 3-4 直观地显示了 1992～2022 年新疆绿洲农业生物化学技术要素施用强度变化趋势。1992～2022 年新疆单位播种面积化肥、农药、农膜和柴油施用强度呈上升趋势①。从地区差异来看，新疆四种生物化学技术要素施用强度相对较小，这主要源于农业生产由于区域生产条件、作物类型等差异，农药、化肥等生物化学要素使用基数存在较大区域差异，因而其使用量和施用强度有所不同。

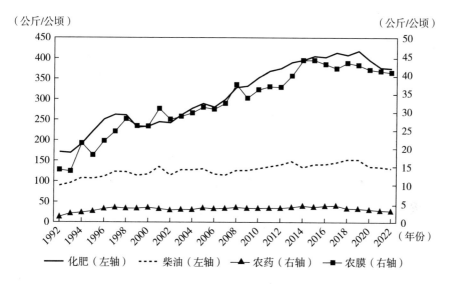

图 3-4　1992～2022 年新疆绿洲农业生物化学技术要素施用强度变化趋势

资料来源：历年的《新疆统计年鉴》。

---

①　单位播种面积化肥施用强度从 1992 年的 170.90 公斤/公顷增加至 2022 年的 375.29 公斤/公顷，单位播种面积农药施用强度从 1992 年的 1.47 公斤/公顷增加至 2022 年的 3.08 公斤/公顷，单位播种面积农膜施用强度从 1992 年的 14.18 公斤/公顷增加至 2022 年的 40.55 公斤/公顷，单位播种面积农用柴油施用强度从 1992 年的 89.64 公斤/公顷增加至 2022 年的 130.91 公斤/公顷。

此外，新疆在 2015 年以后，农药、化肥和农膜等化学制品施用强度增速减缓，甚至有所下降，这主要源于我国从保护生态的角度对农业技术进行革新，国家农业部（现为农业农村部）2015 年出台的《到 2020 年化肥使用量零增长行动方案》《到 2020 年农药使用量零增长行动方案》使化肥、农药施用强度在一定程度上得以降低，对氮、磷等微量元素以及土地盐碱化的控制，也有助于降低生态对经济的伤害程度。总体来看，生物化学技术的变迁不仅能够保障粮食等主要农产品稳定供应，还有利于农业的绿色、可持续发展。

3.3.1.2 劳动力要素节约与农业机械技术变迁

随着农林牧渔从业人员在乡村从业人员中占比的减少，农业机械技术得到广泛应用，在提高劳动生产率过程中发挥了重要作用。首先，从农业劳动力要素投入来看，1978 年，新疆从事农林牧渔业的人员为 255.30 万人，约占乡村从业人员的 97.97%。随着经济社会的不断发展，新疆农林牧渔业从业人员稳步增长，但在乡村从业人员中所占比重也呈稳步下降趋势，这符合经济发展规律。2022 年农林牧渔业从业人员增加到 420 万人，其在乡村从业人员中所占比重下降到 68.85%，与 1978 年相比，下降了 29.12%[①]。通过比较可以发现，虽然农林牧渔业从业人员增加，但随着农业机械化的大力实施和国家支农力度的持续加大，机械化作业对农业劳动力的有效替代，使农林牧渔业从业人员在乡村从业人员中所占比重不断下降，农业劳动生产率不断提升。

其次，从农业机械技术要素投入来看，新疆绿洲农业生产已从主要依靠人力、畜力转向主要依靠机械动力，进入以机械化为主导的新阶段。1978～2022 年，新疆绿洲农业机械总动力从 166.74 万千瓦增加到 3075.35 万千瓦，年均增长率为 6.69%；单位播种面积农业机械总动力呈快速上升态势，农业机械强度从 1978 年的 0.06 万千瓦/千公顷上升至 0.47 万千瓦/千公顷，年均增长率为 4.90%（见图 3-5）。此外，农机装备结构也在不断优化升级，2022 年，农用大中型拖拉机达到 41.21 万台，较 1978 年增加了 39.19 万台，年均增长率为 6.94%；农用小型拖拉机达到 29.90 万台，较 1978 年增加了 29.10 万台，年均增长率为 8.38%，可见，大中型拖拉机在农机装备结构中占比逐渐增大[②]。农业机械化作业水平不断提高，到 2022 年，农作物综合机械化水平达 85.70%，共完成机耕面积 7279 万亩，机播面积 7088 万亩，机收面积 4717 万亩[③]。总体来看，农业机械

---

①② 资料来源：《新疆统计年鉴》。

③ 资料来源：2023 年新疆力争农作物综合机械化水平达到 85.8% [EB/OL]. 人民网，[2023-02-26]. http://xj.people.com.cn/n2/2023/0226/c186332-40316109.html.

技术的变迁不仅可以提高生产率、带动农业经济系统发展，还有助于增强农业生产的抗风险能力、维护农业生态系统的健康。

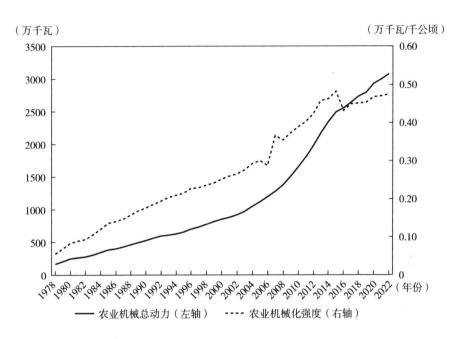

图3-5 1978~2022年新疆绿洲农业机械技术要素投入变化趋势

资料来源：笔者根据历年的《新疆统计年鉴》和国家统计局的相关数据计算整理得到。

3.3.1.3 水资源要素节约与节水农业技术变迁

随着节水农业技术的广泛应用，农业水利化水平得到不断提高。农业灌溉方式经历了大水漫灌、喷灌、滴灌、膜下滴灌等技术的更新迭代，目前以膜下滴灌技术为核心的机械化、规模化农业技术体系在研究区全面推广，单位面积节水效应显著（祝宏辉等，2022）。2000年初，节水农业技术在研究区开始大规模应用推广，农业用水量和有效灌溉面积整体呈上升趋势，2000~2022年，新疆农业用水量从453.20亿立方米增加到511.76亿立方米，年均增长率为0.53%，有效灌溉面积从3094.28千公顷上升至6534.69千公顷，年均增长率为3.30%，其中2013和2022这两年是有效灌溉面积向更高一级跃迁的时点。此外，从图3-6可以看出，有效灌溉率整体呈波动上升趋势，基本维持在85%以上，其中，2008年和2015年的有效灌溉率分别是研究期内的谷底（86.62%）和峰顶（98.89%）；农业用水占比呈波动下降态势，2000~2017年农业用水占比均在

90%以上，2020 年农业用水占比降至 86.99%。综上所述，有效灌溉率的提升和
农业用水占比的下降在一定程度上说明节水农业技术的大规模应用有利于提升单
位面积水资源利用效率。总体来看，节水农业技术的变迁不仅有助于降低农业生
产成本、提高农业生产的整体效益，还有助于维护绿洲地区的地下水位、改善土
壤盐碱化等生态环境问题。

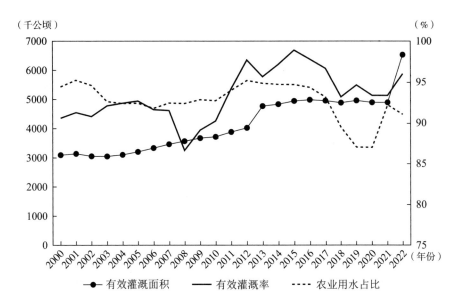

图 3-6　2000~2022 年新疆绿洲农业水利化水平变化趋势

资料来源：历年的《新疆统计年鉴》。

3.3.2　绿洲农业生态—经济系统演变的特征表现

3.3.2.1　绿洲农业生产规模不断提高

近些年，新疆农业发展势头强劲。由图 3-7 可知，新疆自 1978 年以来，农
林牧渔业总产值一直处于平稳上升态势。1978~2022 年，新疆农林牧渔业总产值
从 19.12 亿元增长到 5469.04 亿元，年均增长率 13.39%，高于全国 11.05% 的年
均增速。此外，尽管新疆农业在全国农业中所占比重较小，但新疆农林牧渔业总
产值在全国农林牧渔业总产值占比从 1978 年的 1.37% 波动上升至 2022 年的
3.50%，可见新疆绿洲农业规模实力进一步扩大。

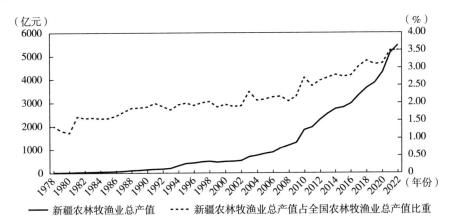

图 3-7 1978~2022 年新疆农林牧渔业总产值及其占全国农林牧渔业总产值比重

资料来源：国家统计局。

新疆属于农业大省，农业在国民经济中占比较高，农业对新疆的经济发展和社会稳定起到至关重要的作用。从图 3-8 可以看出，研究期内农林牧渔业总产值占 GDP 比重整体呈现稳中有降的趋势，1978 年中国和新疆农林牧渔业在地区 GDP 的占比分别为 37.98%和 48.94%。之后随着我国市场经济的快速发展，农业在国民经济中的占比不断下降，2022 年，中国和新疆农林牧渔业在地区 GDP 的占比分别下降到了 12.90%和 30.83%。总体上，新疆和全国农业增长稳中趋缓，农林牧渔业总产值占 GDP 比重的下滑具有一定的客观性和必然性，这与国家制定的农业供给侧结构性改革等政策方针密不可分，旨在推动农业高质量发展。

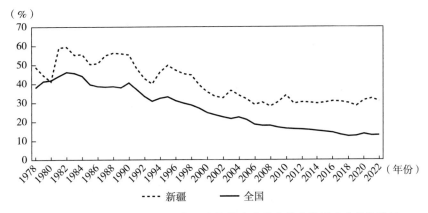

图 3-8 1978~2022 年新疆和全国农林牧渔业总产值占地区生产总值比重

资料来源：国家统计局。

3.3.2.2 绿洲农业产业结构调整缓慢

从农林牧渔业的构成结构来看，在农业产值和农林牧渔业总产值稳步上升的情况下，新疆绿洲农业产值占农林牧渔业总产值比重基本稳定在70%左右。以1978年价格为基期，将农业产值换算为实际农业产值，由图3-9可知，1978~2022年，新疆农业产值从14.25亿元上升至3753.98亿元，其在农林牧渔业总产值中的占比从74.53%下降到68.64%，可以说明尽管农业产值占比有轻微下降，但仍在新疆绿洲农业中居于主体地位。

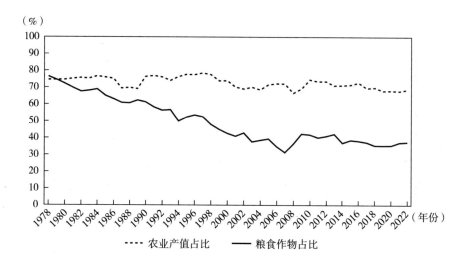

图3-9 1978~2022年新疆绿洲农业产业结构变化情况

资料来源：《新疆统计年鉴》和《中国统计年鉴》。

从种植业内部生产结构来看，在粮食播种面积和农作物总播种面积保持增减趋势一致的情况下，粮食作物占比呈波动下降态势。粮食作物占比由1978年的76.47%下降至2022年的37.48%（见图3-9），新疆绿洲农业种植结构单一的问题逐渐得到改善，以粮为主的种植结构趋于多元化发展，种植业内部生产结构更加合理、高级。可见，农业产业结构趋于合理化和高级化的调整对于解决结构性紧缺问题、提升农业竞争力尤为重要。

3.3.2.3 绿洲农业生产效益增长显著

新疆绿洲农业生产效率显著提高。由图3-10可知，1978~2022年，新疆农业劳动生产率从0.04万元/人增长到7.80万元/人，平均增速为12.42%；土地生产率从0.05万元/公顷增长到5.78万元/公顷，平均增速为11.28%。可见，得益于农业技术结构的优化和政策方针的积极引导，新疆农业劳动生产率和土地生产率都提高较快，尤其是近十年来增速更快，这也反映出新疆农业经济比较有活力，未来增长潜力较大。

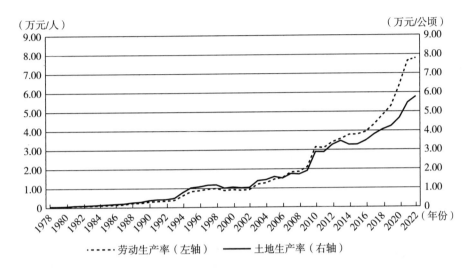

图 3-10　1978~2022 年新疆绿洲农业生产率变化趋势

资料来源：笔者根据《新疆统计年鉴》和《中国统计年鉴》相关数据计算整理得到。

　　新疆农业生态环境质量整体不断改善。《新疆维吾尔自治区 2021 年国民经济和社会发展统计公报》显示，2021 年完成造林面积 17.67 万公顷，退耕还林面积 3.80 万公顷，森林覆盖率达到 5.02%。自治区级以上自然保护区共有 28 个，其中国家级自然保护区 15 个、自治区级自然保护区 13 个，保护区总面积达 1996.83 万公顷。这些成果表明，随着社会对环保的重视程度不断提高和人与自然和谐共生观念的深入，生态环境的改善和可持续发展得到了有效推动。新疆的农业生态环境具有一定的优势和潜力，比如，新疆具有丰富的光热资源，适宜棉花、特色瓜果等农作物生长；新疆的水资源短缺和盐碱地面积大，先进的灌溉技术与合理的土地利用方式提高了农业的生态功能，保障农业生产的可持续发展。值得注意的是，新疆生态系统结构比较简单，很容易被破坏，一旦破坏又很难被恢复，这就造成了生态系统的脆弱性，使沙漠化问题依然严峻，水资源、水生态、水环境"三水"统筹及生态修复任务依然艰巨，生态环境保护仍需加强。

3.4 绿洲农业生态—经济系统演变的初步诊断

3.4.1 区域资源优势突出，资源潜力有待挖掘

新疆独特的干旱区自然地理、人文和历史背景，使分布在新疆的绿洲最为集中和典型，特殊的地理位置造就了优势突出的自然资源，具备耕地资源丰富、农业病虫害较少、节水潜力空间大等农业生产优势，这些优势为其发展农产品奠定了坚实的基础。丰富的光照资源使当地生产的水果品质极佳，特殊的气候条件在一定条件下遏制了病虫害的发展，提供了生产绿色蔬菜、特色瓜果的优良环境，但由于产业化、销售体系的不健全，同时由于地处西北边疆，保鲜、储藏、运输等技术不够完善，运输成本高、运输时效差等原因制约了优势农产品向外输出，进而影响其在市场上的竞争力。因此，新疆应当按照"产业化经营、集群化发展"的思路，准确把握农业做强的优势潜力，在挖掘特色产业优势上发力，有效发挥区域优势资源、加强农业信息化基础设施建设、完善农村交通基础设施建设，真正将资源优势转化为产品优势、产业优势，加快推进农业生产—销售—服务全产业链发展，拓展农业增值增效空间。

新疆棉花产业在全国具有举足轻重的战略地位。国家统计局公布的数据显示，2022 年，新疆棉花种植面积为 2496.89 千公顷，总产量达到 539.37 万吨，占全国棉花产量（598.02 万吨）的 90.19%。但新疆棉花产业链本地延伸不足，纺织服装等下游产业发展不充分，对区域经济带动能力较弱。新疆棉花产业应当在充分利用量的优势基础上，在质的提升上下功夫，即要在巩固面积、稳定产量的同时，进一步提升棉花品质，加强棉花全产业链打造，做大做强产业链中后端，促进棉纺服装产业集群发展，将纺织服装产业真正培育成特色优势产业。新疆是我国重要的特色林果产区。国家统计局公布的数据显示，2022 年，新疆水果产量达到 1672.61 万吨，占全国总产量（31296.24 万吨）的 5.34%，核桃、红枣等干果产量位居全国前列。但由于发展初期种植面积猛增，林果产品供过于求、价格下滑明显，此外，干果占比大，新型时令品供给不足。新疆特色林果业发展必须以传统林果产品质量提升和新特品种引进开发为重点，提升种植环节质量，延长加工环节产业链，畅通林果产品销售渠道，将林果产业打造成为优势主导产业。

3.4.2　农业生产技术领先，技术体系亟待完善

新疆绿洲农业生产技术在节水灌溉、土壤改良、种植技术等方面均具有领先地位。水、农田、种业和农机是支撑新疆绿洲农业高质量发展的重要基石，以水利化为主导的农业技术体系推动了新疆绿洲农业的长足发展，比如，测土配方施肥、水肥一体化等创新成果的研发和应用推动了农业经济效益的增加，但带来的农业污染也需要引起重视。要推动农业生态化发展，需要构建支撑绿色发展的技术体系，包括研制高效优质多抗新品种、环保高效肥料等绿色投入品，研发化肥农药减量增效技术、耕地质量提升与保育技术，创新作物绿色增产增效技术模式、种养加一体化循环技术模式，加强精准农业技术与智慧农业技术的结合，保证在提高农业生产效率和质量的同时，最大程度地降低对环境的污染，实现绿洲农业的可持续发展。

首先，新疆干旱缺水、水资源总量匮乏，水资源高效利用是新疆绿洲农业转型升级的要义之一，节水农业技术的推广应用使水资源利用方式得到显著改善，通过大力推广"干播湿出"田间节水技术，与节水滴灌、水肥一体化等技术集成示范，优化配置和合理利用水资源，最大程度保障农业灌溉用水需求，发挥最大的节水增产作用。其次，新疆种业整体自主创新能力不足，通过加快以种业为重点的农业科技创新，开展农业关键核心技术攻关，释放新疆制种区域优势和资源优势，不断提升自主选育品种在农业生产中的占比。最后，新疆土地平整、地块规模大，适宜机械化作业，因此机械化程度较高并位居全国首列，但全领域农业机械创新应用能力不够等问题依然存在，新疆未来应加快补齐部分领域农业机械化短板，如持续加强棉花种植、特色果蔬等薄弱领域的机械化研发和应用，并充分利用数字技术的优势，推动新疆农机产业向智能化、数字化、绿色化转型升级，为绿洲农业高质量发展提供新动力。

3.4.3　农业单产水平较高，产业结构仍需优化

随着良种、农业技术的不断发展，新疆农作物单产水平不断提升。改革开放初期，新疆农业发展以种植业为主，产品种类单一，发展极不平衡，近年来，新疆以农业供给侧结构性改革为主线，不断调整优化农业结构和布局，着力优化农业产业体系，推动生产要素向优势产区集聚，农林牧渔业之间的产业结构优化以及粮食作物和经济作物之间的生产结构调整，推动新疆棉花、小麦、玉米、大豆等农产品单产陆续破全国纪录，助力农业产业发展和农民增收。新疆凭借资源、区位、政策优势，产业发展取得显著成效，产业结构逐步优化升级，由 1978 年

的 35.76∶46.97∶17.28 调整为 2022 年的 14.14∶40.98∶44.87。农业基础地位不断稳固，2022 年粮食产量是 1978 年的 4.90 倍，棉花产量占全国比重由 1978 年的 2.68% 提高到 90.19%，粮食和重要农产品的稳产保供能力持续提升。

目前，新疆农林牧渔业间的发展协调程度有待提高，经济结构有待进一步优化，农村一、二、三产业融合发展仍处于初级阶段，农业经济发展中产业层次仍然较低，传统产业体量仍然较大，主要产品仍处于产业链最底端，产业链条短，农产品质量、效益不高。因而，需要继续通过推进优势农产品区域布局，构建与现代农业产业体系、现代农业生产体系相协调的现代农业经营体系，推动农业产业结构调整和农业产业化经营，破解新疆农业产业结构性矛盾，发挥三次产业整合发展的乘数效应，把农村资源优势转化为产品优势、产业优势。例如，推动农业与文旅融合发展，依托种养业、田园风光、民俗风情等资源优势，发展乡村休闲旅游业，拓展产业发展空间，扩大产业带农增收面，从而推动新疆农业经济高质量发展。此外，新疆既是我国粮食生产优势区，也是优质商品棉生产基地、特色林果基地，要按照自治区党委"稳粮、优棉、促畜、强果、兴特色"的总体思路，聚焦新疆的粮食、棉花、林果和畜牧等区域优势特色产业，大力推动产业结构升级。例如，在保证粮食安全的同时，推广棉花良种栽培，引导生产布局向优势棉区集中，优化棉花品种结构，以红枣、核桃、葡萄提质增效为主来优化林果种植结构。总之，一、二、三产业结构的升级、农林牧渔业之间的结构优化、种植业内部的结构调整和产品品种结构的优化是推动农产品质量效益双提升、农业经济高质量发展的核心。

3.4.4 农业发展成效显著，生态环境仍需关注

农业生产规模和经济效益实现突飞猛进式发展。自 1978 年以来，新疆绿洲经过大规模发展，农业经济在新疆具有重要地位，并且取得了令人瞩目的成就。1978 年，农作物总播种面积为 3021.67 千公顷，为满足粮食供给问题，地区主要以种植粮食为主，当年粮食产量仅为 374.59 万吨，需要从疆外调进粮食以满足人民口粮问题，农林牧渔业总产值和农业产值分别仅为 19.12 亿元和 14.25 亿元。多年来，通过兴修水利、开荒造田、植树造林等重大工程的实施，新疆粮食实现供给有余，种植结构实现多样化，农业实现提质增效。截至 2022 年，农作物播种面积达到 6493.13 千公顷，是 1978 年的 2 倍多，粮食产量达到 1813.50 万吨，接近 1978 年的 5 倍，同时农林牧渔业总产值和农业产值分别高达 5469.04 亿元和 3753.98 亿元，约为 1978 年的 286 倍和 263 倍。

生态环境有所改善，但生态环境问题仍值得关注。水资源短缺、土壤盐碱

化、土地沙化等生态环境问题在一定程度上影响着新疆绿洲农业的生产效益和可持续发展。通过"三北"防护林工程、退耕还林等工程的实施，土地荒漠化得到遏制；通过水利工程的兴修，水资源利用效率得到提升；通过农田防护林的建设，农作物受风沙影响得到缓解；通过土地平整、打通渠系、水肥一体化等各项技术措施，土壤盐碱化程度得到治理。然而，由于人口总量的不断增加，对绿洲内耕地面积的过度开垦，农田防护林在消失、排碱区被挤占等一系列生态环境问题的发生，严重威胁到绿洲农业经济的可持续发展。新疆是典型的内陆干旱性绿洲灌溉农业，农业耗水量约占新疆有效水资源量的 85% 以上，而农业耗水增多，必然会挤占生态用水，可能会破坏生态系统的平衡，进而对经济发展产生负面影响；农民忽视农田防护林的管护，防护林长时间因缺乏水分和营养物质而干涸枯死，从而对农作物起不到应有的防护作用；农民为了扩张耕地面积而挤占排碱区，尽管大力灌溉农作物为其所需水分提供必备条件，但这种只灌不排的方式只会将土壤盐分越积越多，从而导致土壤次生盐渍化严重。

农业生产过程中因物质消耗较高给生态环境带来不同程度的负面影响。新疆地势平坦、土地面积广阔，适合大规模的机械化作业，同时政府也加大了对农业机械化的支持力度，而农业机械技术的广泛应用，在一定程度上又会造成柴油和电力的大量耗用，进而对农业生态环境产生一定影响。此外，农户为了满足增产的需要，会过量使用化肥、农药等农用化学物资，虽然这些农业物资的使用在短期内确实取得了显著效果，但农业物资的过度使用，势必会对生态环境和人类健康造成一定的危害，比如，农膜的不易降解、难回收问题会造成白色污染，土壤中残留的农膜会影响农作物对土壤中有机质的吸收，化肥、农药的过量使用不仅会造成土壤硬化，还会产生面源污染和碳排放，农产品上残留的农药以及对水体的污染又会对人类身体健康造成危害。可见，绿洲内化学污染、土壤沙化、次生盐渍化这"三化"形成的"三废"不但影响绿洲农业的可持续发展，而且直接制约着当前生产的投入产出效益，因此，在农业生产取得显著成效的同时，给生态环境造成的负面影响也值得关注。

3.5　本章小结

本章主要是对技术结构变迁与绿洲农业生态—经济系统演变的分析。首先，简要介绍了研究区概况；其次，回顾分析了技术结构变迁与绿洲农业生态—经济系统演变的历程及特征；最后，初步诊断了绿洲农业生态—经济系统演变的趋势及问题。本章为后续实证检验奠定了分析基础。主要内容如下：

第一，关于技术结构变迁与绿洲农业生态—经济系统演变的历程。自中华人民共和国成立以来，技术结构变迁与绿洲农业生态—经济系统演变大致经历了五个阶段：一是"以粮为纲提高农业生产率"的发展阶段（1949~1978年），技术结构以"传统农业技术"为主要特征；二是"重经济效益轻生态保护"的发展阶段（1979~1990年），技术结构以"传统农业技术与农业机械技术"为主要特征；三是"经济效益与生态恢复并重"的发展阶段（1991~2000年），技术结构以"农业机械技术与节水农业技术"为主要特征；四是"经济结构调整与生态保护并重"的发展阶段（2001~2012年），技术结构以"节水农业技术与精准农业技术"为主要特征；五是"经济高质量发展与生态文明建设并行"的发展阶段（2013~2022年），技术结构以"精准农业技术与智慧农业技术"为主要特征。

第二，关于技术结构变迁与绿洲农业生态—经济系统演变的特征。一方面，本章从要素驱动角度分析了绿洲农业技术结构变迁的特征表现。研究发现，在土地要素节约与生物化学技术变迁方面，随着农作物播种面积的增速放缓，生物化学技术得到快速推广，化肥、农药、农膜和柴油施用强度均有下降，在提高土地生产率、保护生态环境过程中发挥了重要的作用；在劳动力要素节约与农业机械技术变迁方面，随着农林牧渔业从业人员在乡村从业人员中所占比重的不断下降，农业机械技术不断进步与推广使用，在提高劳动生产率过程中发挥了重要的作用；在水资源要素节约与节水农业技术变迁方面，随着节水农业技术的广泛推广应用，农业水利化水平得到不断提高，大幅提升了单位面积水资源利用效率。另一方面，本章从农业生产规模、产业结构与生产效益三个方面分析了绿洲农业生态—经济系统演变的特征表现。研究发现，在农业生产规模方面，绿洲农业发展势头强劲，农业规模实力进一步扩大。在农业产业结构方面，种植业在新疆绿洲农业中居于主导地位，农林牧渔业总产值中农业产值占比小幅下降，农作物种植结构中粮食作物占比波动下降。在农业生产效益方面，农业经济效益保持稳定增长，农业劳动生产率和土地生产率不断提升；农业环境效益不断提高，森林覆盖率不断提升，生态功能实现了显著提高，但生态保护工作仍需进一步加强。

第三，关于绿洲农业生态—经济系统演变趋势及问题的初步诊断。本章初步诊断为以下四点：①区域资源优势突出，资源潜力有待挖掘；②农业生产技术领先，技术体系亟待完善；③农业单产水平较高，产业结构仍需优化；④农业发展成效显著，生态环境仍需关注。

第4章 技术结构变迁水平与绿洲农业生态—经济系统发展水平的测评

为了规范验证相关研究假说，本章仍以新疆为研究样本，基于2000~2022年新疆14地（州、市）面板数据，事先对技术结构变迁水平与绿洲农业生态—经济系统发展水平进行测评。首先，依据技术结构的核心特征以及绿洲农业生态—经济系统发展的目标，构建技术结构变迁与绿洲农业生态—经济系统发展的综合评价指标体系，并利用综合指数测度法和熵值法计算技术结构变迁指数与绿洲农业生态—经济系统发展指数，以反映技术结构变迁水平与绿洲农业生态—经济系统发展水平；其次，使用传统的统计方法从新疆和区域的视角考察技术结构变迁水平与绿洲农业生态—经济系统发展水平的时空演化趋势；最后，采用耦合协调度模型对技术结构变迁与绿洲农业生态—经济系统发展的协调度进行分析，为后续的实证研究奠定基础。

4.1 绿洲农业技术结构变迁水平测度分析

4.1.1 绿洲农业技术结构变迁水平测度模型构建

4.1.1.1 绿洲农业技术结构变迁水平测度方法选择

国内外虽然对技术结构变迁的测度进行了大量研究，但大多数都是基于宏观角度从国家、省份区域着眼，并多基于工业和制造业展开研究，比如产业技术结构、区域技术结构和出口技术结构，从农业领域分析农业技术结构变迁的研究较少。学者们对技术结构内涵理解的不同，其对技术结构变迁水平测度方法选择和测度结果均有差异。本章在已有研究的基础上，采用综合指数测度法，通过构建农业技术结构变迁指数衡量农业技术结构变迁水平。

4.1.1.2 绿洲农业技术结构变迁水平指标体系构建

作为技术变迁在农业领域的延伸，绿洲农业技术结构变迁从内涵上来说，既不能依靠单一农业技术来衡量，也不能从静态的角度去分析，它是一个由不同等级或类型农业技术整合而成的动态过程。本章在已有研究的基础上，基于第二章中农业技术结构的概念，考虑从技术等级和技术类型两个角度选择指标，并从动态的视角构建模型衡量农业技术结构变迁水平。

首先，按照不同技术等级，本章参照希克斯（Hicks，1932）对农业技术的分类，将农业技术划分为"劳动力节约型"技术和"土地节约型"技术两类。在对农业技术等级界定基础上，本章将农业技术结构定义为农业生产过程中"劳动力节约型"技术和"土地节约型"技术的组合与占比情况。通过借鉴杨海钰等（2018）、刘皇和周灵灵（2022）、许标文等（2023）对农业技术变迁系数的量化标准，与借鉴魏金义和祁春节（2015）计算要素禀赋结构指数的方法计算农业技术结构变迁指数，分析绿洲农业技术结构变迁的动态趋势。测度过程分为以下两步：

第一步，构建农业技术变迁系数，具体公式如下：

$$L_t = (Y/L)_t / (Y/L)_0 \tag{4-1}$$
$$T_t = (Y/T)_t / (Y/T)_0 \tag{4-2}$$

式中，L_t 和 T_t 分别表示劳动生产率变迁系数和土地生产率变迁系数，Y 表示农业总产出，L 表示农业劳动投入，T 表示土地投入，则 $(Y/L)_t$ 和 $(Y/L)_0$ 分别表示当期和基期劳动生产率，$(Y/T)_t$ 和 $(Y/T)_0$ 分别表示当期和基期土地生产率。

第二步，利用上面构建的农业技术变迁系数进一步构建农业技术结构变迁指数和分维度结构变迁指数。具体公式如下：

$$LT = L_t / T_t \tag{4-3}$$
$$L = L_t / (L_t + T_t) \tag{4-4}$$
$$T = T_t / (L_t + T_t) \tag{4-5}$$

式中，LT 表示按照不同农业技术等级度量的农业技术结构变迁指数，L 和 T 分别表示劳动生产率结构变迁指数和土地生产率结构变迁指数。LT 值大于 1，表明以提高劳动生产率为主的技术在技术结构中占主导，且其值越大，技术结构变迁越趋于提高劳动生产率，代表技术结构越高级。L 和 T 值取值范围一般应在 0~1，其值越接近 1，表明该地区该种技术相对于其他技术所占份额越大；反之，其值越接近 0，该技术所占份额越小。

其次，按照不同技术类型，本章参照常向阳和姚华锋（2005）、曹博和赵芝俊（2017）对农业技术的分类，将农业技术分为生物化学技术和农业机械技术两类。在对农业技术类型界定基础上，本章将农业技术结构定义为农业生产过程中农业机械技术和生物化学技术的组合与占比情况。借鉴常向阳和姚华锋（2005）、林善浪和胡小丽（2018）对农业技术变迁系数的量化标准，并按照不同技术等级

构建农业技术结构变迁指数的方法,来分析绿洲农业技术结构变迁的动态趋势。测度过程分为以下两步:

第一步,构建农业技术变迁系数,具体公式如下:

$$M_i = m_i / m \qquad (4-6)$$

$$F_i = f_i / f \qquad (4-7)$$

式中,M_i、F_i分别表示新疆i地(州、市)农业机械技术、生物化学技术变迁系数;m_i、f_i分别表示新疆i地(州、市)农业机械总动力、农用化肥施用量;m、f分别表示全国(新疆)的农业机械总动力、农用化肥施用量。

第二步,利用上面构建的农业技术变迁系数进一步构建农业技术结构变迁指数和分维度结构变迁指数。具体公式如下:

$$MF = M_i / F_i \qquad (4-8)$$

$$M = M_i / (M_i + F_i) \qquad (4-9)$$

$$F = F_i / (M_i + F_i) \qquad (4-10)$$

式中,MF表示微观角度的农业技术结构变迁指数,M和F分别表示农业机械技术结构变迁指数和生物化学技术结构变迁指数。MF大于1,表明农业机械技术在技术结构中占主导,且其值越大,技术结构变迁越趋于运用农业机械技术。M和F的取值范围一般介于0~1,其值越接近1,表明该地区该种技术相对于其他技术所占份额越大;反之,其值越接近0,该技术所占份额越小。

4.1.1.3 样本选取与数据来源

根据上述分析,技术结构变迁主要从等级和类型视角、产出和投入角度设计指标体系进行测度。等级视角下的农业技术结构变迁指数度量涉及农业产出、劳动投入和土地投入变量。其中,农业产出通常采用农林牧渔业总产值和第一产业增加值来表示,考虑到与投入要素相匹配并反映农业生产的总规模,本章选择农林牧渔业总产值作为其代理变量;劳动投入通常采用农林牧渔业从业人员和第一产业从业人员来表示,考虑到前后指标选取的一致性和变量代表的范围,本章认为以农林牧渔业从业人员作为其代理变量可能更合适;土地投入通常采用耕地面积和农作物总播种面积来表示,考虑到农作物存在复种模式,为更好地反映土地实际使用率,本章选取农作物总播种面积来反映土地投入。类型视角下的农业技术结构变迁指数度量涉及农业机械技术和生物化学技术变量。其中,农业机械技术采用农业机械总动力来表示,生物化学技术采用化肥施用量(折纯)来表示。本章选取新疆全疆及14地(州、市)为研究区域,鉴于数据的可得性,实证分析的研究时段界定为2000~2022年。基础数据主要来源于历年的《新疆统计年鉴》《中国统计年鉴》以及14地(州、市)国民经济和社会发展统计公报。

4.1.2 绿洲农业技术结构变迁水平测度结果分析

4.1.2.1 绿洲农业技术结构变迁水平总体特征分析

图 4-1 为 2000~2022 年等级视角下的新疆绿洲农业技术结构变迁指数演化趋势。从中可以看出，技术结构变迁指数在研究期内整体呈上升趋势，且 2005 年（含 2005 年）之后技术结构变迁指数均大于 1，2022 年达到 1.735，这表明以提高劳动生产率为主的技术逐渐占主导地位。从技术结构变迁指数分维度来看，劳动生产率结构变迁指数呈不断上升的态势，从 2000 年的 0.500 上升至 2022 年的 0.634，而土地生产率结构变迁指数在研究期内呈逐渐下降的趋势，从 2000 年的 0.500 下降至 2022 年的 0.366，这说明提高劳动生产率的技术在技术结构变迁过程中所占份额逐步提高，进一步佐证了农业技术结构变迁指数的动态趋势，这样的规律也符合当前农业技术发展现状。随着农村劳动力的快速转移和大规模农地流转，农业生产逐步从以人力、畜力投入为主的要素向以机械、化肥等具体农业投入品为主的要素转移，农业资本的深化有助于劳动生产率的提升。一方面，新疆地势平坦，适合大规模机械化作业，跨区作业和农机服务作业的现象与日俱增，农业机械化技术通过外延规模扩张（在单产不变前提下单位劳动耕作规模扩大）大大缓解了劳动力短缺的刚性约束；另一方面，生物化学技术（种子、化肥、农药等）在提高土地生产率的同时，通过内涵规模扩张（在机械化水平不变前提下单位劳动产出增加）在缓解劳动力约束上发挥了重要的作用。也就是说，农业机械化技术与生物化学技术都会提升劳动生产率。

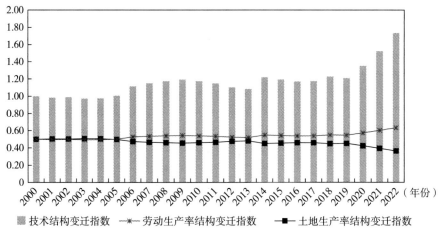

图 4-1　2000~2022 年等级视角下新疆绿洲农业技术结构变迁指数演化趋势

注：该图根据等级视角下新疆绿洲农业技术结构变迁指数测算结果制作而成。

图4-2为2000~2022年类型视角下的新疆绿洲农业技术结构变迁指数演化趋势。从中可以看出，技术结构变迁指数在研究期内呈现为"先下降、后上升"的趋势，其中，2000~2015年表现为平稳下降趋势，2015年达到最低，为0.540，说明这期间生物化学技术在农业技术结构变迁过程中逐步占据主导地位；2016~2022年表现为波动上升态势，2016年上升速度最快，这是因为2015年农业农村部组织开展化肥农药使用量零增长行动，推动了农作物化肥施用量的持续下降，使技术结构变迁指数由下降趋势转变为上升趋势。从技术结构变迁指数分维度来看，农业机械技术结构变迁指数在研究期内呈轻微下降态势，从2000年的0.459降低至2022年的0.370，生物化学技术结构变迁指数呈轻微上升趋势，从2000年的0.541增加至2022年的0.633，这样的变动趋势规律既出乎意料又在情理之中。一方面，说明新疆农业生产更偏向于选择生物化学技术，这与新疆土地要素丰裕度较高相违背，农业技术选择违背比较优势原则。另一方面，说明新疆对农业机械技术的运用相较于全国整体来说还有待加强，农民更喜欢运用能直接提高粮食产量的生物化学技术。虽然新疆农业机械化水平在全国排名靠前，如棉花和部分粮食作物的综合机械化率都达到80%以上[1]，但相对生物化学技术的运用还有所不足，这可能与新疆地区农民人力资本和农业物质资本投入不足有关。

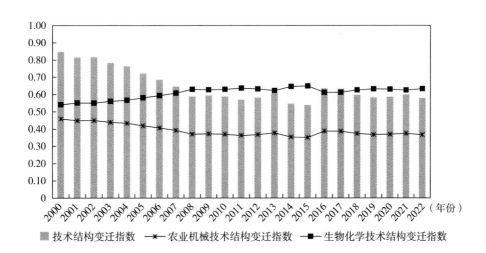

图4-2 2000~2022年类型视角下新疆绿洲农业技术结构变迁指数演化趋势

注：该图根据类型视角下新疆绿洲农业技术结构变迁指数测算结果制作而成。

---

① 资料来源：2023年新疆力争农作物综合机械化水平达到85.8% [EB/OL]. 人民网，[2023-02-26]. http：//xj. people. com. cn/n2/2023/0226/c186332-40316109. html.

综上可知，在等级视角下，农业技术结构变迁指数呈不断上升趋势，农业技术结构变迁过程中以提高劳动生产率的技术为主，随着时间的推移，以提高劳动生产率的技术和以提高土地生产率的技术在农业技术结构变迁过程中所占份额逐渐拉大；同理，在类型视角下，2000 年农业机械技术结构变迁指数和生物化学技术结构变迁指数相差不大，两者在农业技术结构变迁过程中所占份额相差0.082，随后两者差距逐渐拉开，2022 年生物化学技术在技术结构变迁过程中的份额比农业机械技术所占份额高出 0.266，生物化学技术在农业技术结构变迁过程中的贡献率逐渐凸显出来。

4.1.2.2 绿洲农业技术结构变迁水平区域特征分析

为了从整体上对新疆 14 地（州、市）农业技术结构变迁水平形成较为宏观的认识，本部分计算 2000~2022 年 14 地（州、市）农业技术结构变迁指数，若结果全部呈现将会占用较大篇幅，故表 4-1 仅列出部分年份的结果。从等级视角来看，除克孜勒苏柯尔克孜自治州以外，其他地（州、市）技术结构变迁指数整体上呈上升趋势，增速最快的为克拉玛依市，这主要是克拉玛依地区经济较发达，虽然农业占比较小，但克拉玛依市有更多财力投资于农业生产，使农业资本深化程度较高，而资本深化的主要体现就是劳动生产率提高，因而克拉玛依市的技术结构变迁指数增速较快。

表 4-1　2000~2022 年新疆 14 地（州、市）绿洲农业技术结构变迁指数

地区	等级视角下技术结构变迁指数				类型视角下技术结构变迁指数			
	2000 年	2007 年	2015 年	2022 年	2000 年	2007 年	2015 年	2022 年
乌鲁木齐市	1.000	1.035	1.050	1.206	3.174	2.225	2.366	2.692
克拉玛依市	1.000	2.139	5.782	28.650	0.938	1.341	0.516	0.257
吐鲁番市	1.000	0.772	0.981	1.429	5.352	3.502	1.921	2.382
哈密市	1.000	1.351	1.801	2.802	3.901	2.749	1.332	1.706
昌吉州*	1.000	1.187	1.888	2.824	1.906	1.694	1.362	1.735
伊犁州*	1.000	0.911	1.238	1.456	1.277	1.640	1.564	1.482
塔城地区	1.000	1.135	1.811	2.534	1.903	1.419	0.854	0.870
阿勒泰地区	1.000	0.964	1.287	2.565	1.876	2.670	1.785	1.421
博州*	1.000	1.072	2.313	6.038	1.224	1.480	1.038	1.012
巴州*	1.000	1.192	1.817	2.011	1.120	0.978	1.120	1.352
阿克苏地区	1.000	0.848	1.257	2.193	0.853	0.906	0.826	0.965

续表

地区	等级视角下技术结构变迁指数				类型视角下技术结构变迁指数			
	2000 年	2007 年	2015 年	2022 年	2000 年	2007 年	2015 年	2022 年
克州*	1.000	0.779	0.944	0.958	0.941	1.375	2.014	2.074
喀什地区	1.000	1.221	1.252	1.061	0.648	0.690	1.234	1.070
和田地区	1.000	0.921	0.768	1.088	0.585	0.843	1.196	1.563

注：①该表由新疆各地（州、市）绿洲农业技术结构变迁指数测算结果整理得到；②受篇幅所限，表中仅给出个别年份的结果；③表中带 * 的昌吉州、伊犁州、博州、巴州、克州分别是昌吉回族自治州、伊犁哈萨克自治州、博尔塔拉蒙古自治州、巴音郭楞蒙古自治州和克孜勒苏柯尔克孜自治州的简称，下同。

从类型视角来看，大部分地（州、市）的农业技术结构变迁指数均在 1 以上，这说明农业机械技术在技术结构变迁过程中一直居于主导地位。此外，2000年，克拉玛依市农业技术结构变迁指数低于 1，主要源于克拉玛依市一直以石油产业为主，后期在农业生产投资上更多集中于良种、化肥等生物化学技术；阿克苏地区、克孜勒苏柯尔克孜自治州、喀什地区、和田地区虽然在 2000 年的农业技术结构变迁指数低于 1，但这 23 年来基本呈现稳定增长态势，2022 年除了阿克苏地区外，其他三地（州）农业技术结构变迁指数均高于 1，这说明该区域虽然农业技术推广应用较缓慢，但各地（州）绿洲农业技术处于追赶状态，技术结构变迁过程中农业机械技术逐渐占据半壁江山。

4.2 绿洲农业生态—经济系统发展水平测度分析

4.2.1 绿洲农业生态—经济系统发展水平测度模型构建

4.2.1.1 绿洲农业生态—经济系统发展水平测度方法的选择

本章欲考察绿洲农业生态—经济系统发展水平，首先需测度绿洲农业生态系统与农业经济系统的发展水平。基于前文对绿洲农业生态—经济系统的定义、目标特征和发展方向的定位，绿洲农业生态—经济系统发展的现实表征至少应包括：绿色发展与经济增长两个目标层，因此需要分别在农业生态系统与农业经济系统中定位的目标层选取相关指标构建绿洲农业生态—经济系统评价指标体系。当前，学者们对农业生态—经济系统发展的测度大多是从投入产出角度选取指标测算效率与构建指标体系测算综合发展水平，但鉴于投入产出效率法无法全面反映绿洲农业生态—经济系统发展的全部内涵，故本章选取构建指标体系并利用熵值法确定各指标权重，依据测算得到的绿洲农业生态—经济系统发展指数与各子系统发展指数，分析归纳绿洲农业生态—经济系统发展水平的演变趋势及特征。绿洲农业生态—经济系统发展水平测度模型表达式如下：

第一，构建原始数据矩阵。设评估体系中有 m 个样本，n 项评价指标，形成原始指标数据矩阵 $X = (x_{ij})_{m \times n}$。

$$A = \begin{bmatrix} X_{11} & \cdots & X_{1n} \\ \vdots & \ddots & \vdots \\ X_{m1} & \cdots & X_{mn} \end{bmatrix}_{m \times n} \tag{4-11}$$

式中，X_{ij} 为第 i 个样本第 j 项指标的数值。

第二，数据的非负化与平移处理。如果数据中存在负数，就需要进行非负化处理。此外，为了避免数据中因存在 0 而使取对数无意义，就需要进行平移处理。

对于正向指标（指标值越大越好）：

$$X'_{ij} = \frac{X_{ij} - \min(X_{1j}, X_{2j}, \cdots, X_{mj})}{\max(X_{1j}, X_{2j}, \cdots, X_{mj}) - \min(X_{1j}, X_{2j}, \cdots, X_{mj})} + 1 \quad (i = 1, 2, \cdots, m; j = 1, 2, \cdots, n) \tag{4-12}$$

对于负向指标（指标值越小越好）：

$$X'_{ij} = \frac{\max(X_{1j}, X_{2j}, \cdots, X_{mj}) - X_{ij}}{\max(X_{1j}, X_{2j}, \cdots, X_{mj}) - \min(X_{1j}, X_{2j}, \cdots, X_{mj})} + 1 \quad (i = 1, 2, \cdots, m; j = 1, 2, \cdots, n) \tag{4-13}$$

第三，计算第 i 个样本下第 j 项指标占所有 n 项指标之和的比重。

$$P_{ij} = \frac{X_{ij}}{\sum_{i=1}^{m} X_{ij}} \quad (j = 1, 2, \cdots, n) \tag{4-14}$$

第四，计算第 j 项指标的熵值。

$$e_j = -k \times \sum_{i=1}^{m} P_{ij} \ln(P_{ij}) \tag{4-15}$$

式中，$k = 1/\ln m$，大于 0，$e_i \geq 0$。

第五，计算第 j 项指标的差异系数。

$$g_j = 1 - e_j \tag{4-16}$$

式中，对于第 j 项指标，熵值 e_j 越小，意味着 g_j 差异度越大，在评价指标体系中的作用越强。

第六，计算待评指标 j 的权重 W_j。

$$W_j = \frac{g_j}{\sum\limits_{j=1}^{n} g_j} \quad (j = 1, 2, \cdots, n) \tag{4-17}$$

第七，计算样本 i 的综合评价指数 S_i。

$$S_i = \sum\limits_{i=1}^{m} W_j \times P_{ij} \quad (i = 1, 2, \cdots, m) \tag{4-18}$$

式中，S_i 表示第 i 年某一系统的综合评价值，取值范围在 $0 \sim 1$，越趋近于 1，表示综合得分越高。

4.2.1.2　绿洲农业生态—经济系统发展水平指标体系构建

构建绿洲农业生态—经济系统发展水平评价指标体系，是开展系统综合发展评价的基础。学术界对农业生态—经济系统发展的概念界定有多种观点，但本质上都认为是在环境压力和有限资源限制下，推动经济实现质的有效提升和量的合理增长（Hayati et al.，2010；朱世友和万光彩，2023）。农业生态系统和农业经济系统作为农业生态—经济系统的重要组成部分，两者相互耦合，共同促进农业生态—经济系统综合效益的提升，最终实现人与自然和谐共生。尽管不同学者关于农业生态—经济系统发展有不同的测度方法和不同的评价指标体系，目前基本都是围绕"创新、协调、绿色、开放、共享"的新发展理念构建全方位的评价指标体系。基于此，在指标选取上，本节遵循指标的科学性、代表性和可操作性原则，参考周静（2021）、张维刚和欧阳建勇（2023）、杨军鸽和王琴梅（2023）的相关研究，依据绿洲农业发展的现实情况及数据可得性，从绿色发展、经济增长 2 个目标层，资源节约、环境友好、生态治理、创新驱动、结构优化和经济效益 6 个准则层构建了绿洲农业生态—经济系统发展水平的评价指标体系（见表 4-2），力求全面反映荒漠绿洲化背景下绿洲农业生态—经济系统概况。

表 4-2　绿洲农业生态—经济系统发展水平的评价指标体系

子系统	准则层	目标层	指标层	指标含义	单位	指标属性	权重
农业生态系统	绿色发展	资源节约	单位农业产值耗水量	农业用水量/农业产值	立方米/万元	逆向	0.027
			单位农业产值耗电量	农村用电量/农业产值	万千瓦小时/万元	逆向	0.026
			人均耕地面积	耕地面积/农业总人口	公顷/人	正向	0.035

续表

子系统	准则层	目标层	指标层	指标含义	单位	指标属性	权重
农业生态系统	绿色发展	环境友好	单位播种面积化肥施用量	化肥施用量/农作物总播种面积	公斤/公顷	逆向	0.061
			单位播种面积农药使用量	农药使用量/农作物总播种面积	公斤/公顷	逆向	0.028
			单位播种面积农膜使用量	农膜使用量/农作物总播种面积	公斤/公顷	逆向	0.059
			单位播种面积农用柴油使用量	农用柴油使用量/农作物总播种面积	公斤/公顷	逆向	0.033
		生态治理	水土流失治理面积	直接获得	千公顷	正向	0.081
			当年造林面积	直接获得	千公顷	正向	0.025
			森林覆盖率	森林面积/土地总面积×100	%	正向	0.023
			森林病虫害防治率	森林病虫害防治面积/森林病虫害发生面积×100	%	正向	0.033
农业经济系统	经济增长	创新驱动	农业财政投入占比	农林水事务支出/地方财政支出×100	%	正向	0.045
			农业机械化水平	农业机械总动力/农作物总播种面积×100	万千瓦/千公顷	正向	0.048
			农业水利化水平	有效灌溉面积/农作物总播种面积×100	%	正向	0.067
		结构优化	农业产业结构调整指数	（1-农业产值/农林牧渔总产值）×100	%	正向	0.032
			农业经济贡献水平	农业产值/地区生产总值×100	%	正向	0.027
			城乡居民人均可支配收入比	城镇居民人均可支配收入/农村居民人均可支配收入（农村居民=1）		逆向	0.033
			城镇化率	城镇人口/总人口×100	%	正向	0.062
		经济效益	劳动生产率	农业产值/农业从业人员	万元/人	正向	0.075
			土地生产率	农业产值/农作物总播种面积	万元/公顷	正向	0.060
			粮食单产	粮食产量/粮食播种面积	万吨/千公顷	正向	0.044
			农村居民收入水平	农村居民人均纯收入	元	正向	0.076

注：结构优化目标层下的四个指标属性是指在适度范围内的方向变化。

首先，在农业生态系统中，主要体现为农业绿色发展。绿色是农业高质量发展的普遍形态和底色。农业在经济持续增长的同时，会带来农业资源趋紧、生态环境恶化等问题，使农业难以实现可持续发展。为了在经济发展与环境保护之间寻求平衡点，走绿色发展之路是必要的，这样可以减少农业发展对环境的负外部性。为此，本节从资源节约、环境友好和生态治理三个维度出发评价农业生态系统绿色发展状况。具体如下：

在资源节约维度，资源节约是农业绿色发展的本质要求和基本特征，表示农业生产过程中对农业资源的利用情况，具体包含耕地和水资源等基础性资源与其他消耗性资源。因此，本节选取单位农业产值耗水量、单位农业产值耗电量、人均耕地面积三个具体指标反映农业资源的利用情况。其中，单位农业产值耗水量和单位农业产值耗电量分别表示单位农业产值耗水和耗电情况，该值越大，越不利于资源节约，因此指标方向为负；人均耕地面积表示人均拥有的耕地资源情况，该值越大，越有利于更好地管理和保护耕地资源，因此指标方向为正。

在环境友好维度，环境友好是农业绿色发展的内在属性，农业生产活动对环境的影响很大，合理配置农业生产要素能够促进农业生产方式向环境友好方向转变。因此，本节选取单位播种面积化肥施用量、单位播种面积农药使用量、单位播种面积农膜使用量、单位播种面积农用柴油使用量四个具体指标反映农业生产过程中对环境的友好程度。其中，单位播种面积化肥、农药、农膜、柴油施（使）用量越多，越不利于生态平衡和生态系统的可持续性，因此指标方向为负。

在生态治理维度，生态治理是农业绿色发展的根本要求，生态脆弱区通常是农业自然灾害和病虫鼠害的高发区，改善区域生态环境、修复生态系统有助于提高农业防灾抗灾能力。因此，本节选取水土流失治理面积、当年造林面积、森林覆盖率、森林病虫害防治率四个具体指标反映农业生态治理程度。其中，水土流失治理面积、当年造林面积、森林覆盖率、森林病虫害防治率反映地区对生态环境的重视和保护程度，该值越大，越有助于改善生态系统功能，因此指标方向为正。

其次，在农业经济系统中，主要体现为农业经济增长。经济增长是农业高质量发展的重要目标。农业高质量发展是兼顾农业绿色发展的农业经济增长，既要在农业发展中保护生态环境，又要在生态保护中发展农业经济。为此，本节从创新驱动、结构优化和经济效益三个维度出发评价农业经济系统中的经济增长状况。具体如下：

在创新驱动维度，创新是农业高质量发展的动力，农业技术体系、农技推广体系等农业科技创新体系改变了传统生产要素的集约程度与配置关系，提升了土地、劳动等资源要素的产出水平，包括创新投入和创新产出两方面。因此，本节选取农业财政投入占比表征创新投入，反映财政对创新的支持水平；选取农业机械化水平和水利化水平表征创新产出，反映农业科技的创新成效。

在结构优化维度，结构优化是农业向高质量发展的目标。鉴于农业发展现状，产业结构优化和城乡结构优化是农业高质量发展的主要内容，要实现农业高质量发展，就要持续推进农村产业升级、城乡结构优化。因此，本节选取农业产业结构调整指数和农业经济贡献水平来表征产业结构合理性，选取城乡居民人均可支配收入比和城镇化率来表征城乡结构合理性。其中，农业产值占农林牧渔业产值的比重越小，表明农业产业结构调整指数越大，农林牧渔业结构越趋于协调；农业产值占地区生产总值的比重越大，表明农业对地区经济的贡献程度越大；城镇居民人均可支配收入与农村居民可支配收入占比越小，表明城乡发展差距越小，越能实现效益共享；城镇化率的提高意味着人民生活条件的提升和生活状况的保障，消费升级和膳食结构升级拉动了农业高质量发展。

在经济效益维度，提升经济效益是推动农业高质量发展的关键。农业增产增效、农民增收是农业高质量发展在经济效益维度的直接体现。因此，本节选择劳动生产率、土地生产率、粮食单产和农村居民收入水平四个具体指标来反映农业经济系统的经济效益水平，该值越大，意味着农业生产更加高效、农村经济更有活力。

4.2.1.3　样本选取与数据来源

绿洲农业生态—经济系统发展水平的评价指标体系构建涉及 2 个准则层，6 个目标层，22 个子指标。研究样本区域为新疆全疆及 14 个地（州、市），考虑到数据可得性，对新疆整体和各地（州、市）分析时间统一定为 2000～2022 年。基础数据主要来源于历年的《新疆统计年鉴》《中国统计年鉴》《中国农村统计年鉴》以及各地（州、市）统计年鉴、新疆维吾尔自治区与各地（州、市）国民经济和社会发展统计公报、布瑞克农业数据库、EPS 数据库等。其中，对于部分未公开数据，笔者通过向政府发函以及现场查阅的形式收集而得。

4.2.2　绿洲农业生态—经济系统发展水平测度结果分析

4.2.2.1　绿洲农业生态—经济系统发展水平总体特征分析

为比较不同年份绿洲农业生态—经济系统发展水平，借鉴赵会杰和于法稳（2019）的做法，使用加入时间变量后的熵值法确定各评价指标的权重（见表4-2），测算绿洲农业生态—经济系统发展水平。根据熵值法公式，利用 2000～2022 年新疆整体层面的时间序列数据计算得到新疆绿洲农业生态—经济系统发展指数和各子系统发展指数，据此绘制了新疆绿洲农业生态—经济系统及子系统发展水平的变化趋势图（见图4-3）。

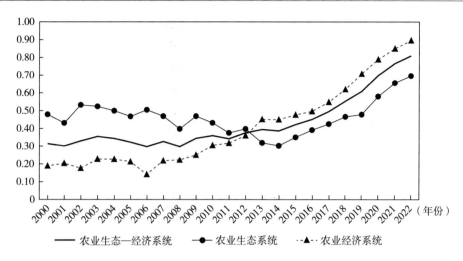

图 4-3　2000~2022 年新疆绿洲农业生态—经济系统及子系统发展水平变化

注：该图根据新疆绿洲农业生态—经济系统发展指数测算结果制作而成。

　　新疆绿洲农业经济系统发展水平表现为明显的增长趋势，部分年份出现较为显著的波动，农业经济系统发展指数从 2000 年的 0.190 上升至 2022 年的 0.900，年均增长率达到 7.00%，说明研究期内农业经济实力显著提升，尤其是 2012 年以来增势明显加快，这主要得益于政策的大力支持。在一系列政策措施的推动下，新疆积极推进农业供给侧结构性改革，提出"稳粮、优棉、强果、兴畜、促特色"的发展思路，在这一背景下，新疆农业结构不断优化，农业机械化、水利化、规模化程度持续提高，农业生产提质增效，农民收入逐年增加，共同推动农业经济系统发展水平呈稳步上升态势。新疆绿洲农业生态系统发展水平则表现为"先下降、后上升"的态势，其中，2000~2014 年表现为波动下降趋势，农业生态系统发展指数从 2000 年的 0.480 降低至 2014 年的 0.300，年均下降率为3.01%，说明这期间生态环境面临的压力较大，生态系统退化明显，尽管退耕还林、水土流失治理等一系列生态修复工程在持续开展着，但由于治理效益的发挥具有一定的滞后性，加之受到长期粗放的农业生产经营方式的影响，致使农业生态系统发展水平呈现下降走势；2015~2022 年表现为上升趋势，农业生态系统发展指数从 2015 年的 0.350 上升至 2022 年的 0.700，年均增长率为 8.96%，说明该时期生态治理效益显现，农业生态环境得到明显改善，主要源于这一时期森林覆盖率显著提升、水土流失治理面积逐年递增，同时农药、化肥等使用量得到控制，进而使农业生态系统发展水平呈持续增长趋势。

　　新疆绿洲农业生态—经济系统发展水平整体呈平稳上升趋势，农业生态—经济系统发展指数从 2000 年的 0.310 提高到 2022 年的 0.810，年均增速达到 4.20%，这体现出新疆绿洲农业生态—经济系统发展水平虽然起点低，但发展势头较为强劲。从发展指数的波动情况可以将新疆绿洲农业生态—经济系统发展水平大致分为两个阶段。第一阶段是 2000~2012 年的生态经济波动调整期，这一期间，农业生态—经济系统发展指数缓慢上升，经济系统发展指数的上升和生态系统发展指数的下降共同作用使农业生态—经济系统发展指数变化较小，且这一阶段农业生态—经济系统发展水平提升的主要贡献来自农业经济子系统。第二阶段是 2013~2022 年的生态经济快速发展期，该阶段内生态系统发展指数和经济系统发展指数均呈现明显的上升走势，经济系统发展增速快于生态系统，使农业生态—经济系统发展势头较为迅猛。从以上两阶段划分可以看出，研究期内新疆绿洲农业经济系统发展水平增长稳定迅速，但农业生态系统发展水平呈现先下降后上升的趋势，且增长速度慢于经济系统发展水平。可见，在农业经济快速发展的过程中，新疆绿洲农业生态环境也得到明显改善，但农业经济发展速度快于农业生态系统改善速度，说明未来应加快生态文明建设力度，实现绿洲农业经济、农业生态高效协调运转，全面推进绿洲农业生态—经济系统可持续发展。

4.2.2.2　绿洲农业生态—经济系统发展水平区域特征分析

表4-3为测算出的2000~2022年新疆各地（州、市）绿洲农业生态—经济系统发展指数。从发展指数均值来看，克拉玛依市（0.253）位居第一，伊犁哈萨克自治州（0.144）、乌鲁木齐市（0.144）、昌吉回族自治州（0.140）、阿勒泰地区（0.135）、阿克苏地区（0.128）、塔城地区（0.124）位于农业生态—经济系统发展的高地，而博尔塔拉蒙古自治州（0.117）、喀什地区（0.117）、巴音郭楞蒙古自治州（0.116）、吐鲁番市（0.107）、和田地区（0.101）、哈密市（0.100）、克孜勒苏柯尔克孜自治州（0.088）的农业生态—经济系统发展指数均低于0.120。农业生态—经济系统发展指数排名前三的地（州、市）分别是克拉玛依市、伊犁哈萨克自治州、乌鲁木齐市，新疆总体农业生态—经济系统发展水平存在一定的差异。

表4-3　2000~2022 年新疆各地（州、市）绿洲农业生态—经济系统发展水平

年份 地区	2000	2004	2008	2012	2016	2020	2022	均值	年均 增长率 （%）
乌鲁木齐市	0.102	0.116	0.115	0.145	0.175	0.188	0.187	0.144	2.669
克拉玛依市	0.104	0.118	0.147	0.177	0.248	0.628	0.647	0.253	8.280

续表

地区＼年份	2000	2004	2008	2012	2016	2020	2022	均值	年均增长率（%）
吐鲁番市	0.065	0.070	0.077	0.103	0.143	0.163	0.163	0.107	4.105
哈密市	0.070	0.075	0.082	0.102	0.120	0.141	0.153	0.100	3.442
昌吉州	0.087	0.106	0.113	0.129	0.171	0.199	0.213	0.140	3.982
伊犁州	0.085	0.102	0.113	0.129	0.181	0.207	0.216	0.144	4.142
塔城地区	0.083	0.088	0.094	0.130	0.161	0.162	0.172	0.124	3.223
阿勒泰地区	0.091	0.107	0.116	0.133	0.168	0.181	0.186	0.135	3.175
博州	0.088	0.102	0.105	0.120	0.128	0.153	0.164	0.117	2.725
巴州	0.068	0.081	0.092	0.143	0.151	0.153	0.161	0.116	3.813
阿克苏地区	0.080	0.103	0.117	0.111	0.139	0.198	0.193	0.128	3.901
克州	0.068	0.072	0.074	0.088	0.102	0.115	0.121	0.088	2.538
喀什地区	0.078	0.091	0.134	0.105	0.136	0.174	0.198	0.117	4.136
和田地区	0.078	0.078	0.078	0.100	0.116	0.137	0.150	0.101	2.870

注：①该表根据新疆各地（州、市）绿洲农业生态—经济系统发展指数测算结果整理得到；②由于篇幅所限，表中仅给出相隔年份的结果。

从发展指数年均增速来看，新疆各地（州、市）绿洲农业生态—经济系统发展水平均得到明显提升。其中，克拉玛依市的农业生态—经济系统发展速度最快，从 2000 年的 0.104 增加到 2022 年的 0.647，年均增长率达到 8.28%，发展势头迅猛。伊犁哈萨克自治州、喀什地区、吐鲁番市的发展势头也较为良好，年均增长率均保持在 4% 以上。克州的农业生态—经济系统发展势头不足，2000 年以来，克州农业生态—经济系统发展水平在新疆 14 地（州、市）中排名末位，年均增速仅为 2.538%。

从发展指数均值和年均增速综合来看，克拉玛依市无论是在均值还是在年均增速方面均排在首位。究其原因，克拉玛依市虽然农业规模体量不大，但克拉玛依市通过抓住并发挥好现有资源优势，推动现代农业高质量发展，尤其党的十八大以来，克拉玛依市将乡村振兴作为总抓手，大力投资农业基础设施、深入推进农业领域应用"互联网+大数据+App"智能管理技术，推动农业生产能力和农业生态—经济系统发展速度的快速提升。相应地，尽管克孜勒苏柯尔克孜自治州一直立足区域特色，助推农业农村优先发展，但受制于资源禀赋要素和地理区位等多因素的影响，克孜勒苏柯尔克孜自治州的农业生产方式仍较为粗放，农业新型技术运用落后，导致资源消耗大、环境压力大，故克孜勒苏柯尔克孜自治州还需进一步挖掘资源禀赋优势、转变农业生产方式和农民种植观念，推动劳动密集型向资本密集型农业和技术密集型农业转变，进而推动农业生态—经济系统快速发展。

4.3 技术结构变迁与绿洲农业生态—经济系统发展的协调度分析

4.3.1 技术结构变迁与绿洲农业生态—经济系统发展的协调度模型构建

4.3.1.1 耦合协调度模型构建

耦合度模型因易于量化系统间相互关联程度而被广泛使用，但仅能从数量角度判断系统间的关联强弱，无法区分系统间的交互作用程度。为了弥补这一不足，耦合协调度模型发展而来，这一模型能够利用系统间的关联性与协调性有效衡量其关联程度与协同效应。借鉴王淑佳等（2021）对耦合协调度模型的修正，本节利用其衡量技术结构变迁与绿洲农业生态—经济系统的协调发展水平，计算公式如下：

$$C = \sqrt{(U_1 \times U_2) \, / \, (0.5U_1 + 0.5U_2)} \tag{4-19}$$

$$T = \alpha U_1 + \beta U_2 \tag{4-20}$$

$$D = \sqrt{C \times T} \tag{4-21}$$

式中，U_1 和 U_2 分别表示技术结构变迁水平与绿洲农业生态—经济系统发展水平；C 表示耦合度，取值介于 $[0, 1]$，C 值越接近 1，表示技术结构变迁与绿洲农业生态—经济系统发展之间的耦合程度越高；T 表示综合度；α 和 β 表示待定系数，两者之和等于 1，考虑到技术结构变迁水平与绿洲农业生态—经济系统发展水平的重要程度一样，因此本节将 α 和 β 各赋值 0.5；D 表示耦合协调度，取值介于 $[0, 1]$，D 值越接近 1，表示技术结构变迁与绿洲农业生态—经济系统发展的整体协调性越高。

4.3.1.2 耦合协调度等级划分

为准确分析技术结构变迁与绿洲农业生态—经济系统发展的耦合协调度，需要事先确定衡量耦合协调度的等级划分标准。由于学术界对于协调度等级的划分标准不统一，在参考已有文献基础上（丁学谦等，2022；舒小林等，2024），本节采用"三阶段、十分法"等级划分标准，对技术结构变迁与新疆绿洲农业生态—经济系统发展耦合协调度的计算结果进行等级划分，具体划分情况如表4-4所示。

表4-4 技术结构变迁与绿洲农业生态—经济系统发展协调度等级划分标准

耦合协调发展阶段	耦合协调度范围（D）	耦合协调等级
失调发展阶段	[0.00, 0.10)	极度失调
	[0.10, 0.20)	严重失调
	[0.20, 0.30)	中度失调
	[0.30, 0.40)	轻度失调
过渡发展阶段	[0.40, 0.50)	濒临失调
	[0.50, 0.60)	勉强协调
协调发展阶段	[0.60, 0.70)	初级协调
	[0.70, 0.80)	中级协调
	[0.80, 0.90)	良好协调
	[0.90, 1.00)	优质协调

4.3.2 技术结构变迁与绿洲农业生态—经济系统发展的协调度结果分析

4.3.2.1 技术结构变迁与绿洲农业生态—经济系统发展耦合协调总体特征分析

通过应用耦合协调度模型计算得到技术结构变迁与绿洲农业生态—经济系统发展的耦合协调度，并结合等级划分标准，确定相应的耦合协调等级与发展阶段。表4-5为2000~2022年技术结构变迁与新疆绿洲农业生态—经济系统发展耦合协调度测算结果，从中可以看出，技术结构变迁与绿洲农业生态—经济系统发展耦合协调度在研究期内逐步提升。2000~2022年，技术结构变迁与绿洲农业生态—经济系统发展处于协调发展阶段，各时期耦合协调程度由"初级协调（2000~2006年）"到"中级协调（2007~2015年）"，再到"良好协调（2016~2018年）"，最后转到"优质协调（2019~2022年）"，发展态势良好，这不仅说明技术结构变迁与绿洲农业生态—经济系统发展之间的关系密不可分，还从新结构经济学视角下体现了要素禀赋结构与技术结构的协调推动了绿洲农业生态—经济系统发展。这可能是因为自2000年以来，国家及地方对发展农业技术的政策支持，以及农业技术在农业生态—经济系统中的运用与创新，使农业技术变迁与升级更快，与要素禀赋结构更协调，同时也推动了农业生态—经济系统的可持续发展，因而技术结构变迁与新疆绿洲农业生态—经济系统发展耦合协调度得到显著提升。

表4-5　2000~2022年技术结构变迁与新疆绿洲农业生态—经济系统发展的耦合协调度

年份	耦合协调度	耦合协调等级	耦合协调发展程度	耦合协调发展阶段
2000	0.674	7	初级协调	协调发展阶段
2001	0.661	7	初级协调	协调发展阶段
2002	0.681	7	初级协调	协调发展阶段
2003	0.692	7	初级协调	协调发展阶段
2004	0.686	7	初级协调	协调发展阶段
2005	0.681	7	初级协调	协调发展阶段
2006	0.696	7	初级协调	协调发展阶段
2007	0.726	8	中级协调	协调发展阶段
2008	0.713	8	中级协调	协调发展阶段
2009	0.750	8	中级协调	协调发展阶段
2010	0.755	8	中级协调	协调发展阶段
2011	0.736	8	中级协调	协调发展阶段
2012	0.744	8	中级协调	协调发展阶段
2013	0.750	8	中级协调	协调发展阶段
2014	0.785	8	中级协调	协调发展阶段
2015	0.799	8	中级协调	协调发展阶段
2016	0.809	9	良好协调	协调发展阶段
2017	0.835	9	良好协调	协调发展阶段
2018	0.882	9	良好协调	协调发展阶段
2019	0.905	10	优质协调	协调发展阶段
2020	0.961	10	优质协调	协调发展阶段
2021	0.991	10	优质协调	协调发展阶段
2022	0.998	10	优质协调	协调发展阶段

注：该表根据技术结构变迁与新疆绿洲农业生态—经济系统发展的耦合协调度测算结果整理得到。

4.3.2.2　技术结构变迁与绿洲农业生态—经济系统发展耦合协调区域特征分析

新疆各地（州、市）技术结构变迁与绿洲农业生态—经济系统发展的耦合协调度测算结果见表4-6和图4-4。从时间维度来看，2000~2022年，新疆各地（州、市）技术结构变迁与绿洲农业生态—经济系统发展的耦合协调度均呈上升态势，濒临失调和勉强失调等级的地（州、市）数目逐渐缩减，初级协调、中级协调、良好协调和优质协调等级的地（州、市）数目逐渐增加，耦合协调关系由"过渡发展阶段"转入"协调发展阶段"，说明各地（州、市）技术结构变迁与绿洲农业生态—经济系统发展的耦合协调水平不断提升。此外，不同地（州、市）技术结构变迁与绿洲农业生态—经济系统发展的耦合协调度变动趋势具有明显的群组特征，区域内各地（州、市）的耦合协调度变化趋势相似，区域间的耦合协调度变化趋势关联度较低。

表4-6　新疆各地（州、市）技术结构变迁与绿洲农业生态—经济系统
发展的耦合协调度

年份 地区	2000	2004	2008	2012	2016	2020	2022	均值
乌鲁木齐市	0.487	0.514	0.519	0.560	0.558	0.674	0.629	0.563
克拉玛依市	0.489	0.663	0.755	0.855	0.931	0.971	0.995	0.809
吐鲁番市	0.431	0.435	0.436	0.460	0.506	0.564	0.657	0.498
哈密市	0.440	0.471	0.546	0.620	0.686	0.804	0.891	0.637
昌吉州	0.466	0.490	0.573	0.700	0.774	0.866	0.978	0.692
伊犁州	0.463	0.459	0.519	0.575	0.634	0.683	0.716	0.578
塔城地区	0.460	0.453	0.530	0.588	0.743	0.815	0.877	0.638
阿勒泰地区	0.472	0.464	0.498	0.569	0.643	0.843	0.900	0.627
博州	0.468	0.484	0.564	0.648	0.818	0.958	0.992	0.705
巴州	0.437	0.477	0.551	0.624	0.718	0.739	0.770	0.616
阿克苏地区	0.456	0.469	0.527	0.497	0.587	0.692	0.843	0.582
克州	0.436	0.433	0.397	0.429	0.475	0.483	0.500	0.450
喀什地区	0.453	0.477	0.617	0.503	0.568	0.585	0.603	0.544
和田地区	0.453	0.455	0.447	0.471	0.423	0.489	0.564	0.472

注：①该表根据新疆各地（州、市）技术结构变迁与绿洲农业生态—经济系统发展的耦合协调度测算结果整理得到；②受篇幅所限，表中仅给出相隔年份的结果。

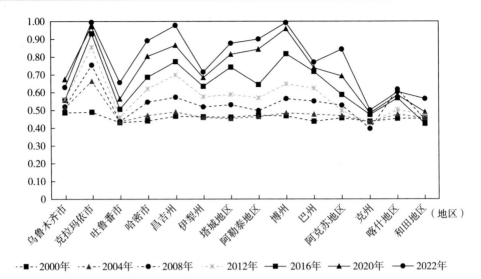

**图4-4 新疆各地（州、市）技术结构变迁与绿洲农业生态—经济系统
发展的耦合协调度**

注：该图根据新疆各地（州、市）技术结构变迁与绿洲农业生态—经济系统发展的耦合协调度测算结果制作得到。

从空间维度来看，2000~2022年新疆各地（州、市）技术结构变迁与绿洲农业生态—经济系统发展的耦合协调水平存在差异。2000年，14个地（州、市）技术结构变迁与绿洲农业生态—经济系统发展的耦合协调度均处于过渡发展阶段的濒临失调等级。2012年，除吐鲁番市、阿克苏地区、和田地区、克孜勒苏柯尔克孜自治州以外，其他地（州、市）技术结构变迁与绿洲农业生态—经济系统发展的耦合协调度均由濒临失调等级转变到勉强协调甚至更高等级，其中乌鲁木齐市、伊犁哈萨克自治州、塔城地区、阿勒泰地区、喀什地区处于勉强协调等级，哈密市、博尔塔拉蒙古自治州、巴音郭楞蒙古自治州处于初级协调等级，昌吉回族自治州处于中级协调等级，克拉玛依市的耦合协调度最高，处于良好协调等级。2022年，各地（州、市）技术结构变迁与绿洲农业生态—经济系统发展的耦合协调度进一步提升，克拉玛依市的耦合协调度依然位于新疆各地（州、市）首位，处于优质协调等级，位于这一等级的地（州、市）还有昌吉回族自治州、阿勒泰地区、博尔塔拉蒙古自治州，哈密市、塔城地区、阿克苏地区处于良好协调等级，耦合协调度达到中级协调等级的地（州、市）有伊犁哈萨克自治州、巴音郭楞蒙古自治州，乌鲁木齐市、吐鲁番市、喀什地区的耦合协调度上升至初级协调等级，和田地区、克孜勒苏柯尔克孜自治州的耦合协调度虽然转变到勉强协调等级，但仍处于过渡发展阶段。综合来看，2000～2022 年，新疆各地（州、市）耦合协调度发展走势稳定上升，但各地（州、市）耦合协调度差异明显。

4.4　本章小结

本章主要是对技术结构变迁水平与绿洲农业生态—经济系统发展水平的测评。本章以新疆为研究样本，首先，测度了绿洲农业技术结构变迁指数，考察了绿洲农业技术结构变迁水平的时空演化趋势。其次，测度了绿洲农业生态—经济系统发展指数，分析了绿洲农业生态—经济系统发展水平的时空演化趋势。最后，分析了技术结构变迁与绿洲农业生态—经济系统发展的协调性。本章为后续研究假说的验证奠定了分析基础。主要结论如下：

一是关于绿洲农业技术结构变迁水平的测评。本章在理解农业技术结构内涵的基础上，从农业技术的等级和类型视角构建指标体系，测度农业技术结构变迁指数。研究发现，在新疆整体层面，等级视角下的技术结构变迁指数在研究期内呈上升趋势，其中劳动生产率结构变迁指数呈不断上升的态势，土地生产结构变迁指数呈逐渐下降的趋势；类型视角下的技术结构变迁指数在研究期内呈"先下降、后上升"的趋势，其中农业机械技术结构变迁指数呈轻微下降态势，生物化学技术结构变迁指数呈轻微上升趋势。在 14 地（州、市）层面，从等级视角来看，除克孜勒苏柯尔克孜自治州以外，其他地（州、市）技术结构变迁指数均呈上升态势，劳动力生产率结构变迁指数和土地生产率结构变迁指数分别呈上升和下降趋势；从类型视角来看，大部分地（州、市）技术结构变迁指数均在 1 以上，农业机械技术结构变迁指数与生物化学技术结构变迁指数的变动幅度不大。

二是关于绿洲农业生态—经济系统发展水平的测评。本章在理解农业生态—经济系统概念、发展方向的基础上，从绿色发展、经济增长 2 个目标层，资源节约、环境友好、生态治理、创新驱动、结构优化和经济效益 6 个准则层构建了绿洲农业生态—经济系统发展水平评价指标体系，运用熵值法计算得到绿洲农业生态—经济系统发展指数。研究发现，在新疆整体层面，研究期内新疆绿洲农业生态—经济系统发展水平整体呈现平稳上升趋势，农业经济系统发展水平表现为明显的增长趋势，农业生态系统发展水平则表现为"先下降、后上升"的态势。在 14 地（州、市）层面，新疆各地（州、市）绿洲农业生态—经济系统发展水平均得到明显提升，且各地（州、市）绿洲农业生态—经济系统发展水平存在差异。

三是关于技术结构变迁与绿洲农业生态—经济系统发展的协调度分析。本章在测得绿洲农业技术结构变迁水平与绿洲农业生态—经济发展水平的基础上，运用耦合协调度模型测度了技术结构变迁与绿洲农业生态—经济系统发展的耦合协调水平。研究发现，新疆及各地（州、市）技术结构变迁与绿洲农业生态—经济系统发展的耦合协调度在研究期内逐步提升，不同地（州、市）技术结构变迁与绿洲农业生态—经济系统发展的耦合协调度差异显著。

第5章 技术结构变迁对绿洲农业生态—经济系统影响效应的实证分析

根据上章有关技术结构变迁与绿洲农业生态—经济系统发展的协调度分析可知，在样本期内，技术结构变迁与绿洲农业生态—经济系统发展的耦合协调性不断提升。那么，技术结构的变迁能否有效推动绿洲农业生态—经济系统持续发展？为规范解答此问题，本章利用2000～2022年新疆14地（州、市）的面板数据，构建固定效应模型、分位数回归模型和门槛回归模型，系统考察技术结构变迁对绿洲农业生态—经济系统的影响效应，并基于不同技术结构水平和不同农村经济发展水平进一步探寻技术结构变迁在推动绿洲农业生态—经济系统发展过程中可能存在的异质性。

5.1 理论分析与研究假设

5.1.1 技术结构变迁对农业生态—经济系统的总体效应

技术作为农业可持续发展的重要因素之一，技术的进步极大地提高了农业资源的利用率和产出率，但对农业可持续发展也有负面影响，农药、化肥、塑料薄膜等现代农业技术在提高农产品产量的同时，也带来了环境污染问题。在农业可持续发展的理念下，农业生态—经济系统的发展需要统筹兼顾经济增长、资源节约与环境保护，而农业技术创新体系作为一种技术支撑，完善的农业技术结构能够推动农业生产从具有"高投入、高产出但逆生态化"特征的生物化学农业，向具有"可循环、可持续且更环保"特征的低碳绿色农业转变。对于干旱区而言，水利是绿洲农业发展的命脉，发展节水农业技术、配套完善农业水利设施，是实现有水可用、有水能用，达到经济、社会、生态、环境及景观效益统一的重要手段。随着技术结构的变迁，以节水农业技术为核心的农业技术创新体系是绿洲生态、经济和社会持续、协调发展的重要技术支撑，不但有助于提升水资源利用效率、缓解区域水资源供需矛盾，实现"节水增效"和生态环境质量的提升，而且有助于降低农地网格化、细碎化程度，实现"规模经济"和农户经济利益的提高（Xue et al.，2017；郭亚军等，2022）。

在农业生产过程中，技术结构变迁主要通过技术进步和技术效率来影响农业生态—经济系统，具体包括对农业产量或农业产值以及农业生态环境的影响。首先，农业生态—经济系统的可持续发展来源于技术进步的变化，技术的更新换代推动着节水农业技术、农业机械技术等农业技术创新体系的不断进步，在技术结构变迁过程中，先进技术的逐渐引入有助于推动生产前沿面外移，改善农业生产与生态，从而提升农业生态—经济系统发展（张志新等，2023）。其次，农业生态—经济系统的可持续发展来源于技术效率的改善，一方面，技术结构的变迁有利于提高资源配置效率，实现"三节"（节水、节肥和节药）和"三省"（省时、省工和省费），提高农业生产效率（高鸣和宋洪远，2014）；另一方面，技术结构的优化可以控制土壤系统中的养分流失，并适当避免养分损失带来的面源污染，还可以有效防止农药挥发、抑制病虫害困扰，大幅提升了生态环境效益（杨义武等，2017）。此外，从辩证角度来看，技术结构的变迁对农业生态—经济系统发展既有有利的一面，又有不利的一面。小农户虽然采用人工除草、人工翻耕可能更环保，更有助于生态环境，但是生产效率较低，相应地，新型经营组织等经营主体基本全部采用除草剂除草、农机翻耕，尽管可能对环境造成一定的不利影响，但更能满足生产效率的提升，整体上更有助于提升农业生态效率。由此可见，技术结构的变迁水平越高，越能提高人力资本的质量，增强经济发展韧性与提高生态系统稳定性，最终提升农业生态—经济系统发展水平。基于以上分析，提出如下研究假说：

H5-1：技术结构变迁能够显著提升农业生态—经济系统发展水平。

5.1.2 技术结构变迁对农业生态—经济系统的结构效应

理论上，技术结构中各种技术变迁的速度主要取决于农业生产中投入的三大基本要素，即土地、劳动力和资本。在劳动力要素相对丰富，而土地和资本要素相对稀缺时，农业生产方式会选择节约相对稀缺且缺乏弹性的土地要素的技术，在农业技术结构中表现为生物型农业技术变迁速度要快于机械型农业技术。在劳动力要素变得逐渐稀缺，而资本要素稀缺程度得到逐步改善时，农业生产方式会选择节约相对稀缺的劳动力要素的技术，在农业技术结构中表现为机械型农业技术变迁速度要快于生物型农业技术。基于此，本章结合前述农业技术结构的界定，重点考量技术结构内提高土地生产率的农业技术与提高劳动生产率的农业技术对农业生态—经济系统发展的影响可能存在的结构性差异。

就提高土地生产率的农业技术对农业生态—经济系统发展的影响而言，为了突破农业生态—经济系统发展中土地要素相对稀缺的制约，以提高土地生产率的生物化学技术得到快速发展，以良种、化肥为代表的土肥技术、植保技术、育种技术的广泛应用，提高了农作物单位面积产量，但农用化学品施用强度的增加又会带来大量碳排放和面源污染，同时会破坏土壤质地。可见，提高土地生产率的农业技术虽然在一定程度上提高了农业生产效率，但是对农业生态环境造成的污染更大，整体上阻碍了农业生态—经济系统长期发展。就提高劳动生产率的农业技术对农业生态—经济系统发展的影响而言，为了突破农业生态—经济系统发展中劳动力要素相对短缺的制约，以提高劳动生产率的农业技术得到快速发展，相较于传统以人畜力生产要素投入为主的资源禀赋结构，农业机械化的大规模应用改变了农业资源要素投入比例，不但能够节约劳动成本并降低劳动强度，而且农业机械操作精度的提高和技术溢出效应也减少了化肥、农药等化学品投入的不合理使用，降低农用化学品施用强度（程永生等，2022；杜美玲等，2023）。此外，农机深耕、深松作业还能够改善农田的土壤透气性，提高土壤的有效肥力和有机质保有量，改善土壤营养条件，使农业产出能力和固碳增汇能力得到提升（徐志刚等，2022）。由此可见，提高劳动生产率的农业技术虽然可能对环境造成一定的不利影响，但是更能满足生产效率的提升，整体上更有助于提升农业生态—经济系统发展。基于以上分析，提出如下研究假说：

H5-2：技术结构变迁对农业生态—经济系统的影响存在结构性差异，即以提高土地生产率为主的农业技术结构变迁会抑制农业生态—经济系统发展，以提高劳动生产率为主的农业技术结构变迁会促进农业生态—经济系统发展。

5.1.3　技术结构变迁对农业生态—经济系统的时序效应

随着时间的推移，各种生产要素的相对丰裕程度会发生变化，为了适应要素禀赋结构的这种变化，技术结构也会处于动态变迁中，因而技术结构变迁对农业生态—经济系统的影响存在明显的时序效应，主要体现在短期效应和长期效应两个方面。从短期来看，技术结构变迁对农业生态—经济系统的影响主要表现在以下几方面：第一，技术结构变迁有助于提升农业生产效率。新技术、新设备的采用可以降低生产成本、增加农业产出，这不仅有助于满足人们对农产品的需求，还能为农民带来更高的经济效益。第二，技术结构变迁有助于改进农产品产量，这不仅可以满足消费者对优质农产品的需求，还可以增加农产品的市场竞争力。

第三，技术结构变迁有助于减少环境污染。农业新型环保技术的研发推广可以减少农业生产过程中对环境的污染，有助于实现农业生态—经济系统的可持续发展。

从长期来看，技术结构的变迁与升级需要一定时间的推广与应用。例如，引进新技术、改善原有要素组合结构以及采用更高效的生产管理方法，需要经过信息传播、经验分享及技术采纳多个阶段，只有当技术能够带来降低成本、增加收益的正外部性效应时，才会促使农户大规模采纳该技术。技术结构变迁对农业生态—经济系统的长期影响具体表现在以下几方面：第一，技术结构变迁有助于促使农业产业结构调整。技术结构的变迁可以降低使用低效率的生产要素，进入高效率领域，逐渐改变农业生产模式，促使农业产业结构调整，并推动农业向更高层次、更高效的方向发展。例如，智能化技术的应用会使农业生产更加精细化、智能化。第二，技术结构变迁有助于提升农业竞争力。通过技术创新、推广和应用，可以提高农产品的品质和附加值，增加农产品的市场竞争力。第三，技术结构变迁有助于带动农村经济发展。例如，电子商务平台的应用可以帮助农民拓宽销售渠道，增加农产品的销售量和农民的收入来源。

技术结构变迁对农业生态—经济系统的影响效应随时间推移呈现波动增大趋势。当一些农业技术刚被引入时，小范围和低强度的溢出效应使农业技术结构的促进作用相对较小；随着农业技术水平的不断提高，先进技术和管理经验的不断积累和有效扩散，大范围和高强度的溢出效应使农业技术结构对农业生态—经济系统的驱动效应持续增强，同时先进技术在长期内形成的规模效应和技术系统平台优势，能够加速农业生态—经济系统对高效技术的应用，进一步推动技术结构高级化进程，有利于发挥技术结构在农业生态—经济系统发展中的积极效应。总之，技术结构变迁和农业生态—经济系统发展是一个长期的、循序渐进的过程，当农业生态—经济系统发展受益于技术结构带来的积极效应时，农业生态—经济系统发展又会进一步推动技术结构向更高层次演变，技术结构中高级技术的运用也就越占主导，从而形成了技术结构变迁促进农业生态—经济系统发展的持续性。基于以上分析，提出如下研究假说：

H5-3：在其他条件不变的情况下，技术结构变迁对农业生态—经济系统的促进作用具有持续性。

5.1.4 技术结构变迁对农业生态—经济系统的要素禀赋效应

要素禀赋是农业生产的基础，农业处于不同发展阶段，投入的要素种类、数量、质量都会发生变化。新结构经济学指出，一个国家或地区的要素禀赋特性在不同阶段表现出的差异性，会直接影响技术结构的表现形式（林毅夫，2014）。因此，要研究农业技术结构变迁问题，需要从农业要素禀赋出发。首先，农业要素禀赋变化是农业技术结构变迁的逻辑起点，任何一个地区农业技术结构的变迁都无法脱离当地要素禀赋状况而单独实现，当一个地区的农业要素禀赋结构发生了变化，与之相适应的农业技术结构也会作出相应的改变（Li，2012）。其次，农业要素禀赋决定了农业技术结构变迁的方向。当农业各要素同比例发生变化时，此时技术结构不会发生变迁。但在现实中，农业领域的土地、劳动力和资本要素并非同比例变动，要素相对稀缺程度决定着技术结构的变迁，最终实现新的技术结构与新的要素禀赋相匹配（Gerlagh，2007；王洪煜等，2022）。最后，农业要素禀赋决定了农业技术结构变迁的速度。农业要素禀赋的变化是一个循序渐进的过程，因而农业技术结构变迁也是循序渐进的，并不断与新的要素禀赋结构相适应。结合新疆绿洲农业现实情况，在绿洲可耕地面积不断缩减、水资源日益紧缺等现实趋势下，绿洲农业要素禀赋结构正发生着质的变化，这种变化又会引发农业技术结构相应调整与变迁，推动农业产业结构向更高层次升级发展，进而影响着绿洲农业生态—经济系统发展水平。

基于上述分析，本章认为技术结构变迁对农业生态—经济系统发展的推动作用会受到农业要素禀赋结构差异的影响，即存在要素禀赋的门槛效应（见图5-1）。以农业要素禀赋作为门槛的根本原因在于，不同地区、不同时段的农业要素禀赋结构存在差异，进而导致与之相对应的技术结构也处于动态变化中，从而促使技术结构变迁对农业生态—经济系统的影响呈现异质性特征。具体地，对于土地而言，细碎化的地块不利于农业机械技术、农业节水技术等作业，技术因难以形成规模经济使所发挥的积极作用受到限制；当跨过土地规模这一门槛时，各种农业技术的发挥因遵从规模经济效应带来农业生产成本的下降、资源的有效利用，进而促使农业生态—经济系统正向发展（吴丽丽等，2015）。对于劳动力和资本而言，随着农村劳动力的流失，留在农村的多为老人、妇女以及知识技能相对比较弱的人群，这类人群因劳动力数量和质量均偏低，导致在农业生产过程中更倾向于依赖生物化学技术，这对提升农业生态—经济系统发展水平的效果有限（林善浪和胡小丽，2018）；随着劳均资本的增加，农村地区出现了一部分懂技术、善经营的新型农业经营主体，他们更倾向于引进先进农业技术，从而提高农业生产效率和生态保护程度，进而对农业生态—经济系统发展起到正向促进作用。

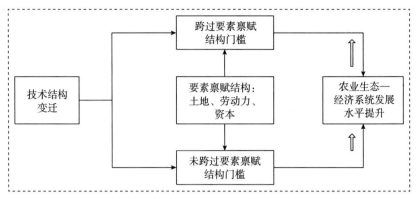

图 5-1 门槛效应分析框架

就三种要素相比较而言，土地变化一般相对较小，劳动力和资本要素的投入量变化比较明显，故本章主要以资本劳动比代表要素禀赋结构的变化，来探究技术结构变迁对农业生态—经济系统的非线性影响。当资本劳动比较低时，意味着农业生产中资本投入相对不足，劳动力仍是主要的生产要素，农业技术结构相对简单，这可能会使农业面临生产效率低下、产出不稳定等问题，进而限制其对农业生态—经济系统的提升作用；当资本劳动比较高时，意味着农业生产中资本投入相对较多，劳动力相对较少，农业技术结构得以优化，这能够显著提高农业生产效率、降低生产成本，并充分发挥其对农业生态—经济系统的提升作用。基于以上分析，提出如下研究假说：

H5-4：技术结构变迁促进农业生态—经济系统发展过程中存在农业要素禀赋门槛效应，即随着农业要素禀赋结构的升级，技术结构变迁对农业生态—经济系统的推动作用趋于强化。

综上所述，技术结构变迁能够有效提升农业生态—经济系统发展水平，且技术结构变迁蕴藏的结构效应、时序效应和要素禀赋效应可能会对农业生态—经济系统产生异质性影响，本章借助面板固定效应模型、分位数回归模型和门槛回归模型，考察技术结构变迁对农业生态—经济系统的影响效应，研究框架如图 5-2 所示。

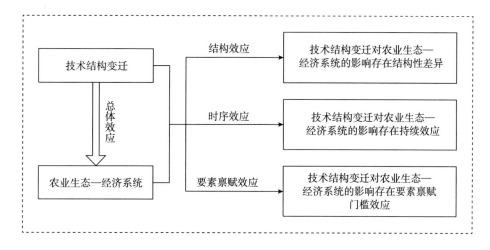

图 5-2 "技术结构变迁→农业生态—经济系统"研究框架

5.2 研究设计

5.2.1 模型设定

根据第 4 章测算出的技术结构变迁指数和绿洲农业生态—经济系统发展指数，已经初步了解了技术结构变迁与绿洲农业生态—经济系统发展的整体情况，但技术结构变迁对绿洲农业生态—经济系统发展存在何种影响，影响大小如何，需要构造实证模型进行探讨。首先，为了检验 H5-1 和 H5-2，构建如下基准回归模型：

$$EE_{i,t} = \alpha_0 + \alpha_1 TS_{i,t} + \delta X_{i,t} + \mu_i + v_t + \varepsilon_{i,t} \tag{5-1}$$

式中，$EE_{i,t}$ 为绿洲农业生态—经济系统发展指数，$TS_{i,t}$ 为技术结构变迁指数，$X_{i,t}$ 为一系列控制变量，i 为地区，t 为年份，α_0 为截距项，α_1 和 δ 均为变量相关系数，μ_i 为个体固定效应，v_t 为时间固定效应，$\varepsilon_{i,t}$ 为随机误差项。

其次，上述基准回归模型是基于技术结构变迁对绿洲农业生态—经济系统条件期望的影响，即关注的是被解释变量的条件均值函数。然而，实际上在被解释变量不同分位数上，技术结构变迁对绿洲农业生态—经济系统可能存在不同影响。因此，为了检验 H5-3，本章在基准回归模型设定基础上，运用面板分位数回归模型估计技术结构变迁对绿洲农业生态—经济系统的时序效应，以更全面掌握解释变量与被解释变量的分位数之间的关系。基于此，构建如下面板分位数回归模型：

$$EE_{i,t} = \alpha_0 + \alpha_1(\tau_q) TS_{i,t} + \delta(\tau_q) X_{i,t} + \mu_i + v_t + \varepsilon_{i,t} \qquad (5-2)$$

式中，τ_q 为观测的分位数点，其他变量含义同式（5-1）。

最后，为进一步探究技术结构变迁与绿洲农业生态—经济系统的关系是否会受到农业要素禀赋结构的影响，即不同农业要素禀赋结构下技术结构变迁对绿洲农业生态—经济系统的影响会存在怎样的差异。传统做法通常是根据分组变量（农业要素禀赋结构的高低水平）对样本进行分组回归，然而，这样分组带有一定的主观性，使回归结果不够准确。为了检验 H5-4，本章借鉴 Hansen（1999）提出的门槛效应模型的核心思想，设立如下门槛回归模型，构建以农业要素禀赋结构为门槛变量、技术结构变迁对绿洲农业生态—经济系统的分段函数，考察在不同农业要素禀赋结构下，技术结构变迁对绿洲农业生态—经济系统影响的非线性关系。

$$EE_{i,t} = \beta_0 + \beta_1 TS_{i,t} \times I(KL_{i,t} \leq \gamma_1) + \beta_2 TS_{i,t} \times I(\gamma_1 < KL_{i,t} \leq \gamma_2) + \cdots + \beta_n TS_{i,t} \times I(\gamma_{n-1} <$$
$$KL_{i,t} \leq \gamma_n) + \beta_{n+1} TS_{i,t} \times I(\gamma_n < KL_{i,t} \leq \gamma_{n+1}) + \delta X_{i,t} + \mu_i + v_t + \varepsilon_{i,t} \qquad (5-3)$$

式中，$KL_{i,t}$ 为农业要素禀赋结构，采用资本劳动比作为农业要素禀赋结构的代理变量，γ 为待估计的门槛值，$I(\cdot)$ 为示性函数，若括号内的表达式成立，I 函数取值为 1，否则为 0。其他变量含义同式（5-1）。

5.2.2　变量选取

5.2.2.1　被解释变量

本章的被解释变量为绿洲农业生态—经济系统发展水平（EE），是第 4 章中从绿色发展、经济增长 2 个目标层，资源节约、环境友好、生态治理、创新驱动、结构优化和经济效益 6 个准则层设计指标体系测算出来的绿洲农业生态—经济系统发展指数，该变量整体上反映了新疆及各地（州、市）绿洲农业生态—经济系统发展水平。

5.2.2.2　核心解释变量

本章的核心解释变量为技术结构变迁水平（TS），是第 4 章中从农业技术等级和类型两个视角测算出来的农业技术结构变迁指数，该变量整体上反映了新疆各地（州、市）绿洲农业技术结构变迁水平。本章将基于等级视角下测算的农业技术结构变迁指数进行主检验，将基于类型视角下测算的农业技术结构变迁指数进行稳健性检验。

5.2.2.3　控制变量

除技术结构变迁水平外，影响绿洲农业生态—经济系统的因素还有很多。本章参考以往研究并考虑绿洲农业生态发展特点，选取经济发展水平、工业化水平、对外开放水平、农业固定资产投资、农业从业人员占比、农村人力资本水平为控制变量（曹菲和聂颖，2021；徐清华和张广胜，2022；田孟和熊宇航，2023）。具体控制变量说明如下：

经济发展水平（ED），选取地区人均GDP来表征。地区经济发展水平越高，各种先进资源会在此集聚，越有利于产业发展，越能为绿洲农业生态—经济系统发展提供便利条件。

工业化水平（IL），选取工业增加值占地区GDP比重来表征。工业发展为农业现代化发展奠定了基础，工业化水平的提高会增加农资产品有效供给，提升农业产出水平，有助于绿洲农业生态—经济系统发展。

对外开放水平（IR），选取货物进出口总额占地区GDP比重来表征。地区对外开放水平越高，不但会使市场竞争激烈而对农产品有更高标准的要求，而且绿色先进技术的引进会促进地区农业经营者进行绿色低碳生产，更有助于绿洲农业生态—经济系统发展。

农业固定资产投资（AS），选取农林牧渔业固定资产投资占全社会固定资产投资的比重来表征。农业生产的机械化作业和农业规模经营都需要良好的农业基础设施作为支撑，也就是说农业基础设施等农业固定资产项目的投资有助于进一步推动农业机械、农田水利等农业现代化水平的提升，这对绿洲农业生态—经济系统发展均有积极影响。

农业从业人员占比（AL），选取农业从业人员与乡村从业人员的比值来表征。农业劳动力的数量变化既能够显示农业劳动力的变化情况，又能在一定程度上反映农村劳动力转移状况。

农村人力资本水平（HC），选取农村居民平均受教育年限来衡量，采用加权平均法计算。农村人力资本水平越高，间接表明农业从业者受教育水平越高，接纳新技术和农业知识的能力越强，越能科学、合理地进行农业生产，也就越能提升农业技术效率，加快绿洲农业生态—经济系统发展进程（盖美等，2022）。

5.2.3　数据来源

为保证研究结果的真实性，在可获取前提下尽可能选取更长时间维度的样本数据，本章采用2000~2022年新疆14地（州、市）的面板数据，基础数据源于历年的《新疆统计年鉴》以及各地（州、市）统计年鉴，个别缺失数据根据时序数据趋势推测补充。为保证研究结果的准确性和可靠性，并保持原始数据的实际经济含义，对模型中部分变量取自然对数，以消除变量间不同量纲所造成的异方差。具体变量的描述性统计结果如表5-1所示。

表5-1　变量的描述性统计

变量类型	变量名称	变量符号	样本量	均值	标准差	最小值	最大值
被解释变量	绿洲农业生态—经济系统发展水平	EE	322	0.218	0.070	0.060	0.750
核心解释变量	技术结构变迁水平	TS	322	0.877	0.393	0.522	3.590
控制变量	经济发展水平	ED	322	10.048	1.078	7.410	12.240
	工业化水平	IL	322	0.268	0.212	0.030	1.020
	对外开放水平	IR	322	0.220	0.406	0.001	3.619
	农业固定资产投资	AS	322	5.240	4.142	0.020	24.100
	农业从业人员占比	AL	322	0.572	0.071	0.182	0.663
	农村人力资本水平	HC	322	8.186	0.844	6.950	10.890

资料来源：笔者使用 Stata 软件计算整理得到。

5.3　实证结果与分析

5.3.1　技术结构变迁与绿洲农业生态—经济系统：总体效应

为检验技术结构变迁对绿洲农业生态—经济系统的总体效应，本节依据上文模型设计思路进行回归估计，表5-2报告了模型回归结果。其中，列（1）至列（6）分别采用了三种方法按照式（5-1）进行估计，列（1）和列（2）为混合最小二乘模型下的估计结果，列（3）和列（4）为个体—时间双固定效应模型下的估计结果，列（5）和列（6）为采用了稳健标准误的固定效应模型下的估计结果，且列（1）、列（3）和列（5）为未纳入控制变量的估计结果，列（2）、列（4）和列（6）为纳入控制变量的估计结果。从基准回归结果中不难发现，无论采用何种方法以及是否将控制变量纳入模型估计范畴，技术结构变迁均能促进绿洲农业生态—经济系统发展，并且这种促进作用在1%的水平上通过显著性检验。从列（6）的回归结果中可以看出，核心解释变量技术结构变迁的系数为0.084，说明技术结构变迁水平每提高1%，绿洲农业生态—经济系统会提高 0.084%。由此可知，技术结构变迁有助于改变农业生产方式，推动农业增量、提质、增效、绿色发展，为绿洲农业生态—经济系统发展提供新动能。至此，H5-1 得到验证。

表 5-2　技术结构变迁影响绿洲农业生态—经济系统的总体效应回归结果

变量	混合最小二乘模型（OLS）		固定效应面板模型（FE）		固定效应面板模型（FE_Robust）	
	(1)	(2)	(3)	(4)	(5)	(6)
TS	0.117***	0.086***	0.136***	0.084***	0.136***	0.084***
	(28.072)	(15.549)	(30.610)	(12.775)	(9.671)	(5.433)
ED		0.105***		0.179***		0.179***
		(4.377)		(7.634)		(5.275)
IL		−0.038**		−0.143***		−0.143***
		(−2.533)		(−6.926)		(−3.898)
IR		−0.014		0.037***		0.037**
		(−1.044)		(4.865)		(1.994)
AS		0.005**		0.008***		0.006**
		(2.193)		(3.325)		(2.331)
AL		−0.199***		−0.216***		−0.216***
		(−6.101)		(−6.535)		(−3.063)
HC		0.004		0.023		0.023
		(0.156)		(0.490)		(0.352)
个体固定效应	未控制	未控制	控制	控制	控制	控制
时间固定效应	未控制	未控制	控制	控制	控制	控制
调整后的 R^2	0.710	0.787	0.742	0.870	0.752	0.876
N	322	322	322	322	322	322

注：*、** 和 *** 分别表示在10%、5%和1%的统计水平上显著，括号内的数值为 t 统计值。

此外，从其他控制变量回归结果来看，除农村人力资本水平外，其余变量均在统计意义上通过了显著性检验，在经济意义上与预期影响方向和现实情况相一致，并与已有学者研究结果一致（盖美等，2022）。具体地，以列（6）为例，经济发展水平在1%的显著性水平上促进了绿洲农业生态—经济系统发展，这主要源于，一方面经济发展水平的提高能为农业生产提供所需的物力、财力等，有能力研发并引入新型农业技术，进而推动农业发展模式向"绿色、提质、增效"

等方向转变，推动绿洲农业生态—经济系统发展；另一方面经济水平高也会带动消费者需求从"吃饱穿暖"向"追求品质"转变，这也会倒逼绿洲农业生态—经济系统发展。工业化水平对绿洲农业生态—经济系统发展的影响在1%的水平上显著为负，虽然工业化水平的提升为农业现代化发展奠定了基础，但工业发展很可能会占用农用耕地，并吸引大量农村劳动力转向工厂就业，农地占用会导致耕地资源紧张，农村劳动力外流会导致农业生产过程因缺乏劳动力而施用大量农用化学品等高碳排放资源，环境污染和生态资源的损耗不利于绿洲农业生态—经济系统发展。

对外开放水平对绿洲农业生态—经济系统的影响在5%的水平上显著为正，说明对外开放水平的提高能够显著促进绿洲农业生态—经济系统发展。其原因在于对外开放是连接中国与世界经济发展的桥梁，新疆周边与八国接壤，是交界邻国最多的地区，这一特殊地理位置起到了较强的外贸推动与传导作用，新型技术、设备和管理经验的引进推动农业生产结构调整升级，加速农业资源流动，进而提升绿洲农业生态—经济系统综合效益。农业固定资产投资在5%的显著性水平上促进了绿洲农业生态—经济系统发展，这主要源于交通基础设施、水利设施的建设推动了农业机械化生产并提高了水资源利用率等，这些对绿洲农业生态—经济系统发展均有积极的影响。农业从业人员占比对绿洲农业生态—经济系统的影响在1%水平上显著为负，这说明随着农业从业人员的增加，绿洲农业生态—经济系统没有向好发展，这很可能与新疆部分地区经济、思想相对落后有关，农业劳动力数量较多的地区很可能机械化实施条件、配套设施等不够完善，农业生产方式更多依靠手工劳作而非规范化机械作业，落后的思维导致即使较多的农业从业人员也无法推动绿洲农业生态—经济系统发展。农村人力资本对绿洲农业生态—经济系统的影响为正，但在统计意义上不显著相关，在此不议。

为进一步明晰技术结构变迁对绿洲农业生态—经济系统不同维度影响，本节从绿洲农业生态系统与农业经济系统两个维度分析了技术结构变迁的促进作用，分维度回归结果如表5-3所示。其中，列（1）和列（2）为技术结构变迁对农业生态系统发展指数的回归结果，列（3）和列（4）为技术结构变迁对农业经济系统发展指数的回归结果。对比回归结果可知，不论是否纳入控制变量，技术结构变迁与绿洲农业生态—经济系统两个分维度指数均为正且通过1%的显著性水平检验，说明技术结构变迁能更好地改善农业生态环境质量、促进农业提质增效，进而推动绿洲农业生态—经济系统发展。

表 5-3　技术结构变迁影响绿洲农业生态—经济系统的分维度回归结果

变量	农业生态系统发展指数		农业经济系统发展指数	
	(1)	(2)	(3)	(4)
TS	0.144***	0.088***	0.127***	0.077***
	(27.140)	(10.232)	(28.238)	(11.188)
ED		0.135***		0.212***
		(4.432)		(8.639)
IL		-0.116***		-0.158***
		(-4.321)		(-7.291)
IR		0.043***		0.032***
		(4.330)		(3.910)
AS		0.011***		0.001
		(3.889)		(0.362)
AL		-0.259***		-0.188***
		(-6.033)		(-5.448)
HC		0.083		-0.024
		(1.362)		(-0.482)
个体固定效应	控制	控制	控制	控制
时间固定效应	控制	控制	控制	控制
调整后的 R^2	0.692	0.816	0.709	0.843
N	322	322	322	322

注：*、**和***分别表示在10%、5%和1%的统计水平上显著，括号内的数值为t统计值。

5.3.2　技术结构变迁与绿洲农业生态—经济系统：结构效应

　　为进一步探究技术结构变迁的不同维度对绿洲农业生态—经济系统影响的结构性差异，本节按照第4章构建技术结构变迁指数的指标体系将其分为两个维度：劳动生产率结构变迁指数（TS_L）和土地生产率结构变迁指数（TS_T），分别按照式（5-1）进行回归。表5-4中列（1）和列（3）为未纳入控制变量，控制个体和时间固定效应的稳健标准误估计结果，列（2）和列（4）为纳入控制变量，控制个体和时间固定效应的稳健标准误估计结果。比较技术结构变迁两个维度的回归系数可以看出，劳动生产率结构变迁指数对绿洲农业生态—经济系统发展具有正向作用，且在1%统计水平上显著；而土地生产率结构变迁指数对绿洲农业生态—经济系统的影响在1%水平上显著为负，这个结果说明了技术结构变迁对绿洲农业生态—经济系统的影响存在结构性差异。

表 5-4　技术结构变迁影响绿洲农业生态—经济系统的结构效应回归结果

变量	劳动生产率结构变迁指数		土地生产率结构变迁指数	
	（1）	（2）	（3）	（4）
TS_L	0.729*** （16.694）	0.182*** （4.175）		
TS_T			−0.641*** （−19.410）	−0.194*** （−5.245）
ED		0.074*** （2.762）		0.085*** （3.216）
IL		−0.166*** （−6.691）		−0.163*** （−6.676）
IR		0.029*** （3.079）		0.032*** （3.424）
AS		0.002 （0.169）		0.002 （0.561）
AL		−0.496*** （−18.033）		−0.461*** （−15.729）
HC		0.160*** （2.879）		0.135** （2.433）
个体固定效应	控制	控制	控制	控制
时间固定效应	控制	控制	控制	控制
调整后的 R^2	0.452	0.811	0.531	0.817
N	322	322	322	322

注：*、**和***分别表示在10%、5%和1%的统计水平上显著，括号内的数值为t统计值。

　　劳动生产率结构变迁指数相较于土地生产率结构变迁指数能更好地促进绿洲农业生态—经济系统发展，结合主回归中技术结构变迁对绿洲农业生态—经济系统发展的正向作用可以得出，农业技术结构朝着以劳动节约型为主的技术结构变迁，以提高劳动生产率的技术在技术结构中占主导，这代表着资本的进一步深化。之所以劳动生产率结构变迁指数能够促进绿洲农业生态—经济系统发展，而土地生产率结构变迁指数却产生负向影响，究其原因在于，劳动生产率的提高主要依赖于农业机械技术的推广，而土地生产率的提高主要依赖于以化肥、农药为首的生物化学技术的采用，虽然在短期来看，两者均有利于农业生产效率的提升，但在长期来看，以农药、化肥等为主的生物化学技术的大规模运用会导致土壤盐碱化、农作物减产等诸多问题，这将会对绿洲农业生态—经济系统整体发展产生负面影响，而随着农业机械技术的不断发展，清洁型农业机械技术对石油型农业机械技术的替代进一步提升了绿洲农业生态—经济系统整体发展水平。可见，未来应向以提高劳动生产率为主的技术结构变迁，充分发挥其对绿洲农业生态—经济系统发展的促进作用。至此，H5-2 得到验证。

5.3.3　技术结构变迁与绿洲农业生态—经济系统：时序效应

前文基于全样本的实证结果已经证实了技术结构变迁整体上对绿洲农业生态—经济系统发展具有推动作用，按照这一逻辑，本节进一步讨论以下两个问题：一是技术结构变迁对绿洲农业生态—经济系统影响的持续性；二是技术结构变迁对不同发展水平绿洲农业生态—经济系统的影响效果是否相同。为此，本节针对以上两个方面进一步探讨技术结构变迁对绿洲农业生态—经济系统发展的时序效应。

技术结构变迁能够促进绿洲农业生态—经济系统发展，那么在技术结构变迁背景下，这种促进作用是短期现象还是长期效应？为了考察技术结构变迁对绿洲农业生态—经济系统的持续性影响，本节采用当期技术结构变迁水平对未来一期至三期的绿洲农业生态—经济系统发展水平进行回归。表 5-5 报告了技术结构变迁对绿洲农业生态—经济系统持续性影响的实证结果。从中可以发现，当被解释变量是未来一期至三期绿洲农业生态—经济系统发展水平时，技术结构变迁的回归系数均在1%水平上显著为正，回归系数分别为 0.077、0.082 和 0.107，这表明技术结构变迁对绿洲农业生态—经济系统发展的影响具有长期性，并且其正向效应逐渐增强。技术结构变迁对绿洲农业生态—经济系统发展的长期效应可以侧面说明技术结构的变迁与升级需要一定时间的推广与应用。技术结构的变迁逐渐改变了农业生产模式，推动了农业产业结构升级，从而提升了农业生产效益和生态效益。

表 5-5　技术结构变迁对绿洲农业生态—经济系统的持续性影响回归结果

变量	EE_{t+1}	EE_{t+2}	EE_{t+3}
	(1)	(2)	(3)
TS	0.077***	0.082***	0.107***
	(11.220)	(10.173)	(11.044)
ED	0.140***	0.101***	0.094***
	(5.911)	(3.698)	(2.841)

变量	EE_{t+1}	EE_{t+2}	EE_{t+3}
	(1)	(2)	(3)
IL	-0.138 ***	-0.098 ***	-0.093 ***
	(-6.805)	(-4.319)	(-3.509)
IR	0.032 ***	0.026 ***	0.030 ***
	(4.408)	(3.138)	(3.195)
AS	0.002	0.002	0.002
	(1.078)	(0.852)	(0.796)
AL	-0.306 ***	-0.375 ***	-0.406 ***
	(-8.694)	(-8.803)	(-7.758)
HC	0.120 **	0.170 ***	0.156 **
	(2.513)	(3.033)	(2.300)
个体固定效应	控制	控制	控制
时间固定效应	控制	控制	控制
调整后的 R^2	0.886	0.868	0.833
N	308	294	280

注：*、**和***分别表示在10%、5%和1%的统计水平上显著，括号内的数值为t统计值。

虽然技术结构变迁能够促进绿洲农业生态—经济系统发展，但是对于不同发展水平下的绿洲农业生态—经济系统来说，技术结构变迁对其产生的影响可能存在一定的差异性。本节运用分位数回归估计来对比分析技术结构变迁对不同发展水平下的绿洲农业生态—经济系统影响效应，分位数回归结果如表5-6所示，其中列（1）至列（5）分别为10%、25%、50%、75%和90%五个绿洲农业生态—经济系统发展水平分位点的回归结果。从中可以看出，技术结构变迁对10%、25%、50%、75%和90%分位点上绿洲农业生态—经济系统发展的回归系数分别为0.018、0.026、0.088、0.090和0.100，回归系数大小依次递增且均在1%的统计水平上显著，这表明对处于不同发展水平的绿洲农业生态—经济系统而言，技术结构变迁的影响大小有所不同，对于发展水平较低的绿洲农业生态—经济系统，技术结构变迁的边际贡献较小，而对于发展水平较高的绿洲农业生态—经济系统，技术结构变迁的促进作用相对较大。从经济意义上来讲，技术结构变迁对绿洲农业生态—经济系统的影响效应随着发展水平越高，促进作用相对越大，其中的可能原因是技术结构变迁发挥的效应是持续的，且绿洲农业生态—经济系统发展水平越高，技术结构中高级技术的运用越占主导，越能推动绿洲农业生态—

经济系统持续向好发展。至此，H5-3 得到验证。

表 5-6　技术结构变迁对绿洲农业生态—经济系统的分位数回归结果

变量	Q（10）	Q（25）	Q（50）	Q（75）	Q（90）
	（1）	（2）	（3）	（4）	（5）
TS	0.018***	0.026***	0.088***	0.090***	0.100***
	（17.670）	（14.253）	（31.964）	（67.933）	（31.708）
ED	0.150***	0.242***	0.245***	0.266***	0.283***
	（69.223）	（25.212）	（13.751）	（49.137）	（24.214）
IL	−0.056***	−0.102***	−0.095***	−0.103***	−0.124***
	（−26.801）	（−13.475）	（−14.603）	（−46.738）	（−29.322）
IR	0.003	−0.017***	−0.003***	−0.002***	−0.010**
	（1.491）	（−7.841）	（−3.012）	（−3.209）	（−2.037）
AS	−0.002***	−0.002	0.003	−0.002***	−0.006***
	（−3.948）	（−1.293）	（1.438）	（−9.221）	（−10.765）
AL	0.004	−0.059***	−0.073***	−0.219***	−0.239***
	（0.739）	（−3.762）	（−5.127）	（−18.740）	（−21.360）
HC	0.064***	−0.006	−0.018***	−0.114***	−0.130***
	（20.691）	（−0.515）	（−5.708）	（−34.954）	（−14.891）
个体固定效应	控制	控制	控制	控制	控制
时间固定效应	控制	控制	控制	控制	控制
N	322	322	322	322	322

注：*、**和***分别表示在10%、5%和1%的统计水平上显著，括号内的数值为 t 统计值。

5.3.4　技术结构变迁与绿洲农业生态—经济系统：要素禀赋效应

技术结构既独立于要素禀赋结构，又与要素禀赋结构密不可分，要素禀赋结构的变化会带来技术结构和产业结构的变迁。农业要素禀赋结构的差异可能会造成技术结构变迁对农业生态—经济系统的非线性影响。因此，本节基于门槛回归模型，以要素禀赋结构作为门槛变量，实证检验技术结构变迁促进绿洲农业生态—经济系统的要素禀赋结构效应。首先，检验是否存在门槛以及对应的门槛个数，运用 Stata16.0 软件，自抽样（Bootstrap）次数选择 300 次，门槛变量两端值缩尾 0.01，在此基础下对存在三重、双重和单一门槛的原假设依次从高到低进行检验，估计结果如表 5-7 所示，双重和三重门槛检验的 F 统计量均未通过显著性检验，单一门槛的 F 统计量在 1% 水平上显著，表明存在单一门槛效应。其次，在确定存在门槛效应和门槛个数后，以要素禀赋结构作为门槛变量进行门槛回归估计，结果如表 5-8 所示。

表 5-7　门槛效应检验及门槛值估计结果

区域	门槛变量	门槛类型	F 值	P 值	门槛值	95%置信区间
新疆 14 地（州、市）	农业要素禀赋结构	单一门槛	82.254	0.000	0.007***	[0.006, 0.008]
		双重门槛	11.492	0.230	0.248	[0.218, 0.259]
		三重门槛	5.143	0.617	2.142	[1.484, 2.420]

表 5-8　技术结构变迁影响绿洲农业生态—经济系统的门槛效应回归结果

变量	单门槛效应模型
	（1）
TS $(KL \leqslant \gamma_1)$	0.053***
	(7.824)
TS $(KL > \gamma_1)$	0.090***
	(15.301)
ED	0.233***
	(10.723)
IL	-0.138***
	(-7.514)
IR	0.026***
	(3.802)
AS	0.002
	(0.804)
AL	-0.137***
	(-4.482)
HC	0.039
	(0.941)
个体固定效应	控制
时间固定效应	控制
调整后的 R^2	0.775
N	322

注：*、**和***分别表示在 10%、5% 和 1% 的统计水平上显著，括号内的数值为 t 统计值。

从表 5-8 的门槛模型回归结果可以看出，不同门槛变量下控制变量的系数大小和正负方向依然保持一致性，说明模型具有较好的稳健性。研究显示，技术结构变迁对绿洲农业生态—经济系统的正向影响具有边际递增特征，当资本劳动比≤0.007 时，技术结构变迁对绿洲农业生态—经济系统的影响显著为正，随着农业要素禀赋结构水平提高，当资本劳动比>0.007 时，技术结构变迁对绿洲农业生态—经济系统的正向影响显著提高，系数值为 0.090。由此可见，从区域平均效应来看，农业要素禀赋结构处于相对合理的区间，技术结构的变迁有效提升了绿洲农业生态—经济系统发展水平，表明随着劳均资本的扩大，区域内有文化、懂技术、会经营的新型农业经营主体在农地集约化、规模化中更具主导力，推动该地区生产效率和绿色效率的提升，使技术结构变迁对绿洲农业生态—经济系统发展的促进效果越来越大。至此，H5-4 得到验证。

5.4 稳健性检验

为保证本章主要结论的可靠性，通过以下方式检验技术结构变迁与绿洲农业生态—经济系统关系的稳健性：一是考虑绿洲农业生态—经济系统发展的时滞性和内生性问题，选择修正最小二乘虚拟变量法（LSDVC），并引入农业生态—经济系统发展指数滞后一期变量；二是替换核心解释变量衡量方法，采用第 4 章类型视角下测算的技术结构变迁指数按照式（5-1）重新回归；三是重新设定标准误，采用自抽样法稳健型标准误对模型进行估计；四是剔除四个地级市样本重新进行估计。

5.4.1 更换估计模型

为保证本章主要结论的可靠性，鉴于动态模型能够较好地控制个体固定效应和考虑到前期绿洲农业生态—经济系统发展会对后期产生持续影响，本节选择采用动态面板回归估计进一步检验基准回归结果的稳健性。此外，在对动态面板模型估计方法选取时，考虑到广义矩估计（GMM）适用于大 N 小 T 的短面板数据，而偏差校正 LSDVC 法适用于小 N 大 T 的长面板数据（Kiviet，1995；Judson and Owen，1999）。因此，本节利用修正最小二乘虚拟变量法并引入滞后一期因变量来重新检验技术结构变迁对绿洲农业生态—经济系统的影响，结果如表 5-9 列（1）所示。由列（1）可知，上期绿洲农业生态—经济系统发展对本期产生正向影响，同时也证实了技术结构变迁对绿洲农业生态—经济系统的正向作用。可见，LSDVC 法得到的估计结果与基准回归估计结果基本一致，表明基准回归所得结论具有稳健性。

表 5-9　稳健性检验结果

变量	LSDVC 动态面板模型	替换解释变量	重新设定标准误	剔除地级市样本
	(1)	(2)	(3)	(4)
$L.EE$	0.790***			
	(25.258)			
TS	0.023***	0.029***	0.086***	0.032***
	(6.364)	(10.495)	(6.777)	(4.059)
ED	0.033**	0.081***	0.105***	0.268***
	(2.298)	(3.433)	(2.785)	(12.723)
IL	−0.037***	−0.150***	−0.038**	−0.093***
	(−2.596)	(−6.859)	(−1.985)	(−4.663)
IR	0.013**	0.026***	0.014***	0.014**
	(2.573)	(3.247)	(2.744)	(2.232)
AS	0.001	0.010***	0.003	0.002
	(0.796)	(4.450)	(1.115)	(0.938)
AL	−0.086***	−0.374***	−0.199***	−0.060*
	(−4.299)	(−13.854)	(−4.575)	(−1.877)
HC	0.006	0.149***	0.004	0.054
	(0.220)	(3.135)	(0.168)	(1.343)
个体固定效应	控制	控制	控制	控制
时间固定效应	控制	控制	控制	控制
调整后的 R^2	—	0.854	0.787	0.802
N	308	322	322	322

注：*、** 和 *** 分别表示在 10%、5% 和 1% 的统计水平上显著，括号内的数值为 t 统计值。

5.4.2　替换核心解释变量

主回归中采用从技术等级视角下测算的技术结构变迁指数作为技术结构变迁水平的代理变量，为进一步验证结论的稳健性，这里依据第 4 章类型视角下测算的技术结构变迁指数来反映技术结构变迁水平，并按照式（5-1）进行回归，估计结果如表 5-9 列（2）所示，可以看出，替换解释变量度量方法后，稳健性检验结果与前文估计结果保持一致，证明研究结果相对稳健可靠。

5.4.3　重新设定标准误

前文在设定普通标准误的前提下估计了技术结构变迁对绿洲农业生态—经济系统的影响效应，出于稳健性检验，本节采用自抽样法稳健型标准误对模型进行重新估计，选择从母体随机抽取 300 次，估计结果如表 5-9 列（3）所示。由列（3）可知，重新设定标准误后，各变量系数的符号和显著性没有发生明显的变化，进一步验证了结果的稳健性。

5.4.4　剔除地级市样本

考虑到地级市农业生产规模不大，且经济发展水平相对较高，为避免放大技术结构变迁对绿洲农业生态—经济系统的促进效果，本节将乌鲁木齐市、克拉玛依市、吐鲁番市以及哈密市四个地级市样本剔除并重新进行估计，结果如表 5-9 列（4）所示。从中可以看出，技术结构变迁与绿洲农业生态—经济系统的相关性和显著性基本维持不变，可见在剔除地级市样本后，结果依然稳健。

5.5　异质性检验

农业生态—经济系统发展水平还会受到系统内外部客观因素和环境的影响，不同地（州、市）可能在技术结构水平以及农村经济发展水平上存在明显差异，本节从技术结构水平异质性以及农村经济发展水平异质性两个层面探究技术结构变迁对绿洲农业生态—经济系统发展影响的差异性。

5.5.1　技术结构水平异质性检验

技术结构变迁对绿洲农业生态—经济系统发展的影响是否会因技术结构水平不同而存在差异呢？本节进一步考察不同技术结构水平下，技术结构变迁对绿洲农业生态—经济系统发展的异质性影响，将样本按照技术结构变迁指数的中位数划分为"技术结构水平较低组"和"技术结构水平较高组"，并按照式（5-1）分别进行回归，结果如表 5-10 列（1）和列（2）所示。从中可以看出，技术结构变迁对绿洲农业生态—经济系统发展具有明显的差异化影响，对于技术结构水平较高组而言，技术结构变迁对绿洲农业生态—经济系统发展的回归系数为0.087，且在 1%统计水平上显著，而对于技术结构水平较低组而言，技术结构变迁对绿洲农业生态—经济系统发展的回归系数不显著。由此可见，较高的技术结构水平能够更好地促进绿洲农业生态—经济系统发展，而较低的技术结构水平对绿洲农业生态—经济系统发展没有显著影响。其原因可能是，技术结构水平越高，代表地区经济实力较强，农业生产经营模式较先进，农业生产经营者也能更好地运用农业新技术和高效管理模式，技术结构水平的充分发挥促进了农业资源的有效利用，降低了化肥、农药等农产品的使用强度，从而有利于绿洲农业生态—经济系统发展。

表 5-10　技术结构水平和农村经济发展水平的异质性回归结果

变量	技术结构水平 较低组	技术结构水平 较高组	农村经济发展水平 较低组	农村经济发展水平 较高组
	（1）	（2）	（3）	（4）
TS	0.030 (1.497)	0.087*** (7.399)	0.017* (1.896)	0.103*** (8.643)
ED	0.295*** (11.469)	0.223*** (3.738)	0.142*** (5.834)	0.134 (1.599)
IL	-0.170*** (-9.700)	-0.088** (-2.461)	0.004 (0.275)	-0.120*** (-3.063)
IR	0.002 (0.024)	0.006 (0.292)	0.010** (2.113)	-0.024 (-0.845)
AS	0.001 (0.577)	0.014*** (2.984)	0.001 (0.989)	0.010** (2.375)
AL	-0.060* (-1.775)	-0.235*** (-4.030)	0.047 (1.023)	-0.142*** (-2.663)
HC	-0.031 (-0.644)	-0.024 (-0.268)	0.035 (0.940)	-0.023 (-0.237)
个体固定效应	控制	控制	控制	控制
时间固定效应	控制	控制	控制	控制
调整后的 R^2	0.800	0.889	0.611	0.837
N	161	161	161	161

注：*、** 和 *** 分别表示在10%、5%和1%的统计水平上显著，括号内的数值为 t 统计值。

5.5.2　农村经济发展水平异质性检验

考虑到主要影响农户再生产投入的是上期农民人均纯收入，故借鉴林善浪和胡小丽（2018）的做法，选取剔除价格因素后的农民家庭人均纯收入滞后一期的对数来表征农村经济发展水平。为进一步考察不同农村经济发展水平下，技术结构变迁对绿洲农业生态—经济系统发展的异质性影响，将样本按照农村经济发展水平的中位数划分为"农村经济发展水平较低组"和"农村经济发展水平较高组"，并按照式（5-1）分别进行回归，结果如表5-10列（3）和列（4）所示。从中可以看出，技术结构变迁在不同经济发展水平下对绿洲农业生态—经济系统发展的影响存在差异，对于农村经济发展水平较低组，技术结构变迁对绿洲农业生态—经济系统的回归系数为0.017，且在10%统计水平上显著，而对于农村经济发展水平较高组，技术结构变迁对绿洲农业生态—经济系统的回归系数为0.103，且在1%统计水平上显著。由此可见，在农村经济发展水平较高的地区，技术结构变迁对绿洲农业生态—经济系统的影响更大，这可能源于农村居民人均纯收入越多，他们可能会有更多的资本投资于农业生产上，进而倾向于在农业技术上进行更多的投入，如更有意愿选择购买技术程度更高的农用机械、使用效果更好的农业化学用品，从而有助于提高经济效益、减少面源污染和碳排放，促进绿洲农业生态—经济系统发展；而在农村经济发展水平较低的地区，农民为了经济利益，通常会选择加大农药、化肥等农资产品的使（施）用，对生态环境造成污染，同时由于农业机械作业成本和维护成本均较高，较低的收入难以承受农业生产所需的农业机械投入成本，进而导致绿洲农业生态—经济系统发展水平相对较低。

5.6　本章小结

本章主要为技术结构变迁对绿洲农业生态—经济系统影响效应的实证分析。基于2000~2022年新疆14地（州、市）面板数据样本，分别运用固定效应模型、分位数回归模型和门槛回归模型，实证检验技术结构变迁与绿洲农业生态—经济系统发展之间的关系，并基于不同技术结构水平和不同农村经济发展水平进一步探寻技术结构变迁推动绿洲农业生态—经济系统发展中可能存在的异质性。研究结论如下：

第一，运用面板固定效应模型实证检验了技术结构变迁对绿洲农业生态—经济系统的总体效应。回归结果显示，技术结构变迁对绿洲农业生态—经济系统的促进作用在1%的水平上通过了显著性检验，说明技术结构变迁有助于改变农业生产方式，推动农业增量、提质、增效、绿色发展，为绿洲农业生态—经济系统发展提供新动能。

第二，运用面板固定效应模型实证分析了技术结构变迁对绿洲农业生态—经济系统的结构效应。实证结果表明，劳动生产率结构变迁指数对绿洲农业生态—经济系统发展具有正向作用，且在1%的统计水平上显著，而土地生产率结构变迁指数对绿洲农业生态—经济系统发展的影响在1%的水平上显著为负，这说明技术结构的组成部分对绿洲农业生态—经济系统发展的影响具有结构性差异，劳动生产率结构变迁指数的上升有利于绿洲农业生态—经济系统发展，而土地生产率结构变迁指数的上升不利于绿洲农业生态—经济系统发展。

第三，运用面板固定效应模型和分位数回归模型进一步探讨技术结构变迁对绿洲农业生态—经济系统的时序效应。首先，采用当期技术结构变迁水平对未来一期至三期的绿洲农业生态—经济系统发展水平进行回归估计，探究技术结构变迁对绿洲农业生态—经济系统影响的持续性。实证结果表明，当被解释变量是未来一期至三期绿洲农业生态—经济系统发展水平时，技术结构变迁的回归系数大小依次递增且均在1%的水平上显著为正，这说明技术结构变迁对绿洲农业生态—经济系统发展的影响具有长期性，并且其正向效应逐渐增强。其次，采用面板分位数回归模型探究技术结构变迁对不同发展水平下的绿洲农业生态—经济系统的影响效果是否相同。实证结果显示，技术结构变迁对绿洲农业生态—经济系统发展的回归系数在10%、25%、50%、75%和90%分位点上依次递增且均在1%的统计水平上显著，这表明技术结构变迁能为绿洲农业生态—经济系统发展提供持续动力。

第四，以农业要素禀赋为门槛变量，采用面板门槛回归模型实证分析技术结构变迁对绿洲农业生态—经济系统的非线性影响。研究显示，技术结构变迁对绿洲农业生态—经济系统的影响存在要素禀赋的门槛效应，当区域要素禀赋结构小于等于0.007时，技术结构变迁对绿洲农业生态—经济系统的影响显著为正，随着农业要素禀赋结构水平提高，当区域要素禀赋结构处于0.007以上时，技术结构变迁对绿洲农业生态—经济系统的正向影响显著提高。这表明技术结构变迁对绿洲农业生态—经济系统发展的影响并非简单的线性关系，而是存在要素禀赋效应，当农业要素禀赋结构处于相对合理的区间，技术结构变迁能够有效提升绿洲农业生态—经济系统发展水平。

第五，运用分组回归方法，从技术结构水平异质性以及农村经济发展水平异质性两个层面探究技术结构变迁对绿洲农业生态—经济系统影响的差异性。技术结构水平异质性结果表明，较高的技术结构水平能够更好地促进绿洲农业生态—经济系统发展，而较低的技术结构水平对绿洲农业生态—经济系统发展没有显著影响。农村经济发展水平异质性结果表明，当农村经济发展水平较高时，技术结构变迁对绿洲农业生态—经济系统发展的影响更大，而当农村经济发展水平较低时，技术结构变迁对绿洲农业生态—经济系统发展的影响相对较低。

第6章 技术结构变迁对绿洲农业生态—经济系统影响机制的实证分析

上文实证检验了技术结构变迁能够推动绿洲农业生态—经济系统发展，且存在结构效应、时序效应和要素禀赋效应，但具体机制路径尚未探究，这不利于厘清技术结构变迁与绿洲农业生态—经济系统发展两者的关系，难以挖掘深层次问题并提出针对性的对策建议。基于此，本章仍以新疆为研究样本，从农业规模经营、农业资源配置以及农业产业结构三条作用路径出发，构建中介效应模型，实证检验技术结构变迁对绿洲农业生态—经济系统发展的影响机制，为后续更好地促进绿洲农业生态—经济系统发展提供实践证据。

6.1 理论分析与研究假设

6.1.1 技术结构变迁影响农业生态—经济系统的规模扩张机制

技术结构变迁的规模扩张效应是指技术结构变迁通过规模扩张机制对农业生态—经济系统产生的影响。一方面，技术结构变迁有助于农业生产可分性、推动农业规模化经营。首先，随着科技的进步，大型农业机械、智能化设备以及先进农业管理技术的应用越来越广泛，使大规模农业生产成为可能。其次，在农村劳动力转移、农业政策扶持、农业社会化服务体系建设等多重背景下，农业技术结构变迁可促使农地要素有序流转和整合，有助于将农业土地要素从大部分小规模农户逐渐聚集在种田大户、职业农民等新型农业经营主体手中，从而推动农地规模化经营（陈宇斌和王森，2022）。最后，随着技术结构的变迁，先进农业生产技术逐渐普及，相较于小规模农户，新型农业经营主体通常具有较高的综合素质，他们更倾向于采用现代农业生产技术和先进管理方式，理性地选择农业规模经营模式来实现农业增长和生态保护的"双赢"（何秀荣，2016）。

另一方面，农业规模化经营有助于推动农业生态—经济系统发展。农业产业的规模化经营既是现代化农业生产的基本经营形式，也是现阶段解决"三农"问题的重要手段，农业规模的大小将影响农民对农作物种类的选择，继而采用不同的农业管理模式。随着农业规模化进程的推进，农田实现整块化、集约化管理，农业规模经营有助于发挥"规模经济效应"，机械、劳动力等农业生产投入要素的不可分性特点，使农业规模经营可以最大程度发挥资源的利用效率，这不仅可以提高农业生产的效益，还有助于减少资源浪费和环境污染（Sheng et al.，2019）。当然农业规模经营有一个适度区间，在该区间下农业经营规模的扩大会提升农业生态—经济系统发展水平，规模较小或较大均不利于农业生态—经济系统发展（郑志浩等，2024），比如盲目的农业规模扩张不但会导致农业投入品的浪费与环境污染，而且会诱使土地退化与水资源短缺，打破农业生态系统与经济系统的相对平衡，造成农业生态—经济系统发展受阻（Ren et al.，2019；陈宇斌等，2022）。总体而言，农业技术结构仍在不断变迁过程中、农业规模经营仍在不断调整中，且技术结构变迁可通过推动农业规模经营进而提升农业生态—经济系统发展水平。基于以上分析，提出如下研究假说：

H6-1a：在其他条件不变的情况下，技术结构变迁能够促进农业规模经营。

H6-1b：在其他条件不变的情况下，技术结构变迁通过推动农业规模经营而提升农业生态—经济系统发展水平。

6.1.2　技术结构变迁影响农业生态—经济系统的资源配置机制

技术结构变迁的资源配置效应是指技术结构变迁通过资源配置机制对农业生态—经济系统产生的影响。技术结构变迁是推动农业生态—经济系统发展的动力源泉，新品种、新技术等的革新通过对劳动力、土地等农业生产要素实现的替代效应，倒逼农业要素禀赋结构实现重新配置，进而影响农业生态—经济系统的发展（张梦玲等，2023）。一方面，技术结构变迁有助于优化农业生态—经济系统的资源配置。在农业生产中，土地、资本和劳动力等生产要素是动态变化的，从而引起技术结构的变迁，以促进生产要素的重新配置。比如，随着农村劳动力持续外流其他领域，农业劳动力要素成本逐渐攀升，促使技术结构向替代劳动力要素的方向变迁，进而推动农业生产要素的重新配置（姚延婷等，2014）。具体地，技术结构变迁促进了农业生产要素的精准配置。随着现代科技在农业领域的广泛应用，如物联网、大数据等精准农业技术和智慧农业技术的引入，使农业生产者能够更准确地掌握土壤、气候、作物生长情况、市场需求等信息，进而能够更精准地投入劳动力、资金、技术等要素，并可以更精确地控制水、肥、药等投入，实现资源的有效配置。此外，技术结构变迁还推动了农业生产要素的替代和升级。随着新型农业技术的不断涌现，传统农业生产要素逐渐被新型农业生产要素所替代或升级。

另一方面，农业资源合理配置有助于促进农业生态—经济系统发展。一般而言，农业生产要素的错配不仅会直接造成农业产出损失，还会破坏农业生态系统的稳定性（胡江峰等，2023）。技术结构变迁是农业生产要素实现再配置的过程，在这一过程中，农业生产要素能够得到合理配置，促进农业期望产出增加、非期望产出和污染性投入减少，进而形成农业生态—经济系统良性循环。理论研究指出，技术结构优化通过用环保产品以及清洁生产技术来替代化肥、农药等成本较高的传统农业生产要素，从本质上提高农业资源利用效率，使在给定产出的条件下降低对资源的消耗和污染的排放，从而降低对农业生态—经济系统造成的损害（魏梦升等，2023）。具体地，通过应用先进农业技术，如节水灌溉、精准施肥、生物防治等，不仅有助于提高农产品的产量和质量，提升农业的经济效益，还可以提高资源配置效率，实现农业生产过程中的节水、节肥、节药，降低农业生产对环境的负面影响，进而促进生态—经济系统可持续发展。此外，通过新型农业生产要素对传统农业生产要素的替代和升级，如智能农机对传统手工劳作的替代，生物肥料和生物农药对化学肥料和化学农药的替代，不仅提高了农业生产的效率和质量，还促进了农业生态—经济系统的整体优化。总体而言，随着农业技术结构的不断变迁，各种农业资源也在不断变化着，且技术结构变迁可通过推动农业资源合理配置进而提升农业生态—经济系统发展水平。基于以上分析，提出如下研究假说：

H6-2a：在其他条件不变的情况下，技术结构变迁能够促进农业资源合理配置。

H6-2b：在其他条件不变的情况下，技术结构变迁通过促进农业资源合理配置而提升农业生态—经济系统发展水平。

6.1.3 技术结构变迁影响农业生态—经济系统的结构转型机制

技术结构变迁的产业结构效应是指技术结构变迁通过结构转型机制对农业生态—经济系统产生的影响。产业结构的优化升级离不开对既定要素禀赋下技术的调整与适应，技术结构的不断变迁推动着农业产业结构升级、农业生产结构和品种结构调整，进一步作用于农业经济增长与生态环境保护（刘丽，2012）。一方面，技术结构变迁是产业结构变迁的决定性因素，技术结构的合理化与高级化程度推动农业产业结构的调整与升级，直接关联着农业产业结构的合理化与高级化（干春晖等，2011）。就农业产业结构合理化而言，技术结构变迁在鲍莫尔效应和资本深化效应的作用下，引起了农业产业结构的变化。鲍莫尔效应认为，技术结构中各种技术增长率之间的差异会引起产业部门间不平衡增长，技术提升速度较快的产业因产业生产率的提升引起农产品价格相对降低，当产品间的替代弹性较高时，就会引起生产该产品的产业所占比重较高（Alvarez – Cuadrado et al.，2017）；资本深化效应认为，当资本要素比劳动力等生产要素成本低时，就会促使农业生产要素在农业产业部门内重新配置，引导农业内部资源向资本密集型产业部门转移，从而推动农业产业结构调整（刘学侠和陈传龙，2022）。例如，技术结构中的劳动节约型技术能够直接降低劳动强度、提高劳动生产率，使更多的劳动力从原本从事低附加值、高体力劳动的种植业等部门转移出来，并转而从事其他部门中具有高附加值的生产工作，推动农业生产的多元化，以实现更加合理化的农业产业结构（钟漪萍等，2020）。就农业产业结构高级化而言，技术结构变迁可为农业产业提供优良的品种和生产技术，新技术、新工艺和新装备的应用，如大数据、云计算等现代农业信息技术的引入，有助于提升农业生产专业化和分工程度，进而推动农业产业结构的高级化进程（匡远配和周凌，2016）。

另一方面，农业产业结构的优化有助于推动农业生态—经济系统发展。一般而言，在要素投入结构调整无法顺利实现的情况下，农户会通过调整农业生产结构对此做出回应，增加技术进步更快的作物生产比例，从而在调整后的生产结构中获取更大综合效益（吴方卫和应瑞瑶，2000；王颜齐和郭翔宇，2009）。农业产业结构对农业生态—经济系统发展的影响主要表现在以下两方面：一是农业产业结构的调整有助于资源要素禀赋在农业内不同细分部门之间进行重新配置，农林牧渔部门间结构的优化旨在实现农业资源的有效配置，保证在改善农业生产效率的同时，尽可能降低农业生产过程中带来的非期望产出，进而推动农业生态—经济系统整体发展（Zhou et al.，2013；成德宁和李燕，2016）。进一步地，农业产业结构的调整通过农业要素禀赋在农作物之间重新配置而对农业生态—经济系统产生影响，具体而言，农作物中经济作物与粮食作物对农业生产条件的需求表现出明显的差异，经济作物属于高效益、高耗能农作物，而且机械化作业还存在明显短板，特别在收获、播种环节仍需投入较多的劳动力，相对而言，粮食作物不仅需水量小，对肥药等农资产品的需求量也相对较少，而且具有更成熟的机械化技术和社会化服务技术（朱满德等，2021）。二是农业产业结构的服务化倾向通过推动农业生产专业化分工来提升农业生态—经济系统发展水平。在农业专业化分工过程中，农业服务业的介入使农业生产者与提供农资服务、技术推广培训服务等专业化服务机构能够更专注于自己的相对优势领域，各主体通过充分发挥自己的优势来提高农业各要素利用效率和生产效率，进而促进农业生态—经济系统发展。总体而言，农业技术结构与农业产业结构处于动态调整过程中，且技术结构变迁可通过推动产业结构升级进而提升农业生态—经济系统发展水平。基于以上分析，提出如下研究假说：

H6-3a：在其他条件不变的情况下，技术结构变迁能够推动农业产业结构升级。

H6-3b：在其他条件不变的情况下，技术结构变迁通过推动农业产业结构升级而提升农业生态—经济系统发展水平。

综上所述，技术结构变迁蕴藏的规模扩张效应、资源配置效应和产业结构效应可能会有效缓解农业经济发展与生态环境污染的矛盾困境，进而能够显著提升农业生态—经济发展水平。本章试图将技术结构变迁、农业规模经营、农业资源配置、农业产业结构、农业生态—经济系统纳入同一分析框架，借助温忠麟和叶宝娟（2014）的中介效应分析方法，探讨技术结构变迁影响农业生态—经济系统的内部传导机制，分析框架如图 6-1 所示。

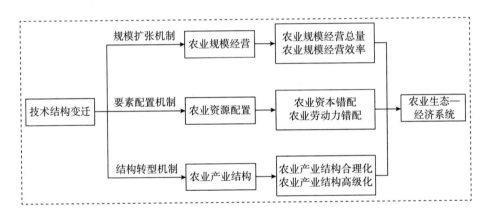

图 6-1　影响机制的理论分析框架

6.2　研究设计

6.2.1　模型设定

机理检验中，为了证实技术结构变迁是通过农业规模经营、农业资源配置和农业产业结构路径影响绿洲农业生态—经济系统发展，本章进一步采用中介效应检验方法（温忠麟和叶宝娟，2014），对 H6-1 至 H6-3 进行检验。技术结构变迁影响绿洲农业生态—经济系统发展的中介效应检验具体分三步，如图 6-2 所示。

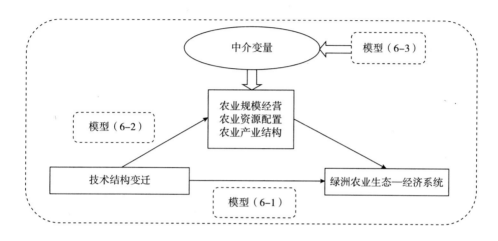

图 6-2　技术结构变迁影响绿洲农业生态—经济系统的中介效应检验程序

首先，检验技术结构变迁对绿洲农业生态—经济系统影响的总效应，构建如下面板模型：

$$EE_{i,t} = \alpha_0 + \alpha_1 TS_{i,t} + \delta X_{i,t} + \mu_i + v_t + \varepsilon_{i,t} \tag{6-1}$$

式中，$EE_{i,t}$ 为绿洲农业生态—经济系统发展指数，$TS_{i,t}$ 为技术结构变迁指数，$X_{i,t}$ 为一系列控制变量，i 为地区，t 为年度，α_0 为截距项，α_1 和 δ 均为变量相关系数，μ_i 为地区固定效应，v_t 为时间固定效应，$\varepsilon_{i,t}$ 为随机误差项。

其次，检验技术结构变迁与农业规模经营、农业资源配置以及农业产业结构之间的相关关系，以技术结构变迁指数作为解释变量，三大机制变量作为被解释变量，构建如下面板模型：

$$M_{i,t} = \gamma_0 + \gamma_1 TS_{i,t} + \varphi X_{i,t} + \mu_i + v_t + \varepsilon_{i,t} \tag{6-2}$$

式中，$M_{i,t}$ 为机制变量，包括农业规模经营、农业资源配置以及农业产业结构；γ_1 为技术结构变迁对机制变量的影响效应。该模型中，若 γ_1 显著不为 0，说明技术结构变迁对机制变量存在显著影响，那么继续对模型（6-3）进行回归，否则停止检验。

最后，为检验技术结构变迁能否通过农业规模经营、农业资源配置以及农业产业结构影响绿洲农业生态—经济系统发展，构建如下面板模型：

$$EE_{i,t} = \lambda_0 + \lambda_1 TS_{i,t} + \lambda_2 M_{i,t} + \theta X_{i,t} + \mu_i + v_t + \varepsilon_{i,t} \tag{6-3}$$

式中，λ_1 为技术结构变迁对绿洲农业生态—经济系统的直接影响效应，λ_2 为机制变量的中介作用。若 λ_2 显著不为 0，同时 λ_1 的系数显著且比模型（6-1）中 α_1 小，则认为技术结构变迁通过机制变量影响了绿洲农业生态—经济系统发展，机制变量的中介作用成立。除此之外，模型（6-2）中 γ_1 和模型（6-3）中 λ_2 有一个不显著，但 $\gamma_1 \times \lambda_2$ 的符号与模型（6-1）中 α_1 符号一致，同时 λ_1 的系数显著且比模型（6-1）中 α_1 小，此时，若通过了 Bootstrap 检验，也表明机制变量在其中起到了部分中介效应。

6.2.2 变量选取

6.2.2.1 被解释变量

本章的被解释变量为绿洲农业生态—经济系统发展水平（EE），是第 4 章中从绿色发展、经济增长 2 个目标层，资源节约、环境友好、生态治理、创新驱动、结构优化和经济效益 6 个准则层设计指标体系测算出来的绿洲农业生态—经济系统发展指数，该变量整体上反映了新疆及各地（州、市）绿洲农业生态—经济系统发展水平。

6.2.2.2 核心解释变量

本章的核心解释变量为技术结构变迁水平（TS），是第 4 章中等级视角下测算出来的农业技术结构变迁指数，该变量整体上反映了新疆各地（州、市）绿洲农业技术结构变迁水平。

6.2.2.3 中介变量

（1）农业规模经营

农业规模经营广义上可拆分为代表数量层面的农业规模经营总量与代表质量层面的农业规模经营效率（Fei et al.，2021）。基于此，本章参考姜松等（2021）和陈宇斌等（2024）的做法，从农业规模经营总量和农业规模经营效率双重维度设计指标。其中，在总量维度，选取农作物总播种面积与农业从业人员之比来表示农业规模经营总量（SC_G）；在效率维度，采用规模效率指数来表示，即采用 Malmquist 指数模型计算农业全要素生产率（Malmquist，1953），并将测算结果中分解出来的规模效率指数作为农业规模经营效率（SC_T）的代理变量，具体测算过程分为以下三步：

第一，选取投入产出指标，将农业总产值作为产出指标，农业从业人员和农作物总播种面积作为投入指标。

第二，把投入产出指标录入 MaxDEA 7.8.0 软件，得到 2000～2022 年新疆 14 地（州、市）的农业全要素生产率及各分解指数，本章主要关注农业全要素生产率分解得到的规模效率指数。

第三，由于 DEA-Malmquist 指数法测度出来的是全要素生产率变化率，参照祝宏辉等（2022）的做法，将所需的规模效率变化率转换成规模效率指数，假定基期（2000 年）规模效率指数等于 1，则 2001 年规模效率指数等于 2000 年规模效率指数乘以 2001 年规模效率变化率，其他年份以此类推。

（2）农业资源配置

根据农业生产的属性特点，农业生产要素分为资本、劳动力和土地，考虑到土地要素禀赋变化不大的前提下，本章主要基于资本和劳动力两类要素市场来衡量农业资源配置效率。基于此，本章借鉴前人研究成果（Aoki，2012；郑宏运等，2019），采用农业资本的相对错配系数（ML_K）和农业劳动力的相对错配系数（ML_L）分别进行刻画农业资本错配和农业劳动力错配两个变量，具体如下：

$$ML\_K = \left(\frac{K_i}{K}\right) \Big/ \left(\frac{s_i\beta_{Ki}}{\beta_K}\right) \tag{6-4}$$

$$ML\_L = \left(\frac{L_i}{L}\right) \Big/ \left(\frac{s_i\beta_{Li}}{\beta_L}\right) \tag{6-5}$$

式中，ML_K 和 ML_L 分别为农业资本的相对错配系数和农业劳动力的相对错配系数，K_i 和 L_i 分别为 i 地区的农业资本存量和劳动力数量，K 和 L 分别为地区总的农业资本存量和劳动力数量，s_i 为 i 地区农业产出占地区总产出的比重，β_{Ki} 和 β_{Li} 分别为 i 地区的农业资本产出弹性和劳动力产出弹性，通过规模报酬不变的 C-D 生产函数测算而得，β_K 和 β_L 分别为农业资本和劳动力贡献的加权值，$s_i\beta_{Ki}$ 和 $s_i\beta_{Li}$ 分别为农业资本和劳动力在有效配置时的使用比例，$\frac{K_i}{K}$ 和 $\frac{L_i}{L}$ 分别为 i 地区农业资本和劳动力实际使用量占地区总使用量的比重。计算过程中所涉及的产出为农业总产值，资本投入为农业资本存量、劳动力投入为农业从业人数。ML_K 和 ML_L 分别反映农业资本和农业劳动力要素的错配程度，当该值大于 1，表示存在资源配置过度的情况；反之，表示资源配置不足。

（3）农业产业结构

农业产业结构是指农、林、牧、渔业等各产业的总体构成，农业产业结构升级为农业资源在农业各产业间的配置，以提高农业产业结构的水平和效率（罗光强和王焕，2022）。基于此，本章主要从农业产业结构的合理化与高级化两个维度研究其与农业技术结构变迁和农业生态——经济系统发展之间的内在理论关联。

特别说明，考虑到本章着重分析农业这一细分产业，故不讨论技术结构变迁推动第一、第二、第三产业结构之间的调整，仅考虑技术结构变迁引起农业内部不同细分部门（如种植业、林业、畜牧业、渔业、农林牧渔服务业）之间结构的变化。

1）农业产业结构合理化指数。农业产业结构合理化强调农业资源在大农业内部各细分部门之间的合理分配与高效利用，本章参考韩永辉等（2017）、金芳和金荣学（2020）的做法，采用泰尔指数来量化农业产业结构合理化（IS_R）。具体公式如下：

$$IS\_R = \sum_{i=1}^{n} \left(\frac{Y_i}{Y}\right) \ln\left(\frac{Y_i}{L_i} \Big/ \frac{Y}{L}\right) \tag{6-6}$$

式中，IS_R 为绿洲农业产业结构合理化指数，Y 为农林牧渔业总产值，Y_i 为农、林、牧、渔业细分部门的产值；L 为农林牧渔业劳动力数量，L_i 为农、林、牧、渔业细分部门的劳动力数量。农业产业结构合理化指数为逆向指标，其值越大，表示农业产业结构合理化水平越低，农业产业结构越不合理；反之，则其越合理。

2）农业产业结构高级化指数。农业产业结构高级化反映的是大农业内部稳定发展种植业的同时，积极向林业、畜牧业和其他各业发展，同时种植业内部确保粮食作物稳定增长的同时，积极发展经济作物。大部分研究通常采用农牧产值比、粮经作物面积比、林牧渔业产值与农林牧渔业总产值比度量农业产业结构高级化（周传豹，2017；刘妍和赵帮宏，2019），还有学者指出利用农林牧渔服务业产值与农林牧渔业总产值之比能更清楚地反映农业部门内的服务化倾向（马玉婷等，2023）。鉴于此，本章结合绿洲农业产业的特性，借鉴马玉婷等（2023）的做法来衡量农业产业结构高级化（IS_A）。农业产业结构高级化指数为正向指标，其值越大，表示农业产业结构高级化水平越高，农业产业结构越高级。

6.2.2.4　控制变量

本章选取经济发展水平（ED）、工业化水平（IL）、对外开放水平（IR）、农业固定资产投资（AS）、农业从业人员占比（AL）、农村人力资本水平（HC）作为控制变量，选取原因以及变量说明与前文一致，故在这里不再赘述。

6.2.3　数据来源

为保证研究结果的真实性，在可获取前提下尽可能选取更长时间维度的样本数据，本章采用2000~2022年新疆14地（州、市）的面板数据，研究技术结构变迁对绿洲农业生态—经济系统发展的影响及作用机制。基础数据来源于历年的《新疆统计年鉴》及相应年份各地（州、市）统计年鉴，部分缺失数据采用插值法补齐。表 6-1 报告了主要变量的描述性统计结果。特别说明，因控制变量的选取与第 5 章一致，故在此未汇报控制变量的描述性统计结果。

表 6-1　主要变量的描述性统计

变量类型	变量名称	变量符号	样本量	均值	标准差	最小值	最大值
被解释变量	绿洲农业生态—经济系统发展水平	EE	322	0.218	0.070	0.060	0.750
核心解释变量	技术结构变迁水平	TS	322	0.877	0.393	0.522	3.590
中介变量	农业规模经营总量	SC_G	322	0.851	0.682	0.207	4.853
	农业规模经营效率	SC_T	322	0.836	0.139	0.492	1.188
	农业资本的相对错配系数	ML_K	322	0.605	0.515	0.015	3.623
	农业劳动力的相对错配系数	ML_L	322	0.498	0.429	0.013	3.295
	农业产业结构合理化	IS_R	322	0.016	0.341	0.000	0.861
	农业产业结构高级化	IS_A	280	0.043	0.047	0.000	0.530

资料来源：笔者使用 Stata 软件计算整理得到。

6.3　实证结果与分析

6.3.1　技术结构变迁与绿洲农业生态—经济系统：规模扩张机制

农业规模经营是农业现代化发展长期遵循的方向，在技术结构变迁影响绿洲农业生态—经济系统发展过程中承担重要机制作用。此外，农业规模经营不仅要关注总量问题，还要重视效率问题，故本节采用农业规模经营总量和农业规模经营效率两个维度全面分析农业规模经营在技术结构变迁影响绿洲农业生态—经济系统的作用机制。在利用式（6-1）估计了技术结构变迁对绿洲农业生态—经济系统影响的总效应基础上，利用式（6-2）估计技术结构变迁对农业规模经营的影响，进一步利用式（6-3）就技术结构变迁、农业规模经营对农业生态—经济系统的影响进行估计，具体结果如表 6-2 所示。

表6-2　农业规模经营的中介效应检验结果

| 变量 | EE | SC_G | EE | SC_T | EE |
	(1)	(2)	(3)	(4)	(5)
TS	0.084 ***	1.045 ***	0.060 ***	0.500 ***	0.062 ***
	(12.775)	(25.151)	(5.258)	(7.977)	(9.406)
SC_G			0.023 **		
			(2.502)		
SC_T					0.045 ***
					(8.125)
ED	0.179 ***	0.647 ***	0.194 ***	4.560 ***	-0.024
	(7.634)	(4.368)	(8.079)	(20.400)	(-0.735)
IL	-0.143 ***	-0.242 *	-0.137 ***	-0.917 ***	-0.102 ***
	(-6.926)	(-1.858)	(-6.680)	(-4.662)	(-5.268)
IR	0.037 ***	0.022	0.037 ***	0.359 ***	0.021 ***
	(4.865)	(0.453)	(4.840)	(4.891)	(2.959)
AS	0.006 **	0.011	0.005 **	0.084 ***	0.002
	(2.565)	(0.765)	(2.475)	(3.912)	(0.972)
AL	-0.216 ***	-1.479 ***	-0.182 ***	-0.435	-0.196 ***
	(-6.535)	(-7.100)	(-5.153)	(-1.383)	(-6.538)
HC	0.023	0.415	0.014	1.117 **	-0.027
	(0.490)	(1.401)	(0.291)	(2.499)	(-0.624)
个体固定效应	控制	控制	控制	控制	控制
时间固定效应	控制	控制	控制	控制	控制
调整后的 R^2	0.870	0.926	0.873	0.883	0.893
N	322	322	322	322	322

注：*、**和***分别表示在10%、5%和1%的统计水平上显著，括号内的数值为t统计值。

　　从表6-2农业规模经营机制检验结果来看，列（1）至列（3）是以农业规模经营总量作为机制变量的估计结果，列（1）、列（4）和列（5）是以农业规模经营效率作为机制变量的估计结果。关于农业规模经营总量，由列（1）结果可知，技术结构变迁对绿洲农业生态—经济系统影响的估计系数为0.084，且在1%的统计水平上显著，说明技术结构变迁对绿洲农业生态—经济系统发展具有促进作用；由列（2）结果可知，技术结构变迁对农业规模经营总量的估计系数为1.045，且在1%的统计水平上显著，说明技术结构变迁确实有助于农业规模经营总量的扩张，H6-1a得到部分验证；由列（3）结果可知，技术结构变迁和农业规模经营总量对绿洲农业生态—经济系统发展的影响系数分别为 0. 060 和 0. 023，并且分别在 1% 和 5% 的统计水平上显著，同时列（3）中的技术结构变迁系数小于列（1）中的结果，这表明技术结构变迁能够通过农业规模经营总量推动绿洲农业生态—经济系统发展，即农业规模经营总量在技术结构变迁促进绿洲农业生态—经济系统发展过程中起到了部分中介作用，H6-1b 得到部分验证。

　　类似地，关于农业规模经营效率，列（1）总效应估计结果表明技术结构变迁对绿洲农业生态—经济系统发展的影响显著为正；列（4）结果显示技术结构变迁对农业规模经营效率的系数为 0. 500 且通过 1% 的显著性水平检验，说明技术结构变迁确实有助于农业规模经营效率的提升，H6-1a 进一步得到验证；列（5）结果显示技术结构变迁和农业规模经营效率对绿洲农业生态—经济系统的影响系数分别为 0. 062 和 0. 045，并且均在 1% 的统计水平上显著，同时列（5）中技术结构变迁系数小于列（1）中的结果。这表明技术结构变迁能够通过农业规模经营效率推动绿洲农业生态—经济系统发展，即农业规模经营效率在技术结构变迁促进绿洲农业生态—经济系统发展过程中起到了部分中介作用，H6-1b 进一步得到验证。综合农业规模经营总量和农业规模经营效率双重维度的结果可知，技术结构变迁不仅能够推动农业规模经营总量的扩张，还促进了农业规模经营效率的提升，有助于提高农业生产效率和农产品产量、保护农业生态环境，进而推动绿洲农业生态—经济系统发展。

6.3.2　技术结构变迁与绿洲农业生态—经济系统：资源配置机制

　　农业资源配置是农业现代化发展的核心要素，在技术结构变迁影响绿洲农业生态—经济系统发展过程中承担重要机制作用。本节采用农业资本的相对错配系数和农业劳动力的相对错配系数探究农业资源配置在技术结构变迁影响绿洲农业生态—经济系统发展中的作用机制。在利用式（6-1）估计了技术结构变迁对绿洲农业生态—经济系统影响的总效应基础上，进一步利用式（6-2）和式（6-3）分别就技术结构变迁对农业资源配置的影响和技术结构变迁、农业资源配置对绿洲农业生态—系统的影响进行估计，具体结果如表 6-3 所示。

表6-3　农业资源配置的中介效应检验结果

| 变量 | EE | ML_K | EE | ML_L | EE |
	(1)	(2)	(3)	(4)	(5)
TS	0. 084***	-0. 450***	0. 066***	-0. 582***	0. 051***
	(12. 775)	(-7. 065)	(10. 067)	(-8. 820)	(7. 937)

变量	EE	ML_K	EE	ML_L	EE
	(1)	(2)	(3)	(4)	(5)
ML_K			-0.039 ***		
			(-6.284)		
ML_L					-0.056 ***
					(-8.514)
ED	0.179 ***	-2.031 ***	0.099 ***	-2.648 ***	0.041
	(7.634)	(-8.748)	(4.103)	(-12.207)	(1.637)
IL	-0.143 ***	-0.929 ***	-0.107 ***	-0.933 ***	-0.094 ***
	(-6.926)	(-4.545)	(-5.411)	(-4.890)	(-5.013)
IR	0.037 ***	0.044	0.036 ***	0.117	0.031 ***
	(4.865)	(0.583)	(5.021)	(1.650)	(4.616)
AS	0.006 **	0.068 ***	0.003	0.050 **	0.003
	(2.565)	(3.066)	(1.468)	(2.392)	(1.595)
AL	-0.216 ***	-1.019 ***	-0.176 ***	-0.547 *	-0.187 ***
	(-6.535)	(-3.120)	(-5.676)	(-1.793)	(-6.426)
HC	0.023	-1.064 **	-0.019	0.264	0.009
	(0.490)	(-2.290)	(-0.428)	(0.609)	(0.224)
个体固定效应	控制	控制	控制	控制	控制
年份固定效应	控制	控制	控制	控制	控制
调整后的 R^2	0.870	0.775	0.889	0.800	0.900
N	322	322	322	322	322

注：*、** 和 *** 分别表示在10%、5% 和 1% 的统计水平上显著，括号内的数值为 t 统计值。

从表 6-3 农业资源配置机制检验结果来看，列（1）至列（3）是以农业资本错配作为机制变量的估计结果，列（1）、列（4）和列（5）是以农业劳动力错配作为机制变量的估计结果。关于农业资本错配，列（1）结果显示技术结构变迁对绿洲农业生态—经济系统影响的估计系数为 0.084，且在 1% 的统计水平上显著，说明技术结构变迁能够推动绿洲农业生态—经济系统发展；由列（2）结果可知，技术结构变迁对农业资本错配的估计系数为 -0.450，且在 1% 的统计水平上显著，说明技术结构变迁确实有助于降低农业资本错配水平，H6-2a 得到部分验证；由列（3）结果可知，技术结构变迁和农业资本错配对绿洲农业生态—经济系统发展的影响系数分别为 0.066 和 -0.039，均在 1% 的统计水平上显著，同时列（3）中技术结构变迁系数小于列（1）中的结果，这表明技术结构变迁能够通过缓解农业资本错配进而推动绿洲农业生态—经济系统发展，即农业资本错配在技术结构变迁促进绿洲农业生态—经济系统发展过程中起到了部分中介作用，H6-2b 得到部分验证。

类似地，就农业劳动力错配而言，列（1）总效应估计结果表明技术结构变迁对绿洲农业生态—经济系统发展的影响显著为正；列（4）结果表明技术结构变迁对农业劳动力错配的估计系数为-0.582，且在 1%的统计水平上显著，说明技术结构变迁对农业劳动力错配具有抑制作用，H6-2a 进一步得到验证；列（5）结果显示，技术结构变迁和农业劳动力错配对绿洲农业生态—经济系统发展的影响系数分别为 0.051 和-0.056，并且均在 1%的统计水平上显著，同时列（5）中技术结构变迁系数小于列（1）中的结果。这表明技术结构变迁能够通过缓解农业劳动力错配进而推动绿洲农业生态—经济系统发展，农业劳动力错配在技术结构变迁促进绿洲农业生态—经济系统发展过程中起到了部分中介作用，H6-2b 进一步得到验证。综合农业资本错配和农业劳动力错配双重维度的结果可知，技术结构变迁能够降低农业资源错配程度，促使资源配置更为有效、精准，提高农业资源配置效率，进而推动绿洲农业生态—经济系统发展。

6.3.3　技术结构变迁与绿洲农业生态—经济系统：结构转型机制

农业产业结构升级是农业现代化发展的现实要求，在技术结构变迁影响绿洲农业生态—经济系统发展过程中承担重要机制作用。此外，农业产业结构升级体现在合理化和高级化两个维度，故本节采用农业产业结构合理化指数和农业产业结构高级化指数全面阐释农业产业结构在技术结构变迁影响绿洲农业生态—经济系统发展中的作用机制。在利用式（6-1）估计了技术结构变迁对绿洲农业生态—经济系统影响的总效应基础上，进一步利用式（6-2）和式（6-3）分别就技术结构变迁对农业产业结构的影响和技术结构变迁、农业产业结构对绿洲农业生态—系统发展的影响进行估计，具体结果如表 6-4 所示。

表 6-4　农业产业结构的中介效应检验结果

变量	EE	IS_R	EE	IS_A	EE
	(1)	(2)	(3)	(4)	(5)
TS	0.084 ***	-0.337 ***	0.064 ***	0.058 ***	0.072 ***
	(12.775)	(-4.753)	(12.718)	(4.891)	(10.580)

变量	EE	IS_R	EE	IS_A	EE
	(1)	(2)	(3)	(4)	(5)
IS_R			-0.058**		
			(-2.423)		
IS_A					0.213**
					(2.341)
ED	0.179***	-0.773***	0.185***	0.014	0.221***
	(7.634)	(-3.062)	(7.778)	(0.326)	(8.522)
IL	-0.143***	-0.536**	-0.139***	0.007	-0.164***
	(-6.926)	(-2.413)	(-6.676)	(0.204)	(-7.436)
IR	0.037***	-0.068	0.038***	0.043***	0.036***
	(4.865)	(-0.827)	(4.935)	(3.123)	(4.231)
AS	0.006**	-0.039	0.006***	-0.007	0.007***
	(2.565)	(-1.632)	(2.691)	(-1.598)	(2.810)
AL	-0.216***	2.355***	-0.198***	-0.130**	-0.213***
	(-6.535)	(6.632)	(-5.606)	(-2.251)	(-5.995)
HC	0.023	0.663	0.018	0.086	0.037
	(0.490)	(1.314)	(0.382)	(0.910)	(0.638)
个体固定效应	控制	控制	控制	控制	控制
时间固定效应	控制	控制	控制	控制	控制
调整后的 R^2	0.870	0.803	0.871	0.850	0.870
N	322	322	322	280	280

注：*、**和***分别表示在10%、5%和1%的统计水平上显著，括号内的数值为t统计值。

从表6-4农业产业结构机制检验结果来看，列（1）至列（3）是以农业产业结构合理化指数作为机制变量的估计结果，列（1）、列（4）和列（5）是以农业产业结构高级化指数作为机制变量的估计结果。就农业产业结构合理化而言，列（1）结果显示技术结构变迁对绿洲农业生态—经济系统影响的估计系数为0.084，且在1%的统计水平上显著，说明技术结构变迁对绿洲农业生态—经济系统发展有促进作用；由列（2）结果可知，技术结构变迁对农业产业结构合理化指数的估计系数为-0.337，且在1%的统计水平上显著，由于农业产业结构合理化指数与农业产业结构合理化水平为负向关系，因而技术结构变迁对农业产业结构合理化指数的负向效应则表明技术结构变迁有助于农业产业结构合理化水平的提升，H6-3a得到部分验证；由列（3）结果可知，技术结构变迁和农业产业结构合理化指数对绿洲农业生态—经济系统发展的影响系数为 0.064 和 -0.058，并且分别在 1% 和 5% 的统计水平上显著，同时列（3）中技术结构变迁系数小于列（1）中的结果，这表明技术结构变迁能够通过提高农业产业结构合理化水平推动绿洲农业生态—经济系统发展，即在技术结构变迁推动绿洲农业生态—经济系统发展过程中，产业结构合理化水平起到了重要的中介作用，H6-3b 得到部分验证。

类似地，就农业产业结构高级化而言，列（1）总效应估计结果表明技术结构变迁对绿洲农业生态—经济系统的影响显著为正；列（4）结果显示技术结构变迁对农业产业结构高级化指数的估计系数为 0.058 且通过 1% 的显著性水平检验，说明技术结构变迁确实有助于农业产业结构高级化水平的提升，H6-3a 进一步得到验证；列（5）结果显示技术结构变迁和农业产业结构高级化指数对绿洲农业生态—经济系统的影响系数分别为 0.072 和 0.213，并且分别在 1% 和 5% 的统计水平上显著，同时列（5）中技术结构变迁系数小于列（1）中的结果。这表明技术结构变迁能够通过提高农业产业结构高级化水平推动绿洲农业生态—经济系统发展，即农业产业结构高级化水平在技术结构变迁促进绿洲农业生态—经济系统发展过程中起到了部分中介作用，H6-3b 进一步得到验证。综合农业产业结构合理化与高级化双重维度的结果可知，技术结构变迁有助于提升农业产业结构的合理化水平和高级化水平，使绿洲农业生态—经济系统内部产业结构更加合理、农业生产综合能力显著提升，进而有利于绿洲农业生态—经济系统发展。

6.3.4 技术结构变迁对绿洲农业生态—经济系统的作用路径比较

本节借鉴张维刚和欧阳建勇（2023）的研究，对农业规模经营、农业资源配置与农业产业结构三条作用路径进行了主次比较。表 6-5 是在表 6-2 至表 6-4 回归结果的基础上，对技术结构变迁作用路径效应的具体测算。从表 6-2 的回归结果可以得到，技术结构变迁与农业规模经营作用路径（农业规模经营总量、农业规模经营效率）的回归系数分别为 1.045 和 0.500，而农业规模经营作用路径（农业规模经营总量、农业规模经营效率）与绿洲农业生态—经济系统的回归系数分别为 0.023 和 0.045，故农业规模经营作用路径（农业规模经营总量、农业规模经营效率）在技术结构变迁影响绿洲农业生态—经济系统中的中介效应分别为 0.024（1.045×0.023）和 0.023（0.500×0.045），农业规模经营的总中介路径系数为 0.047。同理，依据表 6-3 和表 6-4 的回归结果可以计算得到，农业资源配置与农业产业结构的总中介路径系数分别为 0.051 与 0.032。

表 6-5　作用路径比较

传导路径	效应测算结果
农业规模经营中介路径	
①技术结构变迁→农业规模经营总量→绿洲农业生态—经济系统	0.024
②技术结构变迁→农业规模经营效率→绿洲农业生态—经济系统	0.023
农业规模经营总中介路径（①+②）	0.047
农业资源配置中介路径	
③技术结构变迁→农业资本错配→绿洲农业生态—经济系统	0.018
④技术结构变迁→农业劳动力错配→绿洲农业生态—经济系统	0.033
农业资源配置总中介路径（③+④）	0.051
农业产业结构中介路径	
⑤技术结构变迁→农业产业结构合理化→绿洲农业生态—经济系统	0.020
⑥技术结构变迁→农业产业结构高级化→绿洲农业生态—经济系统	0.012
农业产业结构总中介路径（⑤+⑥）	0.032

注：根据表 6-2 至表 6-4 回归结果计算而得。

通过比较作用路径系数的结果可以发现，三条作用机制中占主导效应的是农业资源配置，约占总中介效应的 39.23% 计算过程为 0.051÷（0.047+0.051+0.032）；然后是农业规模经营，约占总中介效应的 36.15% 计算过程为 0.047÷（0.047+0.051+0.032）；最后是农业产业结构，约占总中介效应的 24.62% 计算过程为 0.032÷（0.047+0.051+0.032）。这表明农业资源配置在技术结构变迁对绿洲农业生态—经济系统的影响中发挥了更大的作用，主要源于农业资源配置与农业技术结构变迁、农业规模经营以及农业产业结构存在着密切的关系，农业资源配置合理与否是农业发展的核心，因而需要更加重视农业资源的配置水平，提升资源配置效率，以充分发挥资源有效配置对绿洲农业生态—经济系统的积极效应，为绿洲农业生态—经济系统的健康、可持续发展提供有力支撑。

6.4　稳健性检验

为保证本章主要结论的可靠性，通过以下方式检验技术结构变迁与绿洲农业生态—经济系统关系的稳健性：一是内生性处理，考虑到"技术结构变迁—机制变量—农业生态—经济系统"影响路径可能存在反向关系，即农业生态—经济系统发展水平越高的区域往往倾向于推动技术结构向高级化变迁，推动农业规模经营扩张、农业资源合理配置和农业产业结构升级，这种内生性问题可能导致估计结果不可信。因而，通过采用工具变量法对该影响路径进行稳健性检验。二是改变模型设定，考虑到交互效应模型也是机制检验的常用方法（江艇，2022），通过引入核心解释变量与机制变量的交互项分别检验技术结构变迁对绿洲农业生态—经济系统发展的规模扩张、资源配置、结构转型作用机制。

6.4.1　内生性处理

为了缓解本章研究可能存在的内生性问题，本节构建工具变量模型来降低内生性的干扰。关于工具变量的选择，为了满足相关性与外生性要求，本节按照常规做法，采用技术结构变迁水平滞后一期作为工具变量，并采用两阶段最小二乘模型进行工具变量估计（陈斌开和林毅夫，2013）。检验技术结构变迁的规模扩张机制，回归结果如表 6-6 所示。

表 6-6　工具变量估计（规模扩张机制）

变量	EE	SC_G	EE	SC_T	EE
	(1)	(2)	(3)	(4)	(5)
TS	0.091*** (15.595)	1.828*** (35.283)	0.059*** (3.947)	0.198*** (3.352)	0.067*** (16.897)
SC_G			0.018** (2.461)		
SC_T					0.121*** (5.419)
ED	0.098*** (3.907)	−0.038 (−0.171)	0.099*** (4.057)	0.457*** (7.450)	0.154*** (5.892)
IL	−0.040*** (−2.596)	0.543*** (3.978)	−0.049*** (−3.236)	−0.307*** (−8.169)	−0.077*** (−4.732)
IR	0.015** (2.154)	0.251*** (4.015)	0.020*** (2.779)	0.005 (0.314)	0.015** (2.151)
AS	0.004 (1.350)	0.045* (1.827)	0.003 (1.088)	0.022*** (3.212)	0.006** (2.361)
AL	−0.181*** (−5.396)	2.738*** (9.207)	−0.229*** (−5.829)	−0.407*** (.−4.980)	−0.131*** (−3.914)

续表

变量	EE	SC_G	EE	SC_T	EE
	(1)	(2)	(3)	(4)	(5)
HC	0.016	0.548**	0.006	0.107	0.029
	(0.584)	(2.299)	(0.228)	(1.636)	(1.109)
个体固定效应	控制	控制	控制	控制	控制
时间固定效应	控制	控制	控制	控制	控制
调整后的 R^2	0.782	0.891	0.794	0.298	0.799
N	308	308	308	308	308

注: *、**和***分别表示在10%、5%和1%的统计水平上显著, 括号内的数值为t统计值。

根据表6-6的估计结果可知, 农业规模经营总量和农业规模经营效率均满足中介效应的前提条件, 列(1)表明技术结构变迁能够显著推动绿洲农业生态—经济系统发展; 列(2)和列(4)表明技术结构变迁能够显著推动农业规模经营; 列(3)和列(5)表明技术结构变迁和农业规模经营均对绿洲农业生态—经济系统发展表现为显著的正向作用。因此, 农业规模经营在技术结构变迁驱动绿洲农业生态—经济系统发展的过程中具有传导作用。检验技术结构变迁的资源配置机制, 回归结果如表6-7所示。

表6-7 工具变量估计(资源配置机制)

变量	EE	ML_K	EE	ML_L	EE
	(1)	(2)	(3)	(4)	(5)
TS	0.091***	-0.273***	0.071***	-0.324***	0.069***
	(15.595)	(-6.871)	(12.434)	(-7.361)	(12.636)
ML_K			-0.033***		
			(-7.474)		
ML_L					-0.047***
					(-8.818)
ED	0.098***	-1.577***	0.014	-1.831***	-0.007
	(3.907)	(-7.712)	(0.577)	(-8.574)	(-0.272)
IL	-0.040***	-0.321**	-0.057***	0.184	-0.050***
	(-2.596)	(-2.565)	(-4.116)	(1.408)	(-3.789)
IR	0.015**	0.058	0.012*	0.133**	0.008
	(2.154)	(1.011)	(1.921)	(2.229)	(1.230)

续表

变量	EE	ML_K	EE	ML_L	EE
	（1）	（2）	（3）	（4）	（5）
AS	0.004	0.022	0.005**	0.039*	0.006**
	（1.350）	（0.984）	（1.990）	（1.677）	（2.497）
AL	−0.181***	−1.980***	−0.075**	−1.605***	−0.089***
	（−5.396）	（−7.275）	（−2.320）	（−5.651）	（−2.922）
HC	0.016	−0.752***	0.056**	0.927***	0.069***
	（0.584）	（−3.446）	（2.287）	（4.070）	（2.893）
个体固定效应	控制	控制	控制	控制	控制
时间固定效应	控制	控制	控制	控制	控制
调整后的 R^2	0.782	0.758	0.826	0.733	0.837
N	308	308	308	308	308

注：*、**和***分别表示在10%、5%和1%的统计水平上显著，括号内的数值为t统计值。

根据表6-7的估计结果可知，农业资本错配和农业劳动力错配均满足中介效应的前提条件，列（1）表明技术结构变迁能够显著推动绿洲农业生态—经济系统发展；列（2）和列（4）表明技术结构变迁能够显著降低农业资本错配和农业劳动力错配水平，提升农业资源配置效率；列（3）和列（5）表明技术结构变迁和农业资源合理配置能够显著提升绿洲农业生态—经济系统发展水平。因此，农业资源配置在技术结构变迁驱动绿洲农业生态—经济系统发展的过程中具有传导作用。检验技术结构变迁的结构转型机制，回归结果如表6-8所示。

表6-8　工具变量估计（结构转型机制）

变量	EE	IS_R	EE	IS_A	EE
	（1）	（2）	（3）	（4）	（5）
TS	0.091***	−0.236**	0.083***	0.041**	0.081***
	（15.595）	（−2.163）	（15.524）	（2.525）	（14.287）
IS_R			−0.032**		
			（−2.445）		
IS_A					0.237*
					（1.827）

变量	EE	IS_R	EE	IS_A	EE
	(1)	(2)	(3)	(4)	(5)
ED	0.098***	−0.044	0.098***	0.003	0.089***
	(3.907)	(−0.163)	(3.904)	(0.069)	(3.071)
IL	−0.040***	0.642***	−0.038**	0.073***	−0.039**
	(−2.596)	(3.870)	(−2.440)	(3.247)	(−2.319)
IR	0.015**	−0.191**	0.015**	0.007	0.017**
	(−2.154)	(−2.517)	(2.069)	(0.626)	(2.208)
AS	0.004	−0.021	0.004	0.015***	0.004
	(1.350)	(−0.710)	(1.331)	(3.576)	(1.170)
AL	−0.181***	−0.560	−0.182***	0.087*	−0.188***
	(−5.396)	(−1.552)	(−5.417)	(1.855)	(−5.321)
HC	0.016	−0.978***	0.018	0.056	0.017
	(0.584)	(−3.377)	(0.657)	(1.456)	(0.578)
个体固定效应	控制	控制	控制	控制	控制
时间固定效应	控制	控制	控制	控制	控制
调整后的 R^2	0.782	0.745	0.781	0.738	0.773
N	308	308	308	280	280

注：*、**和***分别表示在10%、5%和1%的统计水平上显著，括号内的数值为t统计值。

根据表6-8的估计结果可知，农业产业结构合理化和农业产业结构高级化均满足中介效应的前提条件，列（1）表明技术结构变迁能够显著推动绿洲农业生态——经济系统发展；列（2）和列（4）表明技术结构变迁能够显著推动农业产业结构升级；列（3）和列（5）表明技术结构变迁和农业产业结构升级均对绿洲农业生态——经济系统发展表现为显著的正向作用。因此，农业产业结构在技术结构变迁驱动绿洲农业生态——经济系统发展的过程中具有传导作用。可见，在加入工具变量后，各机制变量在技术结构变迁影响绿洲农业生态——经济系统发展中的中介效应未发生明显变化，这表明模型内生性对估计结果未产生实质性影响，进一步证明了H6-1至H6-3是成立的。

6.4.2 改变模型设定

为了探究农业规模经营、农业资源配置和农业产业结构在技术结构变迁与绿洲农业生态——经济系统之间的机制作用，其一，本节在模型（6-1）的基础上，设立模型（6-7）并引入农业规模经营与技术结构变迁交互项，检验技术结构变迁是否可以通过推动农业规模经营扩张，进而推动绿洲农业生态—经济系统发展。

$$EE_{i,t}=\alpha_0+\alpha_1 TS_{i,t}+\alpha_2 SC_{i,t}+\alpha_3 TS_{i,t}\times SC_{i,t}+\delta X_{i,t}+\mu_i+v_t+\varepsilon_{i,t} \tag{6-7}$$

式中，$SC_{i,t}$ 为农业规模经营变量，包括农业规模经营总量（$SC\_G_{i,t}$）和农业规模经营效率（$SC\_T_{i,t}$）两个维度；$TS_{i,t}\times SC_{i,t}$ 为技术结构变迁与农业规模经营交互项；其他变量同上。

其二，在模型（6-1）的基础上，设立模型（6-8）并引入农业资源配置与技术结构变迁交互项，检验技术结构变迁是否可以通过推动农业资源合理配置，进而推动绿洲农业生态—经济系统发展。

$$EE_{i,t}=\alpha_0+\alpha_1 TS_{i,t}+\alpha_2 ML_{i,t}+\alpha_3 TS_{i,t}\times ML_{i,t}+\delta X_{i,t}+\mu_i+v_t+\varepsilon_{i,t} \tag{6-8}$$

式中，$ML_{i,t}$ 为农业资源配置变量，包括农业资本错配（$ML\_K_{i,t}$）和农业劳动力错配（$ML\_L_{i,t}$）两个维度；$TS_{i,t}\times TC_{i,t}$ 为技术结构变迁与农业资源配置交互项；其他变量同上。

其三，在模型（6-1）的基础上，设立模型（6-9）并引入农业产业结构与技术结构变迁交互项，检验技术结构变迁是否可以通过推动农业产业结构升级，进而推动绿洲农业生态—经济系统发展。

$$EE_{i,t}=\alpha_0+\alpha_1 TS_{i,t}+\alpha_2 IS_{i,t}+\alpha_3 TS_{i,t}\times IS_{i,t}+\delta X_{i,t}+\mu_i+v_t+\varepsilon_{i,t} \tag{6-9}$$

式中，$IS_{i,t}$ 为农业产业结构变量，包含农业产业结构合理化（$IS\_R_{i,t}$）和农业产业结构高级化（$IS\_A_{i,t}$）两个维度；$TS_{i,t}\times IS_{i,t}$ 为技术结构变迁与农业产业结构交互项；其他变量同上。当加入交互项后，重点关注交互项的系数大小及显著程度，若 α_3 显著，说明农业规模经营、农业资源配置和农业产业结构三大作用机制存在。此外，由于自变量技术结构变迁与机制变量之间具有较强的相关性，为避免多重共线性带来的结果偏差，故在生成交乘项之前，先对自变量和机制变量进行了中心化处理，回归结果如表 6-9 所示。

表 6-9　基于交互效应模型的机制检验结果

变量	农业规模经营		农业资源配置		农业产业结构	
	（1）	（2）	（3）	（4）	（5）	（6）
TS	0.043	0.063***	0.044***	0.035***	0.043***	0.018
	(0.045)	(6.155)	(4.810)	(4.047)	(5.432)	(1.639)
SC_G	0.024***					
	(2.937)					

变量	农业规模经营		农业资源配置		农业产业结构	
	(1)	(2)	(3)	(4)	(5)	(6)
TS×SC_G	0.021*** (12.840)					
SC_T		0.018*** (2.967)				
TS×SC_T		0.045*** (14.032)				
ML_K			-0.017* (-1.729)			
TS×ML_K			-0.043*** (-14.552)			
ML_L				-0.013* (-1.697)		
TS×ML_L				-0.040*** (-13.068)		
IS_R					-0.064*** (-6.794)	
TS×IS_R					-0.082*** (-8.791)	
IS_A						0.916*** (6.953)
TS×IS_A						1.019*** (7.106)
ED	0.291*** (14.038)	0.214*** (6.988)	0.230*** (11.149)	0.203*** (8.599)	0.250*** (11.119)	0.291*** (11.315)
IL	-0.128*** (-7.705)	-0.117*** (-7.769)	-0.107*** (-7.109)	-0.104*** (-6.918)	-0.137*** (-7.370)	-0.182*** (-8.899)
IR	0.013** (1.996)	0.008 (1.343)	0.014** (2.512)	0.013** (2.413)	0.019*** (2.615)	0.031*** (3.927)
AS	0.001 (0.632)	0.001 (0.224)	0.002 (0.148)	0.001 (0.243)	0.004* (1.795)	0.007*** (3.082)
AL	-0.084*** (-2.840)	-0.082*** (-3.315)	-0.063** (-2.543)	-0.089*** (-3.629)	-0.119*** (-3.649)	-0.136*** (-3.976)

续表

变量	农业规模经营		农业资源配置		农业产业结构	
	（1）	（2）	（3）	（4）	（5）	（6）
HC	0.065*	0.069**	0.047	0.058*	0.048	0.004
	(1.711)	(2.012)	(1.378)	(1.747)	(1.140)	(0.083)
个体固定效应	控制	控制	控制	控制	控制	控制
时间固定效应	控制	控制	控制	控制	控制	控制
调整后的 R^2	0.818	0.835	0.815	0.846	0.897	0.891
N	322	322	322	322	322	280

注：*、**和***分别表示在10%、5%和1%的统计水平上显著，括号内的数值为 t 统计值。

从表6-9的机制检验结果可以看出，列（1）中农业规模经营总量与技术结构变迁交互项系数为0.021，列（2）中农业规模经营效率与技术结构变迁交互项系数为0.045，两者均在1%的统计水平上显著，表明无论是农业规模经营总量还是农业规模经营效率，均在技术结构变迁与绿洲农业生态—经济系统发展中起到正向调节作用，即农业规模经营越大，技术结构变迁对绿洲农业生态—经济系统发展的提升效应越大。列（3）和列（4）结果显示，农业资本错配和农业劳动力错配与技术结构变迁的交互项系数分别为-0.043和-0.040，且均在1%的统计水平上显著，说明农业资源合理配置强化了技术结构变迁对绿洲农业生态—经济系统发展的正向影响，即技术结构变迁可以通过改善农业资源错配，进而推动绿洲农业生态—经济系统发展。列（5）结果显示，农业产业结构合理化指数与技术结构变迁交互项的系数为-0.082，且在1%的统计水平上显著，由于农业产业结构合理化指数与农业产业结构合理化水平方向相反，故农业产业结构合理化水平在技术结构变迁与绿洲农业生态—经济系统发展中起到正向调节作用，即技术结构变迁能够推动农业产业结构合理化水平提升，进而推动绿洲农业生态—经济系统发展。列（6）结果显示，农业产业结构高级化指数与技术结构变迁交互项的系数为1.019，且在1%的统计水平上显著，表明农业产业结构高级化水平在技术结构变迁与绿洲农业生态—经济系统发展中起到正向调节作用，即技术结构变迁能够推动农业产业结构高级化水平提升，进而推动绿洲农业生态—经济系统发展。基于以上机制分析的结果，技术结构变迁确实能够通过规模扩张机制、资源配置机制和结构转型机制促进绿洲农业生态—经济系统发展水平的提升。可见，在替换机制检验模型后，结果依然稳健。

6.5 本章小结

本章主要是技术结构变迁对绿洲农业生态—经济系统影响机制的实证分析。基于 2000~2022 年新疆 14 地（州、市）面板数据样本，从规模扩张机制、资源配置机制和结构转型机制三条路径出发，构建中介效应模型，实证检验了技术结构变迁对绿洲农业生态—经济系统发展的影响机制。研究结论如下：

第一，规模扩张机制结果显示，农业规模经营在技术结构变迁影响绿洲农业生态—经济系统发展过程中起到部分中介作用，其中农业规模经营总量的中介效应大小为 0.024，约占总效应的 28.61%，农业规模经营效率的中介效应大小为 0.023，约占总效应的 26.79%。可见，技术结构变迁不仅能够推动农业规模经营总量的扩张，还促进了农业规模经营效率的提升，进而推动绿洲农业生态—经济系统发展。

第二，资源配置机制结果显示，农业资源配置在技术结构变迁影响绿洲农业生态—经济系统发展过程中起到部分中介作用，其中农业资本错配的中介效应大小为 0.018，约占总效应的 20.89%，农业劳动力错配的中介效应大小为 0.033，约占总效应的 38.80%。可见，技术结构变迁能够降低农业资源错配程度，促使资源配置更为有效、精准，提高农业资源配置效率，进而推动绿洲农业生态—经济系统发展。

第三，结构转型机制结果显示，农业产业结构升级在技术结构变迁影响绿洲农业生态—经济系统发展过程中起到部分中介作用，其中农业产业结构合理化水平的中介效应大小为 0.020，约占总效应的 23.27%，农业产业结构高级化水平的中介效应大小为 0.012，约占总效应的 14.71%。可见，技术结构变迁有助于提升农业产业结构的合理化水平和高级化水平，使绿洲农业生态—经济系统内部产业结构更加合理、农业生产综合能力显著提升，进而有利于绿洲农业生态—经济系统发展。

第四，通过比较规模扩张机制、资源配置机制和结构转型机制三条作用路径系数的结果发现，三条作用路径中占主导效应的是农业资源配置，约占总中介效应的 39.23%，然后是农业规模经营，约占总中介效应的 36.15%，最后是农业产业结构，约占总中介效应的 24.62%，这表明农业资源配置在技术结构变迁对绿洲农业生态—经济系统的影响中发挥了更大的作用，因而需要更加重视农业资源的配置水平，提升资源配置效率，以充分发挥农业资源有效配置对绿洲农业生态—经济系统的积极效应，为绿洲农业生态—经济系统的健康、可持续发展提供有力支撑。

第7章 技术结构变迁对绿洲农业生态——经济系统空间溢出效应的实证分析

技术溢出效应是广泛存在的，它会打破空间限制，推动技术及资本、劳动力等要素在地区间自由流动，促进邻近地区农业生态——经济系统发展。那么，技术结构变迁对绿洲农业生态——经济系统发展是否存在空间溢出效应，即技术结构变迁在推动本地绿洲农业生态——经济系统发展的同时，对邻地绿洲农业生态——经济系统发展是否同样也存在促进作用？基于此，本章仍以新疆为研究样本，进一步着眼于空间异质性视角，将地区技术结构变迁与空间关联结合，构建空间计量模型来考察技术结构变迁对绿洲农业生态——经济系统的空间溢出效应。

7.1 理论分析与研究假设

无论技术结构变迁通过何种作用路径影响农业生态——经济系统，均是在特定的空间互动背景下展开的，即技术结构变迁不仅能够提高本地农业生态——经济系统发展，还能推动周边地区农业生态——经济系统发展（王辰璇和姚佐文，2021）。从地理空间层面来看，农业生态——经济系统本身就具有强烈的空间依赖性，即本地区农业生态——经济系统发展水平会受到相邻地区农业生态——经济系统发展经验的示范效应的影响（Läpple et al.，2016）。理论上讲，农业技术结构变迁对农业生态——经济系统发展产生的空间传导效应是多方面的，自然资源与要素禀赋、农业技术扩散与外溢是尤为关键的因素（李兆亮等，2020）。其中，技术结构变迁的空间外溢效应类型分为物化型技术和非物化型技术两种，物化型技术主要指土壤改良、节水灌溉、农业机械化等以实物载体呈现的硬技术，而非物化型技术主要指农业生产经营理念、农业软件、知识、信息等以非实物载体呈现的软技术。在农业技术结构变迁的过程中，农业技术创新与技术扩散不仅促进了本地区农业生态——经济系统的发展，还通过技术溢出、市场互动与技术融合等方式，对邻近地区农业生态——经济系统发展产生积极影响（吴梵等，2020）。

农业技术结构变迁对农业生态—经济系统发展影响的空间溢出效应主要表现在以下三个方面：第一，集聚效应。通常而言，经济发展水平较高、农业基础条件较好的地区往往率先引入农业先进技术和优秀经营理念，而且这些地区推广应用的农业技术也是其他地区农业生态—经济系统发展的范本。第二，扩散效应。依据"中心—外围"理论，农业技术结构变迁促进农业生态—经济系统发展的示范效应可带动邻近地区模仿和学习，有助于资金、信息、技术、经验等农业生产要素实现跨区域、跨部门、跨群体流动与交换，实现本区域与其他区域农业要素重新配置，并利用区域间的资源整合获取协同效应。第三，互馈效应。不同地区间、不同部门间以及不同主体间不仅可以进行农业技术的交流与学习，还可以通过农业信息平台探讨彼此农业发展过程中遇到的瓶颈，有助于强化农业技术的推广应用程度和对农业领域相关知识的掌握程度，促进相互间的良性竞争与合作。综上所述，技术结构变迁对农业生态—经济系统发展具有一定的空间溢出效应。基于以上分析，笔者提出如下研究假说：

H7-1：技术结构变迁对农业生态—经济系统的正向促进作用存在空间溢出效应，即技术结构变迁不但有助于促进本地农业生态—经济系统发展，而且有助于推动邻地农业生态—经济系统发展的进程。

从前文可知，技术结构变迁作用于农业生态—经济系统发展的过程中可能存在集聚效应、扩散效应和互馈效应，本章借助空间计量模型，验证技术结构变迁影响农业生态—经济系统的空间溢出效应，分析框架如图7-1所示。

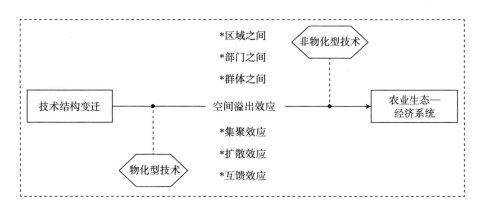

图7-1　空间溢出效应的分析框架

7.2 研究设计

7.2.1 模型设定

传统的经济计量模型假定变量之间是相互独立的,然而现实中各经济体相互间存在着广泛的联系。地理学第一定律指出"所有事物都与其他事物相关联,但较近事物的关联性要大于较远事物"(Tobler,1970)。为了更好地揭示现实中存在的不同规模、不同形式生产活动的空间分布特征,空间经济学将空间效应纳入传统的经济学计量模型中,即构建空间计量模型来研究经济活动中的空间分布规律。一般地,运用空间计量模型探索解释变量对被解释变量的空间溢出效应,需要经过以下几个步骤:

7.2.1.1 空间权重矩阵的构建

空间权重矩阵的构建是空间相关性检验的前提,是空间计量模型设定的基础。常用的空间权重矩阵主要有空间邻接权重矩阵、空间地理距离权重矩阵、空间经济距离权重矩阵和空间经济地理权重矩阵四种(张可云等,2017)。新结构经济学指出要素禀赋是决定技术结构和产业结构的基础,不同地区和不同时点要素禀赋均有差异,由于相邻地区具有相似的要素禀赋特征,这种相关性特征直接决定了相邻地区技术结构和产业结构也具有相似性。为此,本章构建空间地理距离权重矩阵(W_{ij}^1)来探究各地(州、市)技术结构变迁对绿洲农业生态—经济系统的空间溢出效应,并选择空间邻接权重矩阵(W_{ij}^2)进行稳健性检验。

空间地理距离(距离倒数)权重矩阵的具体表达式设定如下:

$$W_{ij}^1 = \begin{cases} \dfrac{1}{d_{ij}} & i \neq j \\ 0 & i = j \end{cases} \tag{7-1}$$

式中,空间地理距离权重矩阵中的元素代表第i地(州、市)和第j地(州、市)之间的地理距离的倒数。其中,地理距离利用欧式距离公式计算而得。

空间邻接权重矩阵的具体表达式设定如下:

$$W_{ij}^2 = \begin{cases} 1 & 当区域 i 和区域 j 相邻接时 \\ 0 & 其他 \end{cases} \tag{7-2}$$

式中,空间邻接权重矩阵中的元素代表第i地(州、市)和第j地(州、市)是否存在共同边界,若存在,赋值为1,否则为0。

7.2.1.2　空间相关性检验

通常用 Moran 指数和 Geary 指数来度量空间邻近区域的单元属性值之间的相关程度（张可云和杨孟禹，2016），本章采用全局 Moran 指数和全局 Geary 指数进行全局空间自相关检验，采用局部 Moran 指数和 Moran 散点图的方式进行局部空间自相关检验。

全局 Moran 指数计算公式如下：

$$I = \frac{n\sum_{i=1}^{n}\sum_{j=1}^{n}w_{ij}(x_i - \bar{x})(x_j - \bar{x})}{\sum_{i=1}^{n}\sum_{j=1}^{n}w_{ij}\sum_{k=1}^{n}(x_k - \bar{x})^2} = \frac{\sum_{i=1}^{n}\sum_{j \neq i}^{n}w_{ij}(x_i - \bar{x})(x_j - \bar{x})}{S^2\sum_{i=1}^{n}\sum_{j \neq i}^{n}w_{ij}} \tag{7-3}$$

$$S^2 = \frac{1}{n}\sum_{i=1}^{n}(x_i - \bar{x})^2 \qquad \bar{x} = \frac{1}{n}\sum_{i=1}^{n}x_i \tag{7-4}$$

式中，n 为新疆 14 个地（州、市）；w_{ij} 为空间权重；x_i 和 x_j 分别为第 i 地（州、市）和第 j 地（州、市）的变量观测值，$\bar{x}$ 为变量观测值的均值。特别地，全局 Moran 指数的 I 取值一般为 $[-1, 1]$，小于 0 表示负相关，越接近 -1，代表地（州、市）间的关系越不密切；等于 0 表示不相关；大于 0 表示正相关，越接近 1，代表地（州、市）间的关系越密切。

全局 Geary 指数计算公式如下：

$$C = \frac{(n-1)\sum_{i=1}^{n}\sum_{j=1}^{n}w_{ij}(x_i - x_j)^2}{2\sum_{i=1}^{n}\sum_{j=1}^{n}w_{ij}\sum_{k=1}^{n}(x_k - \bar{x})^2} \tag{7-5}$$

式中，变量含义同上。全局 Geary 指数的 C 取值一般在 $[0, 2]$，大于 1 表示负相关，越接近 2，代表地（州、市）间的关系越不密切；等于 1 表示不相关；小于 1 表示正相关，越接近 0，代表地（州、市）间的关系越密切。

局部 Moran 指数计算公式如下：

$$I_i = \frac{(x_i - \bar{x})}{S^2}\sum_{j=1}^{n}w_{ij}(x_j - \bar{x}) \tag{7-6}$$

式中，变量含义同上。局部 Moran 指数的 I_i 取值不局限于 $[-1, 1]$，取值为正表示地（州、市）间的属性相似（同为高值聚集或低值聚集），取值为负表示地（州、市）间的属性不相似（分别为低值聚集和高值聚集）。

7.2.1.3　空间计量模型的选择与设定

首先，选择空间计量模型。通常采用拉格朗日乘数检验（LM 检验）、稳健的拉格朗日乘数检验（RLM 检验）、似然比检验（LR 检验）、豪斯曼检验（Hausman 检验）、沃尔德检验（Wald 检验）等结果综合考虑选择空间计量模型（陶长琪和杨海文，2014）。第一步，对不包含空间效应的 OLS 模型进行 LM-lag 检验和 LM-error 检验，判断其是否具有空间滞后效应或空间误差效应；若 LM-lag 检验和 LM-error 检验均显著，则对其进行 RLM-lag 检验和 RLM-error 检验，选择最显著的空间计量模型。第二步，如果第一步 LM-lag 检验和 LM-error 检验均通过，先假定使用空间杜宾模型，并采用 Hausman 检验判断模型应该采用固定效应还是随机效应。第三步，如果第二步验证了应该使用固定效应的空间杜宾模型，接着采用 LR 检验判断模型应该使用空间固定效应、时间固定效应还是双固定效应。第四步，采用 LR 检验或 Wald 检验空间杜宾模型的适配性，即检验空间杜宾模型（SDM）能否退化为空间误差模型（SEM）、空间滞后模型（SAR）。表 7-1 展示了空间计量模型的检验方法。

表 7-1 空间计量模型的检验方法

检验方法	检验量	检验顺序	检验原则
LM 检验	LM-error	第一	统计值通过显著性检验，拒绝原假设
	LM-lag		
RLM 检验	RLM-error		
	RLM-lag		
Hausman 检验	随机（re）—固定（fe）	第二	
LR 检验	时间（time）—个体（id）—混合（both）	第三	
LR 检验	SDM→SEM/SAR	第四	
Wald 检验	SDM→SEM/SAR		

其次，设定合适的空间计量模型。为了考察技术结构变迁对绿洲农业生态—经济系统的空间溢出效应，本章参考周建等（2016）的做法，事先构建了包含所有空间效应的广义嵌套空间面板模型。具体模型设定如下：

$$EE_{i,t}=\alpha_0+\rho W EE_{i,t}+\alpha_1 TS_{i,t}+\delta X_{i,t}+\beta WTS_{i,t}+\theta WX_{i,t}+\mu_i+v_t+\varepsilon_{i,t} \tag{7-7}$$

$$\varepsilon_{i,t}=\lambda W\varepsilon_{i,t}+\nu_{i,t} \tag{7-8}$$

式中，$EE_{i,t}$ 为绿洲农业生态—经济系统发展指数，$TS_{i,t}$ 为技术结构变迁指数，$X_{i,t}$ 为一系列控制变量，i 为地区，t 为年份，α_0 为截距项，α_1 和 δ 均为变量相关系数，μ_i 为空间效应，v_t 为时间效应，$\varepsilon_{i,t}$ 为随机误差项，W 为空间权重矩阵（标准化），ρ 为绿洲农业生态—经济系统的空间溢出效应，代表邻近地区绿洲农业生态—经济系统发展程度对本地区绿洲农业生态—经济系统发展的影响，β 和 θ 分别为邻近地区解释变量技术结构变迁和其他控制变量对本地区绿洲农业生态—经济系统的影响，λ 为空间误差系数。本章选择哪种模型来进行实证分析，主要依据上述顺序来进行检验与确定。若选择空间滞后模型，θ 和 λ 设定为 0；若选择空间误差模型，θ 和 ρ 设定为 0；若选择空间杜宾模型，λ 设定为 0。

最后，空间效应分解。为更准确地反映空间溢出效应，需要对解释变量的空间效应进行分解。LeSage 和 Pace（2009）指出不能仅依靠空间变量的估计系数 ρ 来反映空间溢出效应，还需要通过偏微分方式对解释变量的这种空间效应进行分解，包含直接效应和间接效应，其中，间接效应表示空间溢出效应。空间效应的分解模型计算公式如下：

$$y_t = (I - \rho W)^{-1}(\alpha + x_t\beta + Wx_t\theta + \lambda_t\iota_n + \varepsilon_t) \tag{7-9}$$

$$E(y_t/x_t) = (I - \rho W)^{-1}(\alpha + x_t\beta + Wx_t\theta + \lambda_t\iota_n) \tag{7-10}$$

为了更直观地理解上述公式，将其简化为：

$$E(Y/X) = (I - \rho W)^{-1}X\beta \tag{7-11}$$

式中，Y 为被解释变量绿洲农业生态—经济系统，X 为解释变量，包括核心解释变量技术结构变迁和其他控制变量。以技术结构变迁为例，绿洲农业生态—经济系统对技术结构变迁求偏导的矩阵如下：

$$\begin{bmatrix} \dfrac{\partial E(y_1)}{\partial x_1} & \cdots & \dfrac{\partial E(y_1)}{\partial x_n} \\ \vdots & \ddots & \vdots \\ \dfrac{\partial E(y_n)}{\partial x_1} & \cdots & \dfrac{\partial E(y_n)}{\partial x_n} \end{bmatrix} = (1 - \rho W)^{-1} \begin{bmatrix} \beta_k & w_{12}\theta_k & \cdots & w_{1n}\theta_k \\ w_{21}\theta_k & 0 & \cdots & w_{2n}\theta_k \\ \vdots & \vdots & \ddots & \vdots \\ w_{n1}\theta_k & w_{n2}\theta_k & \cdots & \beta_k \end{bmatrix} \tag{7-12}$$

式中，直接效应（DE）为上述矩阵中对角元素的平均值，表示某地（州、市）技术结构变迁对绿洲农业生态—经济系统的影响大小；间接效应（IE）为上述矩阵中非对角元素的行平均，表示邻近地（州、市）技术结构变迁对本地（州、市）绿洲农业生态—经济系统的影响；总效应（TE）为直接效应与间接效应之和，表示某地（州、市）技术结构变迁对所有地（州、市）绿洲农业生态—经济系统的平均影响。

7.2.2 变量选取

7.2.2.1 被解释变量

本章的被解释变量为绿洲农业生态—经济系统发展水平（EE），是第 4 章中从绿色发展、经济增长 2 个目标层，资源节约、环境友好、生态治理、创新驱动、结构优化和经济效益 6 个准则层设计指标体系测算出来的绿洲农业生态—经济系统发展指数，该变量整体上反映了新疆各地（州、市）绿洲农业生态—经济系统发展水平。

7.2.2.2 核心解释变量

本章的核心解释变量为技术结构变迁水平（*TS*），是第 4 章中等级视角下测算出来的农业技术结构变迁指数，该变量整体上反映了新疆各地（州、市）绿洲农业技术结构变迁水平。

7.2.2.3 控制变量

本章选取经济发展水平（*ED*）、工业化水平（*IL*）、对外开放水平（*IR*）、农业固定资产投资（*AS*）、农业从业人员占比（*AL*）、农村人力资本水平（*HC*）作为控制变量，选取原因以及变量说明与前文一致，故在这里不再赘述。

7.2.3 数据来源

为保证研究结果的真实性，在可获取前提下尽可能选取更长时间维度的样本数据，本章采用 2000~2022 年新疆 14 地（州、市）的面板数据，研究技术结构变迁对绿洲农业生态—经济系统发展的空间溢出效应。基础数据来源于《新疆统计年鉴》、各地（州、市）统计年鉴、各地（州、市）《国民经济和社会发展统计公报》。对于部分未公开的数据，笔者通过与各地（州、市）统计局联系，以现场查阅和电子邮件的形式收集而得。部分缺失数据采用插值法补齐。表 7-2 报告了主要变量的描述性统计结果。

表 7-2 变量的描述性统计

变量类型	变量名称	变量符号	样本量	均值	标准差	最小值	最大值
被解释变量	绿洲农业生态—经济系统	*EE*	322	0.218	0.070	0.060	0.750
核心解释变量	技术结构变迁	*TS*	322	0.877	0.393	0.522	3.590
控制变量	经济发展水平	*ED*	322	10.048	1.078	7.410	12.240
	工业化水平	*IL*	322	0.268	0.212	0.030	1.020
	对外开放水平	*IR*	322	0.220	0.406	0.001	3.619
	农业固定资产投资	*AS*	322	5.240	4.142	0.020	24.100
	农业从业人员占比	*AL*	322	0.572	0.071	0.182	0.663
	农村人力资本水平	*HC*	322	8.186	0.844	6.950	10.890

资料来源：笔者使用 Stata 软件计算整理得到。

7.3 实证结果与分析

7.3.1 空间相关性检验

在采用空间计量模型检验技术结构变迁对绿洲农业生态—经济系统的空间溢出效应前，需先对自变量和因变量是否存在空间效应进行相关性检验。为确保初步检验结果的稳健性，在全局空间自相关分析时，同时检验了空间邻接权重矩阵和空间地理距离权重矩阵两种不同矩阵类型设定下，技术结构变迁和绿洲农业生态—经济系统的全局 Moran 指数和全局 Geary 指数（见表7-3）。

表7-3 技术结构变迁和绿洲农业生态—经济系统的全局空间自相关检验结果

空间权重矩阵类型	变量	全局 Moran 指数			全局 Geary 指数		
		Moran's I	Z 值	P 值	Geary's C	Z 值	P 值
空间邻接权重矩阵	TS	0.331	8.228	0.000	0.574	-8.230	0.000
	EE	0.316	8.342	0.000	0.458	-5.509	0.000
空间地理距离权重矩阵	TS	0.122	4.504	0.000	0.860	-4.302	0.000
	EE	0.328	12.581	0.000	0.852	-2.737	0.000

资料来源：笔者使用 Stata 软件计算整理得到。

表7-3 结果显示，无论是空间邻接权重矩阵还是空间地理距离权重矩阵，研究期内技术结构变迁、绿洲农业生态—经济系统的 Moran 指数和 Geary 指数均大于0，且 P 值均为0.000，这表明新疆各地（州、市）技术结构变迁水平和绿洲农业生态—经济系统发展水平存在显著的空间正相关性。由于 Moran 指数不能判断空间数据是高值聚集还是低值聚集，因而，引入 Geary 指数的目的一方面是与 Moran 指数结果相互佐证；另一方面是通过查看 Geary 指数的 Z 值，可以看出新疆各地（州、市）绿洲农业生态—经济系统发展水平和技术结构变迁水平主要存在低值聚集。

进一步地，使用 Moran 散点图进行局部空间相关性检验，同样为确保初步检验结果的稳健性，本节绘制了空间邻接权重矩阵和空间地理距离权重矩阵两种不同矩阵类型设定下，技术结构变迁和绿洲农业生态—经济系统的 Moran 散点图（见图7-2）。特别地，为了清晰地看到区域之间的整体空间集聚情况，图中散点由 2000~2022 年 14 个地（州、市）共 322 个局部 Moran 指数构成。

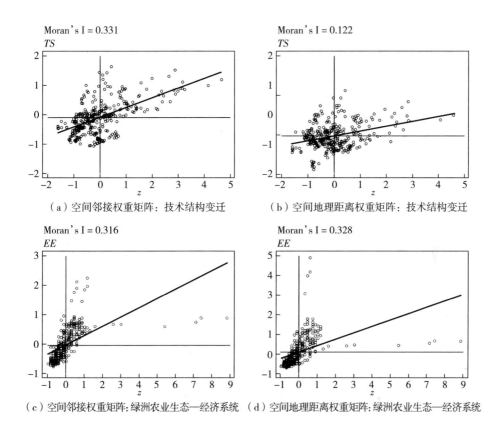

（a）空间邻接权重矩阵：技术结构变迁　　（b）空间地理距离权重矩阵：技术结构变迁

（c）空间邻接权重矩阵：绿洲农业生态—经济系统　（d）空间地理距离权重矩阵：绿洲农业生态—经济系统

图 7-2　技术结构变迁和绿洲农业生态—经济系统的局部 Moran 指数散点图

资料来源：笔者使用 Stata 软件绘制而成。

　　由图 7-2 可以看出，技术结构变迁和绿洲农业生态—经济系统的局部 Moran 指数基本集中在第一象限和第三象限，多以"低—低"聚集和"高—高"聚集为主，说明技术结构变迁和绿洲农业生态—经济系统具有显著的局部空间聚集特征，也进一步证实了全局 Moran 指数和 Geary 指数得出的结论，即技术结构变迁和绿洲农业生态—经济系统呈现空间正相关性。另外，相对于"高—高"聚集，图 7-2 中的散点更多分布在以"低—低"为特征的第三象限，这说明新疆技术结构变迁水平和绿洲农业生态—经济系统发展水平整体较低，还存在上升空间，有待进一步改善。地理位置相邻地区的相似性和便捷的交流合作可能是形成这种空间相关关系的重要原因，其中地理位置相邻的地（州、市）往往拥有相似的自然资源、气候条件等要素，这些要素会影响农业生态—经济系统中经济的发展和生态的保护，推动相邻地（州、市）的农业生态—经济系统具有相似性；地理位置相邻的地（州、市）之间在物流传输、信息传递等方面更为便捷，这种条件有利于技术的快速传播和应用，推动相邻地（州、市）的农业技术结构变迁具有相似性。综上所述，全局和局部空间相关性检验结果为采用空间计量模型对技术结构变迁影响绿洲农业生态—经济系统的空间溢出效应分析提供了前提技术条件。

7.3.2　空间计量模型的选择检验

在空间相关性分析的基础上，需要进一步选择合适的计量模型对技术结构变迁影响绿洲农业生态—经济系统发展的空间溢出效应进行深入分析。在前述模型设定的理论分析中，已经对空间计量模型的选择次序进行了详细说明，这里直接采用 LM 检验、Hausman 检验、LR 检验和 Wald 检验判断本章样本数据适合的空间计量模型，表 7-4 报告了在空间地理权重矩阵下，空间计量模型选择的检验结果。首先，对混合 OLS 回归进行 LM 检验和 RLM 检验，结果显示 LM-error、RLM-error、LM-lag 和 RLM-lag 的统计量均通过了 1% 水平上的显著性检验，表明存在空间误差效应和空间滞后效应，拒绝了使用混合面板回归的原假设。经过事前检验可以发现，技术结构变迁对绿洲农业生态—经济系统发展的影响模型不仅包含空间滞后项，还包含空间误差项，因而初步确定选择空间杜宾模型。

表 7-4　空间计量模型选择的检验结果

检验方法	检验量	统计量	P 值
LM 检验 RLM 检验	LM-error	20.756 ***	0.000
	RLM-error	11.992 ***	0.001
	LM-lag	17.952 ***	0.000
	RLM-lag	9.084 ***	0.003
Hausman 检验	Hausman→re/fe	15.60 **	0.048
时空固定效应检验	LR→both/ind	43.30 ***	0.000
	LR→both/time	272.14 ***	0.000
LR 检验	LR→SDM/SAR	35.43 ***	0.000
	LR→SDM/SEM	32.93 ***	0.000
Wald 检验	Wald→SDM/SAR	39.00 ***	0.000
	Wald→SDM/SEM	37.09 ***	0.000

注：＊、＊＊和＊＊＊分别表示在 10%、5% 和 1% 的统计水平上显著。

其次，进行事后检验的第一步，利用 Hausman 检验的结果表明拒绝了采用随机效应的原假设，应当采用固定效应模型；事后检验第二步，采用 LR 检验的结果表明拒绝了个体效应最优和时间效应最优的原假设，故选取时空双固定效应下的空间杜宾模型进行回归分析更佳；事后检验第三步，采用 LR 检验和 Wald 检验的结果表明均在 1% 的统计水平上显著，说明在空间地理权重矩阵下，SDM 模型不可以退化为 SAR 模型和 SEM 模型。基于此，后文将选择空间杜宾模型（SDM）进行基准回归，并利用空间滞后模型（SAR）进行稳健性检验。

7.3.3　空间计量模型的回归结果

依据前文空间计量模型的检验结果，本节采用空间地理权重矩阵下的静态空间杜宾模型进行回归估计，为便于比较和检验，同时利用普通面板模型（面板混合回归 OLS 和固定效应 FE）对其进行回归估计，表 7-5 报告了不同面板模型得出的估计结果。

表 7-5　不同面板模型得出的估计结果

变量	普通面板模型		静态空间杜宾模型（静态 SDM）
	OLS （1）	FE （2）	空间地理权重矩阵 （3）
TS	0.086 *** （15.549）	0.084 *** （5.433）	0.090 *** （21.650）
ED	0.105 *** （4.377）	0.179 *** （5.275）	0.175 *** （4.569）
IL	−0.038 ** （−2.533）	−0.143 *** （−3.898）	−0.024 （−1.079）
IR	−0.014 （−1.044）	0.037 ** （1.994）	0.034 *** （5.210）
AS	0.005 ** （2.193）	0.006 ** （2.331）	0.009 *** （3.853）
AL	−0.199 *** （−6.101）	−0.216 *** （−3.063）	−0.160 *** （−5.297）
HC	0.004 （0.156）	0.023 （0.352）	0.157 *** （6.934）
W×TS			0.111 *** （6.075）

变量	普通面板模型		静态空间杜宾模型（静态 SDM）
	OLS （1）	FE （2）	空间地理权重矩阵 （3）
ρ			0.814*** （6.680）
Log-likelihood			926.4563
个体固定效应	未控制	控制	控制
时间固定效应	未控制	控制	控制
调整后的 R^2	0.787	0.876	0.886
N	322	322	322

注：*、**和***分别表示在10%、5%和1%的统计水平上显著；普通面板模型下括号内的数值为t统计值，空间杜宾模型下括号内的数值为z统计值。

从表7-5可知，无论是普通面板模型还是静态空间杜宾模型，技术结构变迁对绿洲农业生态—经济系统的估计系数均在1%的统计水平上显著为正，说明技术结构变迁对绿洲农业生态—经济系统发展具有促进作用。同时，相较于普通面板模型，加入空间权重矩阵后的静态空间杜宾模型一方面表现为调整后的 R^2 更高，另一方面表现为技术结构变迁回归系数较大，这可能意味着静态空间杜宾模型对变量间关系的拟合优度更高，由于考虑了技术的空间溢出效应，结果可能更为准确。此外，空间自相关系数 ρ 为正数，且通过了1%统计水平上的显著性检验，这与前文空间自相关检验结论一致，间接反映出将空间效应引入普通面板模型中是合理的，表明新疆各地（州、市）绿洲农业生态—经济系统发展存在明显的空间依赖性，即本地绿洲农业生态—经济系统发展能够带动周边地区绿洲农业生态—经济系统发展。

从静态空间杜宾模型回归结果来看，技术结构变迁对绿洲农业生态—经济系统的估计系数为0.090，且在1%的统计水平上显著，表明技术结构变迁水平每提升1%，绿洲农业生态—经济系统发展水平将提升0.090%。技术结构变迁的空间滞后项（$W \times TS$）对绿洲农业生态—经济系统的估计系数在1%的统计水平上显著为正，表明技术结构变迁水平具有正的空间外部性，即周边地区技术结构变迁能够促进本地绿洲农业生态—经济系统发展水平提升，H7-1得到了初步验证。结合理论分析可知，这可能源于空间层面的集聚效应、扩散效应和互馈效应，一方面使技术结构变迁能够突破地理距离限制，通过学习与模仿效应的发挥，将先进农业生产技术、经营管理理念传播到周边其他地区或者从周边地区吸纳进来，如农业机械装备、智慧农业技术、绿色有机肥料等均具备空间外溢特征；另一方面有助于农业生产要素实现优化配置，技术结构变迁能够推动各要素超越区域束缚，在不同地区间实现自由流动，产生正向空间溢出效应。因此，技术结构的不断变迁能较好地推动周边地区绿洲农业生态—经济系统发展，同理周边地区技术结构的升级也能增强本地区绿洲农业生态—经济系统发展的空间溢出作用。除此之外，其他控制变量估计系数的影响方向、显著性与第5章相应系数的结果基本一致，这在一定程度上说明了静态空间杜宾模型的回归结果较为可靠。由于控制变量不是本部分的研究重点，限于篇幅，这里不对其进行详细阐释。

7.3.4 空间效应分解

考虑到存在空间溢出效应，各解释变量的空间交互项系数无法直接体现其边际效应，为准确评估技术结构变迁对绿洲农业生态—经济系统的作用效果，本节利用 Stata 16.0 软件，通过对各解释变量进行偏微分分解，得到空间地理权重矩阵下技术结构变迁对绿洲农业生态—经济系统发展影响的直接效应、间接效应与总效应（见表 7-6）。

表 7-6 静态空间杜宾模型的空间效应的分解结果（空间地理权重矩阵）

变量	直接效应 (1)	间接效应 (2)	总效应 (3)
TS	0.087 *** (19.101)	0.023 ** (2.395)	0.110 *** (12.535)
ED	0.261 *** (5.915)	0.069 (0.602)	0.330 *** (4.264)
IL	-0.108 *** (-5.723)	-0.018 *** (-3.361)	-0.126 ** (-2.375)
IR	-0.006 (-0.910)	0.071 *** (2.711)	0.065 *** (2.654)
AS	0.011 *** (3.873)	-0.015 ** (-2.228)	-0.004 (-0.653)
AL	-0.035 (-1.252)	0.069 (0.973)	0.034 (0.462)
HC	0.178 *** (6.520)	-0.150 (-0.973)	0.028 (0.447)

注：*、**和***分别表示在10%、5%和1%的统计水平上显著，括号内的数值为z统计值。

从核心解释变量来看，技术结构变迁的直接效应为 0.087，间接效应为 0.023，均通过了至少5%水平上的显著性检验，即本地和邻地技术结构变迁水平的提升均会对本地绿洲农业生态—经济系统发展产生显著的正向作用。从直接效应和间接效应的大小来看，技术结构变迁的间接效应较小，可能源于在各项农业技术研发成功后，对外进行推广与应用还需要一定的时间，加之技术推广初期成本较高也限制了大规模应用，可以说技术结构变迁的滞后效应会阻碍其对邻地绿洲农业生态—经济系统发展水平的提升。值得一提的是，技术结构变迁的总效应为 0.110，不但与分解出来的直接效应、间接效应的作用方向相同，而且作用效果更大，这意味着某一地区的技术结构变迁对本地和周边地区绿洲农业生态—经济系统发展的平均影响较大，因此有必要进行农业技术创新，推动技术结构向合理化和高级化水平变迁，增加其对绿洲农业生态—经济系统发展的贡献度。至此，H7-1 得到验证。

从其他控制变量来看，经济发展水平对绿洲农业生态—经济系统发展的直接效应在1%的统计水平上显著为正，但间接效应没有通过显著性检验，说明地区经济发展优势能够充分调动农业生产要素，物资资本、财力资本及人力资本相应也会提升，进而推动当地绿洲农业生态—经济系统发展，而周边地区经济发展水平对本地区绿洲农业生态—经济系统发展的提升效应相对有限。工业化水平对绿洲农业生态—经济系统发展的直接效应和间接效应均在1%的统计水平上显著为负，这说明本地和邻地工业化发展均会带来经济增长与环境破坏相矛盾的现象，工业化发展对农业生态环境造成的破坏抑制了地区绿洲农业生态—经济系统的发展。对外开放水平对绿洲农业生态—经济系统发展的直接效应虽然不显著，但间接效应和总效应均在1%的统计水平上显著为正，说明对外开放水平能够整体上促进绿洲农业生态—经济系统发展，这可能源于新疆具有内邻西北五省、外接欧亚八国的地理优势，不仅可以将新型农业技术和生产设施引入本地，还能将优质农产品推向外地，进而带动当地绿洲农业生态—经济系统发展。农业固定资产投资对绿洲农业生态—经济系统发展的直接效应显著为正，而间接效应显著为负，可能由于对本地农业固定资产投资的增加会对邻地优质资源形成一种"虹吸效应"，通过将邻地优质资源吸引到本地，从而对邻地绿洲农业生态—经济系统发展产生抑制作用。农村人力资本水平对绿洲农业生态—经济系统发展的直接效应在1%的统计水平上显著为正，但间接效应和总效应不显著，这说明地区人力资本集聚能够有效推动本地区绿洲农业生态—经济系统发展，而对推动周边地区农业生态—经济系统发展可能需要长期积累才能产生正向的溢出效应。

7.4 稳健性检验

为保证本章主要结论的可靠性，通过以下方式检验技术结构变迁对绿洲农业生态—经济系统的影响存在空间溢出效应的稳健性：一是更换空间权重矩阵，采用空间邻接权重矩阵替换空间地理权重矩阵，并运用静态空间杜宾模型重新进行回归估计。二是更换空间计量模型，采用静态空间滞后模型重新估计技术结构变迁对绿洲农业生态—经济系统的空间溢出效应。三是考虑空间计量模型的动态性，采用动态空间杜宾模型进一步分析技术结构变迁对绿洲农业生态—经济系统的空间溢出效应。

7.4.1 更换空间权重矩阵

为检验该部分实证结果的稳健性，进一步将空间地理权重矩阵更换为空间邻接权重矩阵，运用静态空间杜宾模型再次验证技术结构变迁对绿洲农业生态—经济系统发展的空间溢出效应，回归结果如表7-7列（1）所示。不难发现，更换空间邻接权重矩阵后的静态空间杜宾模型估计结果表明，技术结构变迁空间滞后项的估计系数为0.045且在1%的统计水平上显著，而且空间回归估计系数也为正并通过了5%统计水平上的显著性检验，表明技术结构变迁对绿洲农业生态—经济系统发展的正向促进作用存在空间溢出效应。

表7-7 稳健性检验

变量	静态空间杜宾模型（静态 SDM）	静态空间滞后模型（静态 SAR）	动态空间杜宾模型（动态 SDM）
	空间邻接权重矩阵（1）	空间地理权重矩阵（2）	空间地理权重矩阵（3）
EE_{t-1}			0.721*** (21.818)
$W \times EE_{t-1}$			0.044** (2.386)
TS	0.084*** (12.268)	0.093*** (18.523)	0.026*** (5.680)
ED	0.199*** (3.406)	0.095** (2.243)	0.068* (1.703)

续表

变量	静态空间杜宾模型（静态 SDM）	静态空间滞后模型（静态 SAR）	动态空间杜宾模型（动态 SDM）
	空间邻接权重矩阵（1）	空间地理权重矩阵（2）	空间地理权重矩阵（3）
IL	−0.024 (−1.073)	−0.034* (−1.783)	0.005 (0.335)
IR	0.043*** (6.067)	0.007 (1.007)	0.015*** (3.271)
AS	0.007** (3.295)	0.007*** (2.621)	0.001 (0.667)
AL	−0.185*** (−5.534)	−0.076** (−2.201)	−0.092*** (−4.242)
HC	0.143*** (4.969)	0.108*** (3.876)	0.044 (1.353)
W×TS	0.045*** (2.604)		0.043** (1.972)
ρ	0.237** (2.399)	0.258*** (3.803)	0.219* (1.751)
Log-likelihood	920.5408	766.0387	955.7463
个体固定效应	控制	控制	控制
时间固定效应	控制	控制	控制
调整后的 R^2	0.612	0.655	0.887
N	322	322	322

注：*、**和***分别表示在10%、5%和1%的统计水平上显著，括号内的数值为z统计值。

另外，将技术结构变迁对绿洲农业生态—经济系统发展的总效应进行分解，结果如表7-8列（1）至列（3）所示。可以发现，在空间邻接权重矩阵下，技术结构变迁对绿洲农业生态—经济系统影响的直接效应和间接效应均显著为正，这表明技术结构变迁不仅有助于推动本地区绿洲农业生态—经济系统发展进程，还能够带动周边地区绿洲农业生态—经济系统发展。可见，替换空间权重矩阵后，结果依然稳健。

表7-8 稳健性检验：静态空间杜宾模型和空间滞后模型的空间效应的分解结果

变量	静态空间杜宾模型（空间邻接权重矩阵）			静态空间滞后模型（空间地理权重矩阵）		
	直接效应 (1)	间接效应 (2)	总效应 (3)	直接效应 (4)	间接效应 (5)	总效应 (6)
TS	0.083*** (12.302)	0.020* (1.777)	0.103*** (7.351)	0.074*** (13.482)	0.020*** (4.369)	0.094*** (17.922)
ED	0.202*** (3.787)	0.059 (0.408)	0.261* (1.910)	0.078** (2.247)	0.020** (2.329)	0.097** (2.357)
IL	-0.029 (-1.228)	0.118** (2.139)	0.089 (1.475)	-0.029* (1.878)	-0.007* (-1.951)	-0.036* (-1.945)
IR	0.040*** (5.039)	0.052*** (2.806)	0.092*** (4.703)	0.007 (1.055)	-0.002 (-1.031)	0.006 (1.048)
AS	0.007*** (2.785)	-0.005 (-0.989)	0.002 (0.289)	0.007*** (2.728)	-0.001** (-2.210)	0.006*** (2.726)
AL	-0.187*** (-5.858)	0.034 (0.506)	-0.152* (-1.802)	-0.074** (-2.104)	0.015* (1.932)	-0.059** (-2.075)
HC	0.571*** (4.999)	0.079 (1.513)	0.650*** (4.578)	0.110*** (3.909)	-0.023*** (-3.025)	0.087*** (3.750)

注：*、**和***分别表示在10%、5%和1%的统计水平上显著，括号内的数值为z统计值。

7.4.2 更换空间计量模型

考虑到前文采用静态空间杜宾模型对技术结构变迁与绿洲农业生态—经济系统之间的空间溢出效应进行检验，为了强化上述结论的可信度，本节进一步采用静态空间滞后模型检验技术结构变迁对绿洲农业生态—经济系统的空间溢出效应。表7-7列（2）报告了静态空间滞后模型下的技术结构变迁对绿洲农业生态—经济系统的空间面板回归结果，从中可以发现技术结构变迁对绿洲农业生态—经济系统的影响系数为正且通过了1%水平上的显著性检验，空间回归估计系数为正并通过了1%水平上的显著性检验。表7-8列（4）至列（6）报告了静态空间滞后模型下技术结构变迁对绿洲农业生态—经济系统总效应的分解结果，可以看出无论是直接效应还是间接效应，技术结构变迁对绿洲农业生态—经济系统发展的正向促进作用均显著。除了回归系数大小存在微小差异，静态空间滞后模型估计结果与基准模型（静态空间杜宾模型）估计结果所得出的结论基本一致，再次表明基准回归所得到的结论具有稳健性。

7.4.3 考虑空间计量模型的动态性

考虑到前文基于静态空间杜宾模型分析了技术结构变迁对绿洲农业生态—经济系统的空间溢出效应，为了增强结论的解释力，同时基于稳健性考虑，本节借鉴 Elhorst（2012）的研究，进一步采用动态空间杜宾模型分析技术结构变迁对绿洲农业生态—经济系统的空间溢出效应。表 7-7 列（3）报告了动态空间杜宾模型下技术结构变迁对绿洲农业生态—经济系统发展的空间面板估计结果。一方面，从被解释变量滞后项来看，绿洲农业生态—经济系统滞后一期的回归系数为0.721，且在 1%的统计水平上显著，同时绿洲农业生态—经济系统滞后一期空间滞后项的回归系数为 0.044，并通过了 5%水平上的显著性检验，说明绿洲农业生态—经济系统发展不仅存在明显的惯性效应，还存在显著的扩散效应，即本地区上一期绿洲农业生态—经济系统发展成果会对本期绿洲农业生态—经济系统发展产生正向作用，周边地区上一期绿洲农业生态—经济系统发展的做法也会对本地区产生积极作用，惯性效应和扩散效应的共同发挥有助于推动地区农业生态—经济系统发展；另一方面，从核心解释变量来看，技术结构变迁对绿洲农业生态—经济系统的影响系数为 0.026 且通过了 1%水平上的显著性检验，同时空间回归估计系数为0.219 且通过了 10%水平上的显著性检验，这一结论与前文的研究结论相似。

表 7-9 报告了动态空间杜宾模型下技术结构变迁对绿洲农业生态—经济系统总效应的分解结果。总体来看，技术结构变迁的长短期直接效应通过了 1%水平上的显著性检验，而长短期间接效应通过了 10%水平上的显著性检验，表明技术结构变迁对绿洲农业生态—经济系统的影响具有显著的空间溢出效应。具体地，从直接效应来看，技术结构变迁对绿洲农业生态—经济系统的短期直接影响和长期直接影响均显著为正，相较于短期直接效应而言，技术结构变迁长期直接效应的回归系数更大，表明技术结构变迁效应的发挥存在时间上的滞后，长期来看技术结构变迁对绿洲农业生态—经济系统发展的促进作用更大。从间接效应来看，技术结构变迁对绿洲农业生态—经济系统的短期间接影响和长期间接影响均在10%的统计水平上显著为正，同样相较于短期间接效应而言，技术结构变迁长期间接效应的回归系数更大，说明技术结构变迁不仅会促进本地绿洲农业生态—经济系统发展，还会促进邻地绿洲农业生态—经济系统发展，且相较于短期效应，技术结构变迁水平的长期优化对绿洲农业生态—经济系统发展的空间溢出效应更强。动态空间杜宾模型的稳健性检验结果一方面验证了基准回归的可靠性，另一方面表明技术结构变迁对绿洲农业生态—经济系统发展的影响随着时期的推移具有强化趋势。

表 7-9　稳健性检验：动态空间杜宾模型的空间效应分解结果（空间地理权重矩阵）

变量	短期直接效应	短期间接效应	短期总效应	长期直接效应	长期间接效应	长期总效应
	(1)	(2)	(3)	(4)	(5)	(6)
TS	0.026 ***	0.033 *	0.059 ***	0.089 ***	0.082 *	0.171 *
	(5.665)	(1.865)	(3.105)	(4.427)	(1.958)	(1.872)
ED	0.069 *	0.095	0.164	0.288 **	0.353	0.641
	(1.746)	(0.799)	(0.209)	(2.486)	(0.804)	(0.154)
IL	0.003	0.087	0.090	−0.003	0.274	0.271
	(0.209)	(1.492)	(1.416)	(−0.051)	(1.243)	(1.146)
IR	0.014 ***	0.045 **	0.059 **	0.043 **	0.131	0.174 *
	(3.150)	(2.108)	(2.569)	(2.169)	(1.398)	(1.725)
AS	0.001	−0.013 **	−0.012 **	0.008	−0.044	−0.036
	(0.897)	(−2.373)	(−2.029)	(0.976)	(−1.573)	(−1.207)
AL	−0.093 ***	0.090	−0.003	−0.367 ***	0.372	0.005
	(−4.576)	(1.168)	(−0.026)	(−3.859)	(1.531)	(0.020)
HC	−0.026	−0.546 ***	−0.572 ***	0.012	−1.732	−1.720
	(−0.828)	(−3.739)	(−3.571)	(0.051)	(−1.476)	(−1.330)

注：*、**和***分别表示在10%、5%和1%的统计水平上显著，括号内的数值为 z 统计值。

7.5　异质性检验

考虑到不同时段技术结构变迁对绿洲农业生态—经济系统发展可能会产生异质性影响，本节将全样本划分为2000~2012年、2013~2022年两个样本期，探究不同时期技术结构变迁对绿洲农业生态—经济系统发展的空间溢出效应。回归结果如表7-10列（1）和列（2）所示。不难发现，在2000~2012年和2013~2022年两个子样本中，技术结构变迁对绿洲农业生态—经济系统的影响均在1%的统计水平上显著为正，且在2013~2022年这一子样本中，技术结构变迁对绿洲农业生态—经济系统影响的回归系数显著大于2000~2012年子样本的回归结果，说明在党的十八大以后，技术结构变迁对绿洲农业生态—经济系统发展的促进作用得到了明显加强。

表7-10 时期层面技术结构变迁影响绿洲农业生态—经济系统的异质性检验结果

变量	2000~2012 年	2013~2022 年
	(1)	(2)
TS	0.034***	0.088***
	(4.066)	(9.248)
ED	−0.002	0.294**
	(−0.091)	(2.172)
IL	−0.034***	0.030
	(−2.751)	(0.480)
IR	0.008***	−0.041
	(2.779)	(−1.250)
AS	0.007***	0.010*
	(4.399)	(1.662)
AL	0.270***	−0.074
	(7.620)	(−1.223)
HC	0.194***	0.175***
	(9.858)	(3.775)
W×TS	0.069*	0.089*
	(1.826)	(1.907)
ρ	0.456**	0.773***
	(2.352)	(3.885)
Log-likelihood	614.0512	313.5377
个体固定效应	控制	控制
时间固定效应	控制	控制
调整后的 R^2	0.631	0.810
N	182	140

注：*、**和***分别表示在10%、5%和1%的统计水平上显著，括号内的数值为z统计值。

进一步地，表7-11报告了时期异质性视角下技术结构变迁对绿洲农业生态—经济系统发展的空间溢出效应的分解结果。从中可以看出，在2000~2012年、2013~2022年两个子样本中，技术结构变迁对绿洲农业生态—经济系统发展的直接效应系数分别为0.032和0.067，均在1%的统计水平上显著，说明技术结构变迁均能够促进本地绿洲农业生态—经济系统发展。然而，技术结构变迁对绿洲农业生态—经济系统发展的间接效应系数仅在2013~2022年的子样本中显著，而在2000~2012年的子样本中没有显著影响，说明仅在2013~2022年，技术结构变迁对绿洲农业生态—经济系统发展具有显著的空间溢出效应，即在2013~2022年，技术结构变迁不仅能够促进本地绿洲农业生态—经济系统发展，还能促进邻地绿洲农业生态—经济系统发展。不同时期存在差异的可能原因为，相较于2013~2012年，2000~2012年的技术结构变迁水平整体较弱，有关技术运用的政策还不完善，大多数农业技术尚未真正推广出来，导致该时期内技术结构变迁对绿洲农业生态—经济系统发展的邻地效应未能充分发挥。综合而言，在2013~2022年，技术结构变迁对绿洲农业生态—经济系统发展具有显著的空间溢出效应，能够促进"本地—邻地"绿洲农业生态—经济系统均衡化发展，而在2000~2012年，技术结构变迁对绿洲农业生态—经济系统发展仅具有"本地"效应，对"邻地"不存在明显的促进作用。

表7-11 技术结构变迁影响绿洲农业生态—经济系统的时期异质性空间效应的分解结果

变量	2000~2012年			2013~2022年		
	直接效应（1）	间接效应（2）	总效应（3）	直接效应（4）	间接效应（5）	总效应（6）
TS	0.032*** (4.072)	0.036 (1.472)	0.068** (2.423)	0.067*** (8.267)	0.029* (1.607)	0.096*** (4.307)
ED	0.267*** (3.134)	-0.022 (-0.897)	0.245*** (2.869)	1.186*** (4.363)	-0.463 (-1.288)	0.723*** (2.643)
IL	-0.025* (-1.719)	-0.128*** (-2.970)	-0.152*** (-3.184)	0.097* (1.670)	-0.443*** (-3.155)	-0.346** (-2.105)
IR	0.005 (1.150)	0.048*** (2.996)	0.053*** (3.373)	-0.049 (-1.441)	0.104 (0.683)	0.055 (0.372)
AS	0.006*** (3.231)	0.014** (2.362)	0.019*** (2.939)	0.015* (1.929)	-0.042** (-2.366)	-0.027 (-1.618)
AL	0.259*** (7.478)	0.158 (1.142)	0.417*** (2.863)	-0.067 (-1.193)	-0.016 (-0.109)	-0.083 (-0.497)
HC	0.188*** (8.711)	0.101 0.101	0.289*** (3.405)	0.231*** (4.114)	-0.413** (-2.325)	-0.182 (-1.187)

注：*、**和***分别表示在10%、5%和1%的统计水平上显著，括号内的数值为z统计值。

7.6　本章小结

本章主要是技术结构变迁对绿洲农业生态—经济系统空间溢出效应的实证分析。在技术结构变迁与绿洲农业生态—经济系统的框架中引入了空间因素，选取2000~2022年新疆14地（州、市）的面板数据，构建空间计量模型，实证分析了技术结构变迁对绿洲农业生态—经济系统的空间溢出效应。研究结论如下：

第一，空间相关性检验发现，无论是空间邻接权重矩阵还是空间地理距离权重矩阵，研究期内新疆各地（州、市）技术结构变迁水平和绿洲农业生态—经济系统发展水平均存在显著的空间正相关性。从 Moran 散点图可以看出技术结构变迁和绿洲农业生态—经济系统的局部 Moran 指数基本集中在第一象限和第三象限，多以"低—低"聚集和"高—高"聚集为主，说明技术结构变迁和绿洲农业生态—经济系统具有显著的局部空间聚集特征；此外，相对于"高—高"聚集，局部 Moran 指数更多分布在以"低—低"聚集为特征的第三象限，这说明技术结构变迁水平和绿洲农业生态—经济系统发展水平整体较低，仍存在较大的上升空间。

第二，空间计量模型选择检验发现，在空间地理权重矩阵下，LM 检验、Hausman 检验、LR 检验和 Wald 检验的统计量均通过了1%的显著性水平检验，依次拒绝了原假设，说明选取时空双固定效应下的空间杜宾模型进行回归分析更佳，且空间杜宾模型不可以退化为空间滞后模型和空间误差模型，这为后面选择空间杜宾模型进行基准回归提供了技术条件。

第三，运用静态空间杜宾模型分析技术结构变迁对绿洲农业生态—经济系统的空间溢出效应。回归结果显示，技术结构变迁及其空间滞后项对绿洲农业生态—经济系统的估计系数均在1%的统计水平上显著为正，表明技术结构变迁对绿洲农业生态—经济系统发展具有促进作用，同时还具有正的空间外部性，即随着技术结构的不断变迁，不仅能促进本地绿洲农业生态—经济系统发展，还能较好地推动邻地绿洲农业生态—经济系统发展。进一步地，将静态空间杜宾模型的空间效应进行分解，结果显示技术结构变迁的直接效应为0.087，间接效应为0.023，均通过了至少5%水平上的显著性检验，再次证实了本地和邻地技术结构变迁水平的提升均会对本地绿洲农业生态—经济系统发展产生显著的正向作用。

第四，从时期异质性层面探究技术结构变迁对绿洲农业生态—经济系统空间溢出效应的差异性。时期异质性结果分析发现，在2013~2022年，技术结构变迁对绿洲农业生态—经济系统发展具有显著的空间溢出效应，能够促进"本地—邻地"绿洲农业生态—经济系统均衡化发展，而对于 2000~2012 年而言，技术结构变迁对绿洲农业生态—经济系统发展仅具有"本地"效应，对"邻地"绿洲农业生态—经济系统不存在明显的促进作用。

第8章　研究结论与政策建议

通过上述过程，本书就技术结构变迁对绿洲农业生态—经济系统的影响进行了理论分析和实证检验。本章旨在提炼总结一些有意义的结论，并提出相应的政策建议，然后对研究的不足之处与未来需进一步探索的问题进行分析总结。

8.1　研究结论

本书在人与自然和谐共生发展的背景下，针对干旱区绿洲农业生态环境脆弱的现实问题，以绿洲农业生态—经济系统为对象，以技术结构变迁为切入点，重点考察了技术结构变迁对绿洲农业生态—经济系统的影响。具体的研究过程和内容主要包括：首先，通过对技术结构变迁和绿洲农业生态—经济系统的文献和理论梳理，揭示了技术结构变迁对绿洲农业生态—经济系统的影响效应、影响机制及空间溢出效应等理论逻辑；其次，在分析技术结构变迁与绿洲农业生态—经济系统演变的过程基础上，围绕技术结构变迁与绿洲农业生态—经济系统的核心特征与理论内涵，构建指标体系，测度并评价了技术结构变迁水平和绿洲农业生态—经济系统发展水平，同时分析了两者的耦合协调性；最后，以2000~2022年新疆14地（州、市）面板数据为研究样本，运用固定效应模型、分位数回归模型与门槛回归模型实证检验了技术结构变迁对绿洲农业生态—经济系统的总体效应、时序效应、结构效应与要素禀赋效应，运用中介效应模型从规模扩张机制、资源配置机制、结构转型机制实证分析了技术结构变迁影响绿洲农业生态—经济系统的作用机制，并运用空间计量模型实证探析了技术结构变迁对绿洲农业生态—经济系统的空间溢出效应。依据第4章至第7章的统计分析与实证检验，本书得到以下基本结论：

第一，技术结构变迁水平与绿洲农业生态—经济系统发展水平在不同区域间呈现明显的异质性。首先，在新疆整体层面，农业技术结构变迁水平呈递增的趋势，其中劳动生产率结构变迁水平呈不断上升的态势，土地生产率结构变迁水平呈逐渐下降的趋势；绿洲农业生态—经济系统发展水平呈现平稳上升趋势，其中农业经济系统发展水平表现为明显的增长趋势，农业生态系统发展水平则表现为"先下降、后上升"的态势。其次，在14地（州、市）层面，除克孜勒苏柯尔克孜自治州以外，其他地（州、市）技术结构变迁水平均呈上升态势；各地（州、市）绿洲农业生态—经济系统发展水平均得到明显提升。最后，新疆及各地（州、市）技术结构变迁与绿洲农业生态—经济系统发展协调性逐步提升，不同地（州、市）技术结构变迁与绿洲农业生态—经济系统发展的耦合协调度差异显著。

第二，技术结构变迁对绿洲农业生态—经济系统发展存在显著的推动作用。首先，总体效应结果显示，技术结构变迁对绿洲农业生态—经济系统的促进作用在1%水平上通过显著性检验，说明技术结构变迁有助于推动农业增量、提质、增效、绿色发展，为绿洲农业生态—经济系统发展提供新动能。其次，结构效应结果显示，劳动生产率结构变迁水平对绿洲农业生态—经济系统具有正向作用，且在1%的统计水平上显著，而土地生产率结构变迁水平对绿洲农业生态—经济系统的影响在1%的水平上显著为负，说明技术结构变迁的组成部分对绿洲农业生态—经济系统发展的影响具有结构性差异。再次，时序效应结果显示，当被解释变量是未来一期至三期绿洲农业生态—经济系统发展水平时，技术结构变迁的回归系数大小依次递增且均在1%的水平上显著为正，说明技术结构变迁对绿洲农业生态—经济系统的影响具有长期性，并且其正向效应逐渐增强；同时技术结构变迁对绿洲农业生态—经济系统的回归系数在10%、25%、50%、75%和90%分位点上依次递增且均在1%的统计水平上显著，表明技术结构变迁能为绿洲农业生态—经济系统发展提供持续动力。最后，要素禀赋效应结果显示，当区域要素禀赋结构小于等于0.007时，技术结构变迁对绿洲农业生态—经济系统的影响显著为正，当区域要素禀赋结构处于0.007以上时，技术结构变迁对绿洲农业生态—经济系统的正向影响显著提高，说明技术结构变迁对绿洲农业生态—经济系统发展的影响并非简单的线性关系，而是存在要素禀赋效应。

第三，技术结构变迁通过推动农业适度规模经营、农业资源合理配置和农业产业结构升级，进而提升了绿洲农业生态—经济系统发展水平。首先，规模扩张机制结果显示，技术结构变迁不仅能够推动农业规模经营总量的扩张，还促进了农业规模经营效率的提升，进而推动绿洲农业生态—经济系统发展。其次，资源配置机制结果显示，技术结构变迁能够显著降低农业资本和劳动力错配程度，促使农业资源配置更为有效、精准，提高农业资源配置效率，进而推动绿洲农业生态—经济系统发展。再次，结构转型机制结果显示，技术结构变迁有助于提升农业产业结构的合理化水平和高级化水平，进而有利于促进绿洲农业生态—经济系统实现良性发展。最后，通过比较规模扩张机制、资源配置机制和结构转型机制三条作用路径系数发现，三条作用路径中占主导效应的是农业资源配置，约占总中介效应的 39.23%，然后是农业规模经营，约占总中介效应的 36.15%，最后是农业产业结构，约占总中介效应的 24.62%，这表明农业资源配置在技术结构变迁对绿洲农业生态—经济系统的影响中发挥了更大的作用。综上所述，技术结构变迁可以通过"扩农业规模""优资源配置""促结构升级"三条渠道促进绿洲农业生态—经济系统发展。

第四，技术结构变迁对绿洲农业生态—经济系统的促进作用存在空间溢出效应。首先，空间相关性检验发现，研究期内新疆各地（州、市）技术结构变迁水平和绿洲农业生态—经济系统发展水平存在显著的空间正相关性，多以"低—低"聚集和"高—高"聚集为主。其次，空间计量模型选择检验发现，LM 检验、Hausman 检验、LR 检验和 Wald 检验的统计量均通过了 1% 的显著性水平检验，依次拒绝了原假设，说明选取时空双固定效应下的空间杜宾模型进行回归分析相对较佳。再次，空间计量模型回归结果显示，技术结构变迁及其空间滞后项对绿洲农业生态—经济系统的估计系数均在 1% 的统计水平上显著为正，表明技术结构变迁对绿洲农业生态—经济系统发展具有促进作用，同时还具有正的空间外部性。最后，空间效应分解结果显示，技术结构变迁的直接效应为 0.087，间接效应为 0.023，均通过了至少 5% 水平上的显著性检验，再次证实了技术结构变迁不仅能促进本地绿洲农业生态—经济系统发展，还能较好地推动邻地绿洲农业生态—经济系统发展。

8.2 政策建议

在我国部分干旱半干旱区沙尘天气频现、土地荒漠化与绿洲化交错演进激烈、绿洲农业生产与生态风险把控不确定性因素增加的背景下，如何提高农业综合生产能力、有效应对其面临的农业生态风险，是干旱半干旱区绿洲农业可持续发展面临的重要问题，也是落实新发展理念的客观要求。农业技术结构变迁顺应了农业现代化的发展趋势，成为促进绿洲农业生态—经济系统中农业经济与生态环境协调发展的重要手段。本书立足技术结构变迁驱动绿洲农业生态—经济系统发展的内在机理，在研究结论的基础上，结合实践案例，提出以下政策建议：

8.2.1　发挥技术结构支撑引领作用，带动绿洲农业生态经济协调发展

第一，统筹推进农业技术结构焕新升级，赋能绿洲农业经济与生态系统协调发展。研究结论显示农业技术结构变迁有助于推动绿洲农业生态—经济系统发展，因此，要重视农业技术结构的优化和升级，发挥技术结构的引领带动作用，构建经济与环境协同共进的绿洲家园。具体地，一要重视水源涵养，持续完善节水农业技术体系，加强节水农业技术体系下农田防护林网的生态管护；二要重视耕地资源保护，大力发展以节约土地为主的农业生物技术，培育抗逆性更强、产量更高、品质更优的农作物品种；三要重视环境污染，加快推进清洁能源、生物有机肥和生物农药的研发应用，健全完善测土配方全覆盖服务体系，积极探索应用可降解膜、可回收膜；四要重视数字经济后发优势，加大智能化、数字化技术的推广应用，加快构建智慧农业服务平台，实现高效率、低成本、标准化生产。

第二，加快农业资本化进程，利用资本体现式技术结构变迁推进绿洲农业生态—经济系统发展。研究结论显示农业技术结构向以提高劳动生产率为主的方向变迁有利于绿洲农业生态—经济系统发展，意味着农业资本的深化促进了绿洲农业技术结构实现优化升级，进而推动了绿洲农业生态—经济系统正向发展。因此，要重视农业资本市场的培育与完善，根据当地的资源要素禀赋、经济发展水平，因地制宜地引进和适时推广农业技术，即各地农业生产技术不能采取"一刀切"的方式，应当结合特定时期、特定地点的实际情况，利用资本要素的相对丰裕提高适合本地发展的农业物质装备水平、技术结构综合水平，推动绿洲农业生态—经济系统实现良性发展。

第三，洞察农业要素禀赋变化，适时选择推动绿洲农业生态—经济系统持续健康发展的农业技术结构。研究结论显示技术结构变迁对绿洲农业生态—经济系统的影响存在农业要素禀赋的门槛效应，意味着要素禀赋的变化影响着技术结构的变迁。因此，各地在面临水资源短缺、劳动力老龄化、土壤盐渍化等农业要素禀赋变化带来的挑战时，也要抓住农业生产中相关要素成本下降带来的机遇，依据自身的要素禀赋结构来确定适合本地发展的农业技术结构升级方向，进一步促进农业劳动力、资本和土地等要素实现优化配置，提高绿洲农业生态—经济系统综合发展水平，进而推进绿洲农业高质量发展和生态环境高水平保护。

8.2.2　强化技术实施作用路径依赖，促进绿洲农业生产全面绿色转型

第一，发挥好适度规模经营优势。提倡农地适度规模经营，逐步推进农地集约化、规模化，为绿洲农业技术的实施创造条件。研究结论显示技术结构变迁促

进绿洲农业生态—经济系统发展的路径之一就是通过推动农业规模经营总量的扩张和促进农业规模经营效率的提升，因此，要继续推进农地流转，发展适度规模经营。一方面，要不断优化和调整农业政策的制定细则，保证财政支农资金补贴向农地流转领域倾斜，推动农地有序流转和规模化经营，培育规模化的新型农业经营主体，强化农地规模经营总量对绿洲农业生态—经济系统发展的正向驱动效应。另一方面，结合当地自然条件及农业生产特征选择适宜的农地规模经营，优化农业投入结构并调整农业产出结构，比如，增加有机肥的施用强度，提高绿色、有机、特色农产品的种植比例，以提升农业规模经营效率和绿洲农业生态—经济系统综合效益。

第二，发挥好农业资源配置优势。优化农业资源配置，稳步提升绿洲农业综合生产能力。研究结论显示技术结构变迁促进绿洲农业生态—经济系统发展的路径之二就是通过推动农业劳动力与资本合理配置，因此，要继续优化农业资源配置，提高资源配置效率。一方面，要因地制宜制定资源配置措施，对绿洲农业生态—经济系统发展处于高水平的地区，建立区域合作机制，加强与邻近地区的合作，对绿洲农业生态—经济系统发展处于低水平的地区，加强农民职业技能培训、创新农业经营方式以及完善劳动力市场体系等，缓解资源错配对绿洲农业生态—经济系统发展的负向影响。另一方面，要加快建设全国统一大市场、加快培育新型农业经营主体和服务主体，促进农业劳动力、资本等农业生产要素合理流动与高效配置，以实现农业经济效益提升、绿洲生态环境保护，为绿洲农业生态—经济系统发展保驾护航。

第三，发挥好农业产业结构优势。调整农业产业结构，构建与资源环境承载力相匹配的绿洲农业新格局。研究结论显示技术结构变迁促进绿洲农业生态—经济系统发展的路径之三就是通过推动农业产业结构合理化和高级化，因此，要继续优化农业产业布局，推动农业与服务业深度融合。一方面，推动农业各产业部门互动集聚发展，延长产业链，提高产业关联度，农业各产业部门在发挥自身专业化效应的同时，利用其知识溢出效应推动部门间实现融合发展，助推农业产业结构更加合理化。另一方面，增强农业服务业领域的投资，发展农业社会化服务体系，加强农民的职业教育和技能培训，协同发力促进农业产业结构升级，进而为绿洲农业生态—经济系统可持续发展奠定基础。

8.2.3　打破技术要素空间流动限制，推动构建绿洲农业现代化新格局

第一，打通区域间技术要素流动障碍，加快构建绿洲农业现代化新格局。研究结论显示，新疆农业发展仍面临一定的"技术鸿沟"，先进农业生产技术主要

集中于经济发展水平较高的地区。因此，技术结构的优化要因地制宜、精准施策。对于经济发展水平较高的地区，应以全国领先技术为目标，积极向农民推广高效种植技术、精准施肥技术、病虫害综合防治技术等先进的现代农业技术，并建立健全农业技术服务体系，以提高区域绿洲农业的综合竞争力。对于经济发展水平较低的地区，应立足现有资源，继续依托新型合作组织推进规模化和机械化生产，并积极承接来自经济发展水平较高地区的先进农业生产技术，不断缩小地区农业经济发展差距，在全国范围内形成优势互补、协同发展的技术结构变迁新格局，以加快绿洲农业现代化推进中国式现代化建设。

第二，发挥技术要素的示范引领作用，加快建设具有绿洲特色的农业强区。研究结论显示技术结构变迁与绿洲农业生态—经济系统发展的耦合协调度差异显著，且变动趋势具有明显的群组特征。因此，要发挥并利用好"样板"的示范带动作用，对于农业技术结构保持领先优势的区域，可着眼于推动农业技术全面高质高效转型升级，致力于打造绿洲农业生态—经济系统高质量发展的技术结构标杆。对于人才、技术较为缺乏的区域，可利用对口支援以及先进地区的辐射带动作用，从农业发展瓶颈制约中寻求突破，并建设具有绿洲特色的农业强区，逐步提升绿洲农业生态—经济系统发展水平的规模效应，提高区域间和区域内技术结构变迁与绿洲农业生态—经济系统发展的耦合协调度。

第三，加强区域间农业技术的有效结合，全面推动绿洲农业生态—经济系统可持续发展。研究结论显示技术结构变迁对邻近地区绿洲农业生态—经济系统发展产生了显著的空间溢出效应。因此，各地区要打破技术壁垒，加强先进农业技术推广与传播，促进先进农业生产经验的交流分享，共同推动农业技术结构的升级、农业技术整体水平的提高，进一步促进区域间农业经济与生态保护协调发展。此外，落后地区可向发达地区引进先进技术与学习先进管理理念，发达地区也应当凭借其先进的技术、资金和人才优势，积极推进多种形式的空间集聚模式，促进地区间技术和经济的互补与协同发展，实现绿洲农业经济发展与生态环境保护共赢。

8.3 研究不足与展望

虽然本书基于现有农业生态—经济系统研究的不足，在相关文献和理论分析的基础上，从新结构经济学视角，利用新疆14地（州、市）的面板数据，实证检验了技术结构变迁对绿洲农业生态—经济系统的影响效应、影响机制及空间溢出效应。研究结论为现有相关文献做出了一定理论贡献，也为农业生态—经济系统持续健康发展提供了有意义的指导。然而，由于笔者自身认知、时间精力、资料获取等方面的限制，本书仍存在诸多不足亟待深入思考和探究，主要包含以下几方面：

第一，技术结构变迁度量可进一步优化。技术结构变迁是本书提出的影响农业生态—经济系统的关键因素，本书从农业技术的等级和类型维度对农业技术结构变迁进行综合刻画，梳理并分类凝练出自新中国成立以来与绿洲农业生产密切相关的生产技术类型，如以提高土地生产率为主的农业技术、以提高劳动生产率为主的农业技术。但限于宏观层面数据可得性问题，不能从更加细化的层面量化各类技术的配比问题。在未来的研究中，考虑从多维数据层面出发，选取某一关键农业技术或环节进行深入探究，以更准确、全面地了解农业技术结构的本质。

第二，数据获取途径可进一步拓宽。为了从总体上把握技术结构变迁对绿洲农业生态—经济系统的影响效果，本书以新疆 14 地（州、市）为研究情境，探究了技术结构变迁对绿洲农业生态—经济系统的影响，研究中各变量使用到的基础数据主要来自《新疆统计年鉴》以及各地（州、市）统计年鉴，未深入到县域层面、村域层面及农户层面进行微观样本的采集，使政策建议难以提供更加具体且有针对性的指导。在未来的研究中，考虑通过长期的微观数据收集和跟踪，构建动态面板数据集，利用不同时段数据验证技术结构变迁与绿洲农业生态—经济系统之间的关系，揭示技术结构变迁规律与绿洲农业生态—经济系统发展规律，以对本书所得结论做进一步补充和完善。

第三，作用路径分析可进一步扩展。为了深入探究技术结构变迁对绿洲农业生态—经济系统的影响机制，本书基于理论分析提出并实证检验了总体效应的三条作用路径（农业规模经营、农业资源配置和农业产业结构），没有分别从技术结构变迁的结构效应、时序效应和要素禀赋效应对作用机制做进一步分析与检验，从而不能推断各机制在结构效应、时序效应和要素禀赋效应中的影响及其差异。在未来的研究中，考虑从技术结构变迁的其他效应维度考察以上三条机制发挥的作用，并考察技术结构变迁影响绿洲农业生态—经济系统中可能存在的其他作用路径，以对本书机制分析做进一步扩展与深化。

参考文献

[1] 白蕴芳，陈安存. 中国农业可持续发展的现实路径 [J]. 中国人口·资源与环境，2010, 20 (4)：117-122.

[2] 布朗. 生态经济：有利于地球的经济构想 [M]. 林自新, 戢守志, 等译. 北京：东方出版社，2002.

[3] 曹博，赵芝俊. 技术进步类型选择和我国农业技术创新路径 [J]. 农业技术经济，2017 (9)：80-87.

[4] 曹菲，聂颖. 产业融合、农业产业结构升级与农民收入增长——基于海南省县域面板数据的经验分析 [J]. 农业经济问题，2021 (8)：28-41.

[5] 曹俊文，曾康. 低碳视角下长江经济带农业生态效率及影响因素研究 [J]. 生态经济，2019, 35 (8)：115-119+127.

[6] 常向阳，姚华锋. 农业技术选择影响因素的实证分析 [J]. 中国农村经济，2005 (10)：38-43+58.

[7] 钞小静，任保平. 中国经济增长质量的时序变化与地区差异分析 [J]. 经济研究，2011, 46 (4)：26-40.

[8] 陈斌开，林毅夫. 发展战略、城市化与中国城乡收入差距 [J]. 中国社会科学，2013 (4)：81-102+206.

[9] 陈菲琼，王寅. 效率视角下技术结构调整与经济发展方式转变 [J]. 数量经济技术经济研究，2010, 27 (2)：104-117.

[10] 陈林生，黄莎，李贤彬. 农业机械化对农民收入的影响研究——基于系统 GMM 模型与中介效应模型的实证分析 [J]. 农村经济，2021 (6)：41-49.

[11] 陈欣章，熙谷，李萍萍. 持续农业的理论基础——农业生态系统原理 [J]. 生态学杂志，1997 (3)：56-58+39.

[12] 陈宇斌，王森. 农业技术创新、同群效应与农业高质量发展——兼议农地规模经营的作用机制 [J]. 兰州学刊，2022 (9)：148-160.

[13] 陈宇斌，王森，陆杉. 农产品贸易对农业碳排放的影响——兼议数字乡村发展的门槛效应 [J]. 华中农业大学学报（社会科学版），2022 (6)：

45-57.

[14] 陈宇斌，王森，陆杉．数字普惠金融对农业规模经营的影响效应——基于空间面板模型与门槛模型的实证分析 [J]．当代经济管理，2024，46（3）：87-96.

[15] 成德宁，李燕．农业产业结构调整对农业劳动生产率的影响 [J]．经济问题探索，2016（11）：148-153+172.

[16] 程永生，张德元，汪侠．农业社会化服务的绿色发展效应——基于农户视角 [J]．资源科学，2022，44（9）：1848-1864.

[17] 崔许锋，王雨菲，张光宏．面向低碳发展的农业生态效率测度与时空演变分析——基于 SBM-ESDA 模型 [J]．农业经济问题，2022（9）：47-61.

[18] 邓敏慧，杨传喜．基于超效率 DEA 模型的中国农业科技资源配置效率动态演化研究 [J]．中国农业资源与区划，2017，38（11）：61-66.

[19] 丁学谦，吴群，刘向南，等．土地利用、经济高质量发展与碳排放耦合协调度及影响因素——来自中国 282 个地级市的经验研究 [J]．资源科学，2022，44（11）：2233-2246.

[20] 董直庆，焦翠红．技术结构存在优化效应吗？——来自地区和产业层面的经验证据 [J]．华东师范大学学报（哲学社会科学版），2017，49（2）：141-154+184-185.

[21] 杜江，王锐，王新华．环境全要素生产率与农业增长：基于 DEA-GML 指数与面板 Tobit 模型的两阶段分析 [J]．中国农村经济，2016（3）：65-81.

[22] 杜美玲，祝宏辉，尹小君．农业机械化对农业生态效率的影响研究 [J]．农业现代化研究，2023，44（6）：1082-1092.

[23] 杜美玲，祝宏辉，张嘉淇．农地规模经营对农户健康的影响与作用机制研究——基于新疆农户微观数据的证据 [J]．西部经济管理论坛，2024，35（5）：54-67.

[24] 樊祖洪，熊康宁，李亮，等．喀斯特生态脆弱区农业生态经济系统耦合协调发展研究——以贵州省为例 [J]．长江流域资源与环境，2022，31（2）：482-491.

[25] 范东寿．农业技术进步、农业结构合理化与农业碳排放强度 [J]．统计与决策，2022，38（20）：154-158.

[26] 盖美，杨茼菲，何亚宁．东北粮食主产区农业绿色发展水平时空演化及其影响因素 [J]．资源科学，2022，44（5）：927-942.

［27］干春晖，郑若谷，余典范．中国产业结构变迁对经济增长和波动的影响［J］．经济研究，2011，46（5）：4-16+31.

［28］高静，于建平，武彤，等．我国农业生态经济系统耦合协调发展研究［J］．中国农业资源与区划，2020，41（1）：1-7.

［29］高鸣，宋洪远．粮食生产技术效率的空间收敛及功能区差异——兼论技术扩散的空间涟漪效应［J］．管理世界，2014（7）：83-92.

［30］高鸣，张哲晰．碳达峰、碳中和目标下我国农业绿色发展的定位和政策建议［J］．华中农业大学学报（社会科学版），2022（1）：24-31.

［31］高维龙．粮食产业高质量发展的绿色创新驱动机制研究［J］．江西财经大学学报，2022（3）：73-86.

［32］高云虹，王文铎，陈敏．农业技术进步对农业结构调整的影响研究——以甘肃省为例［J］．甘肃行政学院学报，2022（1）：115-123+114+128.

［33］桂东伟，雷加强，曾凡江，等．绿洲化进程中不同利用强度农田对土壤质量的影响［J］．生态学报，2010，30（7）：1780-1788.

［34］郭军华，倪明，李帮义．基于三阶段 DEA 模型的农业生产效率研究［J］．数量经济技术经济研究，2010，27（12）：27-38.

［35］郭亚军，邱丽萍，姚顺波．节水灌溉技术对农户农业收入影响分析［J］．经济问题，2022（4）：93-100.

［36］韩永辉，黄亮雄，王贤彬．产业政策推动地方产业结构升级了吗？——基于发展型地方政府的理论解释与实证检验［J］．经济研究，2017，52（8）：33-48.

［37］何秀荣．关于我国农业经营规模的思考［J］．农业经济问题，2016，37（9）：4-15.

［38］何艳秋，陈柔，朱思宇，等．策略互动和技术溢出视角下的农业碳减排区域关联［J］．中国人口·资源与环境，2021，31（6）：102-112.

［39］何艳秋，成雪莹，王芳．技术扩散视角下农业碳排放区域溢出效应研究［J］．农业技术经济，2022（4）：132-144.

［40］贺可，吴世新，杨怡，等．近 40 a 新疆土地利用及其绿洲动态变化［J］．干旱区地理，2018，41（6）：1333-1340.

［41］洪开荣，陈诚，丰超，等．农业生态效率的时空差异及影响因素［J］．华南农业大学学报（社会科学版），2016，15（2）：31-41.

［42］侯冠宇，张震宇，董劭伟．新质生产力赋能东北农业高质量发展：理论逻辑、关键问题与现实路径［J］．湖南社会科学，2024（1）：69-76.

［43］侯孟阳，邓元杰，姚顺波．农村劳动力转移、化肥施用强度与农业生态效率：交互影响与空间溢出［J］．农业技术经济，2021（10）：79-94.

［44］侯孟阳，姚顺波．空间视角下中国农业生态效率的收敛性与分异特征［J］．中国人口·资源与环境，2019，29（4）：116-126.

［45］胡江峰，王钊，黄庆华．资源错配与农业全要素生产率：损失和原因［J］．农业技术经济，2023（11）：78-98.

［46］胡中应．技术进步、技术效率与中国农业碳排放［J］．华东经济管理，2018，32（6）：100-105.

［47］胡竹枝，李大胜．农业技术体系变迁的影响分析［J］．新疆农垦经济，2006（6）：36-39.

［48］黄大湖，丁士军．农业技术进步、空间效应与城乡收入差距——基于省级面板数据的分析［J］．中国农业资源与区划，2022，43（11）：239-248.

［49］黄晶，薛东前，董朝阳，等．干旱绿洲农业区土地利用转型生态环境效应及分异机制——基于三生空间主导功能判别视角［J］．地理科学进展，2022，41（11）：2044-2060.

［50］黄宗晔，游宇．农业技术发展与经济结构变迁［J］．经济研究，2018，53（2）：65-79.

［51］吉小燕，周曙东．全要素生产率及其对农业经济增长的影响——基于江苏省的实证研究［J］．科技管理研究，2016，36（21）：104-108.

［52］江艇．因果推断经验研究中的中介效应与调节效应［J］．中国工业经济，2022（5）：100-120.

［53］江艳军，黄英．民间投资、农业科技进步与农业产业结构升级——基于"一带一路"沿线省域的实证研究［J］．科技管理研究，2019，39（17）：123-130.

［54］姜松，周洁，邱爽．适度规模经营是否能抑制农业面源污染——基于动态门槛面板模型的实证［J］．农业技术经济，2021（7）：33-48.

［55］蒋团标，钟敏，马国群．数字经济对农业绿色全要素生产率的影响——基于土地经营效率的中介作用分析［J］．中国农业大学学报，2024，29（4）：27-39.

［56］颉耀文，姜海兰，林兴周，等．1963-2013a间临泽绿洲时空变化过程研究［J］．干旱区资源与环境，2014，28（8）：55-60.

［57］解春艳，黄传峰，徐浩．环境规制下中国农业技术效率的区域差异与影响因素——基于农业碳排放与农业面源污染双重约束的视角［J］．科技管理研

究，2021，41（15）：184-190.

［58］金芳，金荣学．农业产业结构变迁对绿色全要素生产率增长的空间效应分析［J］．华中农业大学学报（社会科学版），2020（1）：124-134+168-169.

［59］孔祥智，张琛，张效榕．要素禀赋变化与农业资本有机构成提高——对1978年以来中国农业发展路径的解释［J］．管理世界，2018，34（10）：147-160.

［60］匡远配，周凌．农地流转的产业结构效应研究［J］．经济学家，2016（11）：90-96.

［61］赖先齐，秦莉，张风华．新疆绿洲生态农业建设与可持续发展［J］．中国生态农业学报，2002（4）：133-134.

［62］李芳，李元恒．黑河中游绿洲化地表特征参数研究［J］．生态环境学报，2019，28（8）：1540-1547.

［63］李谷成，范丽霞，成刚，等．农业全要素生产率增长：基于一种新的窗式DEA生产率指数的再估计［J］．农业技术经济，2013（5）：4-17.

［64］李谷成，范丽霞，闵锐．资源、环境与农业发展的协调性——基于环境规制的省级农业环境效率排名［J］．数量经济技术经济研究，2011，28（10）：21-36+49.

［65］李兰冰，刘秉镰．"十四五"时期中国区域经济发展的重大问题展望［J］．管理世界，2020，36（5）：8+36-51.

［66］李明文，王振华，张广胜．农业政策对粮食生产技术选择影响及空间溢出效应［J］．农林经济管理学报，2020，19（2）：151-160.

［67］李万明．绿洲生态—经济可持续发展理论与实践［J］．中国农村经济，2003（12）：47-51.

［68］李万明，强始学．干旱区绿洲生态农业现代化模式研究［M］．北京：中国农业出版社，2012.

［69］李万明，汤莉．基于生态安全的绿洲生态农业现代化研究［M］．北京：中国农业出版社，2012.

［70］李万伟．荒漠—绿洲地区水生态的失衡与再平衡研究［J］．云南社会科学，2021（2）：165-172.

［71］李文华，熊兴．乡村振兴战略背景下农地规模经营与农业绿色发展［J］．资源开发与市场，2018，34（11）：1563-1570.

［72］李翔，杨柳．华东地区农业全要素生产率增长的实证分析——基于随

机前沿生产函数模型 [J]. 华中农业大学学报（社会科学版），2018（6）：62-68+154.

[73] 李兆亮，罗小锋，张俊飚，等. 农业 R&D 投入、空间溢出与中国农业经济增长 [J]. 科研管理，2020，41（9）：268-277.

[74] 李周，于法稳. 西部地区农业生产效率的 DEA 分析 [J]. 中国农村观察，2005（6）：2-10+81.

[75] 林坚，杨柳勇. 我国农业的二元技术结构与技术变迁 [J]. 农业经济问题，1998（7）：15-19.

[76] 林善浪，胡小丽. 农村过疏化、要素替代与农业技术选择 [J]. 财贸研究，2018，29（7）：42-54.

[77] 林毅夫. 如何做新结构经济学的研究 [J]. 上海大学学报（社会科学版），2020，37（2）：1-18.

[78] 林毅夫. 新结构经济学：反思经济发展与政策的理论框架（增订版）[M]. 北京：北京大学出版社，2014.

[79] 林毅夫. 新结构经济学与中国发展之路 [J]. 中国市场，2012（50）：3-8.

[80] 林毅夫，付才辉. 比较优势与竞争优势：新结构经济学的视角 [J]. 经济研究，2022，57（5）：23-33.

[81] 林毅夫，张鹏飞. 适宜技术、技术选择和发展中国家的经济增长 [J]. 经济学（季刊），2006（3）：985-1006.

[82] 刘爱军，王楚婷. 我国生态循环型农业技术结构及其贡献度测定 [J]. 统计与决策，2016（16）：132-134.

[83] 刘刚，张泠然，殷建瓴. 价值主张、价值创造、价值共享与农业产业生态系统的动态演进——基于德青源的案例研究 [J]. 中国农村经济，2020（7）：24-39.

[84] 刘皇，周灵灵. 农村劳动力结构变化与农业技术进步路径 [J]. 西南民族大学学报（人文社会科学版），2022，43（1）：94-104.

[85] 刘丽. 中国技术结构对产业结构升级的贡献及解释 [J]. 科技与经济，2012，25（2）：96-100.

[86] 刘思华. 马克思主义生态经济学原理 [M]. 北京：人民出版社，2023.

[87] 刘伟，顾海良，洪银兴，等. 学习党的十九届五中全会精神笔谈 [J]. 经济学动态，2021（1）：3-26.

［88］刘伟，张辉．中国经济增长中的产业结构变迁和技术进步［J］．经济研究，2008，43（11）：4-15.

［89］刘学侠，陈传龙．数字技术推动农业产业结构转型升级路径研究［J］．行政管理改革，2022（12）：57-65.

［90］刘妍，赵帮宏．农产品出口质量对农业产业升级的影响［J］．农业技术经济，2019（8）：115-132.

［91］刘应元，冯中朝，李鹏，等．中国生态农业绩效评价与区域差异［J］．经济地理，2014，34（3）：24-29.

［92］龙云，任力．农地流转对农业面源污染的影响——基于农户行为视角［J］．经济学家，2016（8）：81-87.

［93］陆杉，熊娇．基于GWR的长江经济带农业绿色效率时空分异及影响因素研究［J］．地理科学，2023，43（2）：337-348.

［94］罗光强，王焕．数字普惠金融对中国粮食主产区农业高质量发展的影响［J］．经济纵横，2022（7）：107-117.

［95］罗浩轩．农业要素禀赋结构、农业制度安排与农业工业化进程的理论逻辑探析［J］．农业经济问题，2021（3）：4-16.

［96］罗浩轩．中国区域农业要素禀赋结构变迁的逻辑和趋势分析［J］．中国农村经济，2017（3）：46-59.

［97］马凤才，赵连阁，任莹．黑龙江省农业生产效率分析［J］．农业技术经济，2008（2）：91-95.

［98］马贤磊，车序超，李娜，等．耕地流转与规模经营改善了农业环境吗？——基于耕地利用行为对农业环境效率的影响检验［J］．中国土地科学，2019，33（6）：62-70.

［99］马玉婷，高强，杨旭丹．农村劳动力老龄化与农业产业结构升级：理论机制与实证检验［J］．华中农业大学学报（社会科学版），2023（2）：69-79.

［100］聂弯，于法稳．农业生态效率研究进展分析［J］．中国生态农业学报，2017，25（9）：1371-1380.

［101］潘丹，应瑞瑶．中国农业生态效率评价方法与实证——基于非期望产出的SBM模型分析［J］．生态学报，2013，33（12）：3837-3845.

［102］钱龙，洪名勇．非农就业、土地流转与农业生产效率变化——基于CFPS的实证分析［J］．中国农村经济，2016（12）：2-16.

［103］任志远，徐茜，杨忍．基于耦合模型的陕西省农业生态环境与经济协调发展研究［J］．干旱区资源与环境，2011，25（12）：14-19.

［104］沈满洪，谢慧明，王颖．生态经济学（第三版）［M］．北京：中国环境出版集团，2022.

［105］史常亮，占鹏，朱俊峰．土地流转、要素配置与农业生产效率改进［J］．中国土地科学，2020，34（3）：49-57.

［106］舒小林，闵浙思，郭向阳，等．省域数字经济与旅游业高质量发展耦合协调及驱动因素［J］．经济地理，2024，44（1）：197-208.

［107］宋慧琳，彭迪云．要素禀赋结构、偏向性技术进步与全要素生产率增长——基于区域异质性随机前沿函数的实证研究［J］．江西社会科学，2019，39（9）：47-59+254-255.

［108］孙学涛，王振华．农业生产效率提升对产业结构的影响——基于技术进步偏向的视角［J］．财贸研究，2021，32（6）：46-58.

［109］陶长琪，杨海文．空间计量模型选择及其模拟分析［J］．统计研究，2014，31（8）：88-96.

［110］田红宇，祝志勇．农村劳动力转移、经营规模与粮食生产环境技术效率［J］．华南农业大学学报（社会科学版），2018，17（5）：69-81.

［111］田江．农业生态——经济系统协同发展研究进展［J］．中国农业资源与区划，2017，38（4）：9-16.

［112］田孟，熊宇航．生产性服务业集聚对农业高质量发展的影响——基于地区异质性视角［J］．经济问题，2023（8）：103-111.

［113］田伟，杨璐嘉，姜静．低碳视角下中国农业环境效率的测算与分析——基于非期望产出的 SBM 模型［J］．中国农村观察，2014（5）：59-71+95.

［114］田晓晖，李薇，李戎．农业机械化的环境效应——来自农机购置补贴政策的证据［J］．中国农村经济，2021（9）：95-109.

［115］田云，尹忞昊．技术进步促进了农业能源碳减排吗？——基于回弹效应与空间溢出效应的检验［J］．改革，2021（12）：45-58.

［116］王宝义，张卫国．中国农业生态效率的省际差异和影响因素——基于1996～2015 年 31 个省份的面板数据分析［J］．中国农村经济，2018（1）：46-62.

［117］王辰璇，姚佐文．农业科技投入对农业生态效率的空间效应分析［J］．中国生态农业学报（中英文），2021，29（11）：1952-1963.

［118］王海飞．基于 SSBM-ESDA 模型的安徽省县域农业效率时空演变［J］．经济地理，2020，40（4）：175-183+222.

[119] 王洪煜，张骞，陆迁．要素禀赋、农户分化与农业价值链技术选择偏向 [J]．华中农业大学学报（社会科学版），2022（4）：116-128．

[120] 王建安．一种研究经济系统中技术结构演化的新方法 [J]．科研管理，1997（3）：42-46．

[121] 王静，张洁瑕，段瑞娟．区域农业生态系统研究进展 [J]．生态经济，2015，31（2）：102-108．

[122] 王圣云，林玉娟．中国区域农业生态效率空间演化及其驱动因素——水足迹与灰水足迹视角 [J]．地理科学，2021，41（2）：290-301．

[123] 王淑佳，孔伟，任亮，等．国内耦合协调度模型的误区及修正 [J]．自然资源学报，2021，36（3）：793-810．

[124] 王嵩，孙才志，范斐．基于共生理论的中国沿海省市海洋经济生态协调模式研究 [J]．地理科学，2018，38（3）：342-350．

[125] 王涛，刘树林．中国干旱区绿洲化、荒漠化调控区划（纲要）[J]．中国沙漠，2013，33（4）：959-966．

[126] 王颜齐，郭翔宇．农业产业结构与农业经济增长：以黑龙江省为例 [J]．商业研究，2009（10）：138-140．

[127] 王勇，汤学敏．结构转型与产业升级的新结构经济学研究：定量事实与理论进展 [J]．经济评论，2021（1）：3-17．

[128] 魏后凯．中国农业发展的结构性矛盾及其政策转型 [J]．中国农村经济，2017（5）：2-17．

[129] 魏金义，祁春节．农业技术进步与要素禀赋的耦合协调度测算 [J]．中国人口·资源与环境，2015，25（1）：90-96．

[130] 魏梦升，颜廷武，罗斯炫．规模经营与技术进步对农业绿色低碳发展的影响——基于设立粮食主产区的准自然实验 [J]．中国农村经济，2023（2）：41-65．

[131] 魏巍．异质性环境规制、清洁型技术结构与区域工业环境效率提升 [J]．技术经济，2020，39（6）：119-130+140．

[132] 魏巍，王林辉．长三角和珠三角地区技术同构性研究 [J]．软科学，2017，31（9）：69-73．

[133] 魏巍，张晓莉，李万明．新疆绿洲农业技术进步模式创新研究 [J]．农业经济，2012（9）：23-24．

[134] 温忠麟，叶宝娟．中介效应分析：方法和模型发展 [J]．心理科学进展，2014，22（5）：731-745．

［135］吴梵，高强，刘韬．农业科技创新、空间溢出与农业生态效率［J］．统计与决策，2020，36（16）：82-85.

［136］吴方卫，应瑞瑶．产业结构变化对农村经济增长影响的实证分析［J］．农业技术经济，2000（4）：17-20.

［137］吴丽丽，李谷成，周晓时．要素禀赋变化与中国农业增长路径选择［J］．中国人口·资源与环境，2015，25（8）：144-152.

［138］伍国勇，孙小钧，于福波，等．中国种植业碳生产率空间关联格局及影响因素分析［J］．中国人口·资源与环境，2020，30（5）：46-57.

［139］伍骏骞，方师乐，李谷成，等．中国农业机械化发展水平对粮食产量的空间溢出效应分析——基于跨区作业的视角［J］．中国农村经济，2017（6）：44-57.

［140］新疆维吾尔自治区统计局．新疆辉煌70年：1949-2019［M］．北京：中国统计出版社，2019.

［141］徐清华，张广胜．农业机械化对农业碳排放强度影响的空间溢出效应——基于282个城市面板数据的实证［J］．中国人口·资源与环境，2022，32（4）：23-33.

［142］徐志刚，张骏逸，吕开宇．经营规模、地权期限与跨期农业技术采用——以秸秆直接还田为例［J］．中国农村经济，2018（3）：61-74.

［143］徐志刚，郑姗，刘馨月．农业机械化对粮食高质量生产影响与环节异质性——基于黑、豫、浙、川四省调查数据［J］．宏观质量研究，2022，10（3）：22-34.

［144］许标文，王海平，沈智扬．结构转型、技术进步选择对农业碳影子价格的影响——基于BP技术与FGLS模型的实证分析［J］．中国生态农业学报（中英文），2023，31（2）：241-252.

［145］闫周府，吴方卫，袁凯彬．劳动禀赋变化、技术选择与粮食种植结构调整［J］．财经研究，2021，47（4）：79-93.

［146］严以绥，肖焰恒．耗散结构理论与绿洲人工生态系统的可持续发展［J］．新疆农垦经济，1999（5）：44-46.

［147］颜亮，何晓岚．基于二元论的技术结构解释［J］．科学学研究，2004（2）：124-128.

［148］杨海钰，马兴栋，邵砾群．区域要素禀赋变化与农业技术变迁路径差异——基于苹果产业视角和7个主产省的数据［J］．湖南农业大学学报（社会科学版），2018，19（2）：16-22.

［149］杨军鸽，王琴梅．数字技术与农业高质量发展——基于数字生产力的视角［J］．山西财经大学学报，2023，45（4）：47-63.

［150］杨莉莎，朱俊鹏，贾智杰．中国碳减排实现的影响因素和当前挑战——基于技术进步的视角［J］．经济研究，2019，54（11）：118-132.

［151］杨骞，王珏，李超，等．中国农业绿色全要素生产率的空间分异及其驱动因素［J］．数量经济技术经济研究，2019，36（10）：21-37.

［152］杨义武，林万龙，张莉琴．农业技术进步、技术效率与粮食生产——来自中国省级面板数据的经验分析［J］．农业技术经济，2017（5）：46-56.

［153］姚延婷，陈万明，李晓宁．环境友好农业技术创新与农业经济增长关系研究［J］．中国人口·资源与环境，2014，24（8）：122-130.

［154］姚增福．环境规制、农业投资与农业环境效率趋同——"波特假说"和投资调整成本整合框架的分析［J］．统计研究，2020，37（8）：50-63.

［155］姚增福，刘欣．技术进步约束、不确定性与农业环境效率——基于730份微观数据和改进的两步法DEA模型的检验［J］．调研世界，2021（7）：24-33.

［156］姚增福，唐华俊，刘欣．规模经营行为、外部性和农业环境效率——基于西部两省770户微观数据的实证检验［J］．财经科学，2017（12）：69-83.

［157］叶初升，马玉婷．新中国农业结构变迁70年：历史演进与经验总结［J］．南京社会科学，2019（12）：1-9+33.

［158］叶得明，杨婕妤．石羊河流域农业经济和生态环境协调发展研究［J］．干旱区地理，2013，36（1）：76-83.

［159］易恩文，王军，朱杰．数字经济、资源配置效率与农业高质量发展［J］．现代财经（天津财经大学学报），2023，43（12）：20-37.

［160］尹朝静，付明辉，李谷成．技术进步偏向、要素配置偏向与农业全要素生产率增长［J］．华中科技大学学报（社会科学版），2018，32（5）：50-59.

［161］尹朝静，李兆亮，李欠男，等．重庆市农业转型发展的时空演进及问题区识别——基于全要素生产率视角［J］．自然资源学报，2019，34（3）：573-585.

［162］于法稳．习近平绿色发展新思想与农业的绿色转型发展［J］．中国农村观察，2016（5）：2-9+94.

［163］余永琦，王长松，彭柳林，等．基于熵权TOPSIS模型的农业绿色发展水平评价与障碍因素分析——以江西省为例［J］．中国农业资源与区划，2022，43（2）：187-196.

[164] 张峰. 论经济生态系统平衡与构建新发展格局 [J]. 当代经济管理, 2023, 45 (6): 20-24.

[165] 张凤华, 赖先齐. 西北干旱区内陆绿洲农业特征及发展认识 [J]. 干旱区资源与环境, 2003 (4): 19-23.

[166] 张洁瑕, 陈佑启, 郝晋珉, 等. 乡村振兴战略框架下的区域农业生态系统研究进展 [J]. 中国农业大学学报, 2021, 26 (5): 92-105.

[167] 张可云, 王裕瑾, 王婧. 空间权重矩阵的设定方法研究 [J]. 区域经济评论, 2017 (1): 19-25.

[168] 张可云, 杨孟禹. 国外空间计量经济学研究回顾、进展与述评 [J]. 产经评论, 2016, 7 (1): 5-21.

[169] 张露, 罗必良. 农业减量化: 农户经营的规模逻辑及其证据 [J]. 中国农村经济, 2020 (2): 81-99.

[170] 张梦玲, 童婷, 陈昭玖. 农业社会化服务有助于提升农业绿色生产率吗? [J]. 南方经济, 2023 (1): 135-152.

[171] 张胜旺. 可持续发展模式下经济效益与生态效益的关系分析 [J]. 生态经济, 2013 (2): 67-71.

[172] 张维刚, 欧阳建勇. 财政纵向失衡、公共财政支农偏向与农业高质量发展 [J]. 当代财经, 2023 (3): 41-54.

[173] 张维祥, 眭金娥, 孙武, 等. 干旱内陆流域绿洲农业生态系统分析 [J]. 干旱地区农业研究, 1992 (1): 93-99.

[174] 张伟, 王秀红, 申建秀, 等. 伊犁地区农业生态经济系统的时空分异规律与可持续发展 [J]. 经济地理, 2012, 32 (4): 136-142.

[175] 张樨樨, 郑珊, 余粮红. 中国海洋碳汇渔业绿色效率测度及其空间溢出效应 [J]. 中国农村经济, 2020 (10): 91-110.

[176] 张杨, 陈娟娟. 农业生态效率的国际比较及中国的定位研究 [J]. 中国软科学, 2019 (10): 165-172.

[177] 张展, 廖小平, 李春华, 等. 湖南省县域农业生态效率的时空特征及其影响因素 [J]. 经济地理, 2022, 42 (2): 181-189.

[178] 张志新, 李成, 靳玥, 等. 农村金融排斥、农业技术进步与粮食供给安全 [J]. 科研管理, 2023, 44 (2): 184-192.

[179] 赵会杰, 于法稳. 基于熵值法的粮食主产区农业绿色发展水平评价 [J]. 改革, 2019 (11): 136-146.

[180] 郑宏运, 李谷成, 周晓时. 要素错配与中国农业产出损失 [J]. 南

京农业大学学报（社会科学版），2019，19（5）：143-153+159.

［181］郑江淮，陈喆，孙志燕，等．从竞争到互补：区域技术结构变迁的测度与理论假说［J］．经济评论，2022（1）：13-29.

［182］郑晶，高孟菲．农业机械化、农村劳动力转移对农业全要素生产率的影响研究——基于中国大陆31个省（市、自治区）面板数据的实证检验［J］．福建论坛（人文社会科学版），2021（8）：59-71.

［183］郑军，赵维娜．农业保险对中国绿色农业生产的影响——基于农业技术进步的中介效应［J］．资源科学，2023，45（12）：2414-2432.

［184］郑云，黄杰．中国农业生态效率空间关联网络特征及其驱动因素研究［J］．经济经纬，2021，38（6）：32-41.

［185］郑志浩，高杨，霍学喜．农户经营规模与土地生产率关系的再探究——来自第三次全国农业普查规模农户的证据［J］．管理世界，2024，40（1）：89-108.

［186］钟漪萍，唐林仁，胡平波．农旅融合促进农村产业结构优化升级的机理与实证分析——以全国休闲农业与乡村旅游示范县为例［J］．中国农村经济，2020（7）：80-98.

［187］仲长荣．论技术结构［J］．科学学研究，1993（4）：22-26.

［188］周传豹．农业部门内的结构红利：基于增长和波动效应的研究［J］．经济经纬，2017，34（1）：44-49.

［189］周建，高静，周杨雯倩．空间计量经济学模型设定理论及其新进展［J］．经济学报，2016，3（2）：161-190.

［190］周静．长江经济带农业绿色发展评价、区域差异分析及优化路径［J］．农村经济，2021（12）：99-108.

［191］周立华，王伟伟，孙燕，等．近百年来中国西北地区绿洲兴衰演变及影响因素研究［J］．环境保护，2019，47（5）：39-42.

［192］朱方长．农业科技成果产业化的技术结构制约分析［J］．中国科技论坛，2003（5）：126-129.

［193］朱俊峰，邓远远．农业生产绿色转型：生成逻辑、困境与可行路径［J］．经济体制改革，2022（3）：84-89.

［194］朱满德，张梦瑶，刘超．农业机械化驱动了种植结构"趋粮化"吗［J］．世界农业，2021（2）：27-34+44.

［195］朱世友，万光彩．农业生态经济系统协调度及时空演化研究——以安徽省为例［J］．中国农业资源与区划，2023，44（4）：203-213.

［196］祝宏辉，杜美玲．荒漠绿洲化进程中农业生态效率评价——以玛纳斯河流域为例［J］．新疆社科论坛，2022（3）：28-34．

［197］祝宏辉，杜美玲，尹小君．节水农业技术对绿洲农业生态效率的影响：促进还是抑制？——以新疆玛纳斯河流域绿洲农业为例［J］．干旱区资源与环境，2022，36（10）：34-41．

［198］祝宏辉，杜美玲，尹小君，等．乡村振兴战略下农地规模经营对农业绿色发展的影响［J］．调研世界，2023（7）：55-66．

［199］Acemoglu D, Aghion P, Bursztyn L, et al. The Environment and Directed Technical Change［J］. American Economic Review, 2012, 102（1）：131-166.

［200］Alvarez-Cuadrado F, Van Long N, Poschke M. Capital-labor Substitution, Structural Change, and Growth［J］. Theoretical Economics, 2017, 12（3）：1229-1266.

［201］Aoki S. A Simple Accounting Framework for the Effect of Resource Misallocation on Aggregate Productivity［J］. Journal of the Japanese and International Economies, 2012, 26（4）：473-494.

［202］Bie Q, Xie Y W. The Constraints and Driving Forces of Oasis Development in Arid Region：A Case Study of the Hexi Corridor in Northwest China［J］. Scientific Reports, 2020（10）：17708.

［203］Costanza R. Ecological Economics：A Research Agenda［J］. Structural Change and Economic Dynamics, 1991, 2（2）：335-357.

［204］Daly H E. Beyond Growth：The Economics of Sustainable Development［M］. Boston：Beacon Press, 1997.

［205］Deng Y, Cui Y, Khan S U, et al. The Spatiotemporal Dynamic and Spatial Spillover Effect of Agricultural Green Technological Progress in China［J］. Environmental Science and Pollution Research, 2022, 19（29）：27909-27923.

［206］Denison E F. The Sources of Economic Growth in the United States and the Alternatives before Us［M］. New York：Committee for Economic Development, 1962.

［207］Dou X S. Agro-ecological Sustainability Evaluation in China［J］. Journal of Bioeconomics, 2022, 24（3）：223-239.

［208］Elhorst J P. Dynamic Spatial Panels：Models, Methods, and Inferences［J］. Journal of Geographical Systems, 2012, 14（1）：5-28.

［209］Fei R L, Lin Z Y, Chunga J. How Land Transfer Affects Agricultural Land Use Efficiency：Evidence from China's Agricultural Sector［J］. Land Use Policy, 2021 (103): 105300.

[210] Frosch R A, Gallopoulos N E. Strategies for Manufacturing [J]. Scientific American, 1989 (261): 144-152.

[211] Foster A D, Rosenzweig M R. Are There Too Many Farms in the World? Labor Market Transaction Costs, Machine Capacities, and Optimal Farm Size [J]. Journal of Political Economy, 2022, 130 (3): 636-680.

[212] Gerlagh R. Measuring the Value of Induced Technological Change [J]. Energy Policy, 2007, 35 (11): 5287-5297.

[213] Griliches Z. Hybrid Corn: An Exploration in the Economics of Technological Change [J]. Econometrica, 1957, 25 (4): 501-522.

[214] Guo H W, Ling H B, Xu H L, et al. Study of Suitable Oasis Scales Based on Water Resource Availability in an Arid Region of China: A Case Study of Hotan River Basin [J]. Environmental Earth Sciences, 2016, 75 (11): 984.

[215] Hanna S H S, Osborne-Lee I W, Cesaretti G P, et al. Ecological Agro-ecosystem Sustainable Development in Relationship to Other Sectors in the Economic System, and Human Ecological Footprint and Imprint [J]. Agriculture and Agricultural Science Procedia, 2016 (8): 17-30.

[216] Hansen B E. Threshold Effects in Non-Dynamic Panels: Estimation, Testing, and Inference [J]. Journal of Econometrics, 1999, 93 (2): 345-368.

[217] Hayami Y, Ruttan V W. Agricultural Development: An International Perspective [M]. Baltimore: Johns Hopkins University Press, 1971.

[218] He J, Richard P. Environmental Kuznets Curve for CO_2 in Canada [J]. Ecological Economics, 2010, 69 (5): 1083-1093.

[219] Hicks J R. The Theory of Wages [M]. London: Macmillan, 1932.

[220] Hayati D, Ranjbar Z, Karami E. Measuring Agricultural Sustainability [M]// Lichtfouse E. Biodiversity, Biofuels, Agroforestry and Conservation Agriculture. Dordrecht: Springer, 2010: 73-100.

[221] Huang J, Xue D Q, Wang C S, et al. Resource and Environmental Pressures on the Transformation of Planting Industry in Arid Oasis [J]. International Journal of Environmental Research and Public Health, 2022, 19 (10): 5977.

[222] Ji C, Guo H D, Jin S Q, et al. Outsourcing Agricultural Production: Evidence from Rice Farmers in Zhejiang Province [J]. PLoS One, 2017, 12 (1): e0170861.

[223] Judson R A, Owen A L. Estimating Dynamic Panel Data Models: A Guide

for Macroeconomists [J]. Economics Letters, 1999, 65 (1): 9-15.

[224] Ju X T, Gu B J, Wu Y Y, et al. Reducing China's Fertilizer Use by Increasing Farm Size [J]. Global Environmental Change, 2016 (41): 26-32.

[225] Kawagoe T, Hayami Y. An Intercountry Comparison of Agricultural Production Efficiency [J]. American Journal of Agricultural Economics, 1985, 67 (1): 87-92.

[226] Kiviet J F. On Bias, Inconsistency, and Efficiency of Various Estimators in Dynamic Panel Data Models [J]. Journal of Econometrics, 1995, 68 (1): 53-78.

[227] LeSage J, Pace R K. Introduction to Spatial Econometrics [M]. New York: Chapman and Hall/CRC, 2009.

[228] Liu Y, Xue J, Gui D, et al. Agricultural Oasis Expansion and Its Impact on Oasis Landscape Patterns in the Southern Margin of Tarim Basin, Northwest China [J]. Sustainability, 2018, 10 (6): 1957.

[229] Li X. Technology, Factor Endowments, and China's Agricultural Foreign Trade: A Neoclassical Approach [J]. China Agricultural Economic Review, 2012, 4 (1): 105-123.

[230] Läpple D, Renwick A, Cullinan J, et al. What Drives Innovation in the Agricultural Sector? A Spatial Analysis of Knowledge Spillovers [J]. Land Use Policy, 2016 (56): 238-250.

[231] Ma A, Lu X, Gray C, et al. Ecological Networks Reveal Resilience of Agro-ecosystems to Changes in Farming Management [J]. Nature Ecology and Evolution, 2019 (3): 260-264.

[232] Malmquist S. Index Numbers and Indifference Surfaces [J]. Trabajos de Estadistica, 1953 (4): 209-242.

[233] Meade J E. A Neoclassical Theory of Economic Growth [M]. London: Allen and Unwin, 1961.

[234] Mao D, Zhang J, Lu H, et al. Assessment and Analysis of the Balance Between Economic Development and Ecological Environment Protection and its Implementation Strategy Derived from Spatial Planning—Take Three Heterogeneous and Representative Provinces in China as an Example [J]. Heliyon, 2024, 10 (3): e23785.

[235] Ogundari K. The Paradigm of Agricultural Efficiency and its Implication on Food Security in Africa: What Does Meta-analysis Reveal? [J]. World Development, 2014 (64): 690-702.

［236］Rada N E, Fuglie K O. New Perspectives on Farm Size and Productivity ［J］. Food Policy, 2019 （84）：147-152.

［237］Ren C C, Liu S, Van Grinsven H, et al. The Impact of Farm Size on Agricultural Sustainability ［J］. Journal of Cleaner Production, 2019 （220）：357-367.

［238］Roy R, Chan N W. An Assessment of Agricultural Sustainability Indicators in Bangladesh：Review and Synthesis ［J］. The Environmentalist, 2012 （32）：99-110.

［239］Schultz T W. Transforming Traditional Agriculture ［M］. New Haven：Yale University Press, 1964.

［240］Sheng Y, Ding J P, Huang J K. The Relationship Between Farm Size and Productivity in Agriculture：Evidence from Maize Production in Northern China ［J］. American Journal of Agricultural Economics, 2019, 101 （3）：790-806.

［241］Solow R M. Technical Change and the Aggregate Production Function ［J］. The Review of Economics and Statistics, 1957, 39 （3）：312-320.

［242］Song W, Zhang Y. Expansion of Agricultural Oasis in the Heihe River Basin of China：Patterns, Reasons and Policy Implications ［J］. Physics and Chemistry of the Earth, Parts A/B/C, 2015 （89-90）：46-55.

［243］Tobler W R. A Computer Movie Simulating Urban Growth in the Detroit Region ［J］. Economic Geography, 1970 （46）：234-240.

［244］Xu B W, Niu Y R, Zhang Y N, et al. China's Agricultural Non-Point Source Pollution and Green Growth：Interaction and Spatial Spillover ［J］. Environmental Science Pollution Research, 2022, 29 （40）：60278-60288.

［245］Xue J, Gui D W, Lei J Q, et al. A Hybrid Bayesian Network Approach for Trade-Offs Between Environmental Flows and Agricultural Water Using Dynamic Discretization ［J］. Advances in Water Resources, 2017 （110）：445-458.

［246］Xue J, Gui D W, Lei J Q, et al. Oasification：An Unable Evasive Process in Fighting Against Desertification for the Sustainable Development of Arid and Semiarid Regions of China ［J］. CATENA, 2019a （179）：197-209.

［247］Xue J, Gui D W, Lei J Q, et al. Oasis Microclimate Effects under Different Weather Events in Arid or Hyper Arid Regions：A Case Analysis in Southern Taklimakan Desert and Implication for Maintaining Oasis Sustainability ［J］. Theoretical and Applied Climatology, 2019b （137）：89-101.

［248］Zastrow M. China's Tree-Planting Drive Could Falter in a Warming World

[J]. Nature, 2019, 573 (7775): 474-475.

[249] Zhang J Y, Dai M H, Wang L C, et al. The Challenge and Future of Rocky Desertification Control in Karst Areas in Southwest China [J]. Solid Earth Discussions, 2015, 7 (4): 3271-3292.

[250] Zhang X Y, Chen H. Green Agricultural Development Based on Information Communication Technology and the Panel Space Measurement Model [J]. Sustainability, 2021, 13 (3): 1147.

[251] Zhou D Y, Wang X J, Shi M J. Human Driving Forces of Oasis Expansion in Northwestern China During the Last Decade—A Case Study of the Heihe River Basin [J]. Land Degradation and Development, 2016, 28 (2): 412-420.

[252] Zhou X Y, Zhang J, Li J P. Industrial Structural Transformation and Carbon Dioxide Emissions in China [J]. Energy Policy, 2013 (57): 43-51.

[253] Zhang Z T, Xu E, Zhang H Q. Complex Network and Redundancy Analysis of Spatial-Temporal Dynamic Changes and Driving Forces Behind Changes in Oases within the Tarim Basin in Northwestern China [J]. CATENA, 2021 (201): 105216.

[254] Zhu H H, Du M L, Yin X J. Oasification in Arid and Semi-Arid Regions of China: New Changes and Re-Examination [J]. Sustainability, 2023, 15 (4): 3335.